数据分析咖哥十话

从思维到实践促进运营增长

黄佳◎著

人民邮电出版社

北京

图书在版编目（CIP）数据

数据分析咖哥十话：从思维到实践促进运营增长 / 黄佳著. -- 北京：人民邮电出版社，2022.8
ISBN 978-7-115-58389-5

Ⅰ. ①数… Ⅱ. ①黄… Ⅲ. ①数据处理－应用－商业经营 Ⅳ. ①F715-39

中国版本图书馆CIP数据核字(2021)第269151号

内 容 提 要

本书以案例的形式，介绍从思维模型分析到场景实践的数据分析方法。全书围绕"数据分析"与"运营增长"两大关键要素，在系统介绍数据分析思维、数据分析方法、数据采集技能、数据清洗技能等基础知识的同时，以问题为导向，解读运营与增长的关键性业务内容，在获客、激活、留存、变现、自传播循环等各个核心运营环节展开数据分析实战。

本书提供案例相关数据集与源码包，适合数据分析、产品运营、市场营销等行业有数据分析具体业务需求的人士阅读，也适合相关专业的师生阅读。

◆ 著　　黄 佳
责任编辑　颜景燕
责任印制　王 郁　胡 南
◆ 人民邮电出版社出版发行　北京市丰台区成寿寺路 11 号
邮编 100164　电子邮件 315@ptpress.com.cn
网址 https://www.ptpress.com.cn
北京七彩京通数码快印有限公司印刷
◆ 开本：800×1000　1/16
印张：18.75　　　　　2022 年 8 月第 1 版
字数：411 千字　　　2025 年 3 月北京第 7 次印刷
定价：89.90 元

读者服务热线：(010)81055410　印装质量热线：(010)81055316
反盗版热线：(010)81055315

推荐语
RECOMMENDATION

市面上讲解数据分析和机器学习的书籍很多,但能结合业务又幽默风趣的书籍很少。黄佳老师这本书通过一个个业务场景中生动有趣的故事讲解了如何通过数据分析促进运营增长,是一本非常难得的落地实际业务又好学易上手的数据分析入门书。

——CSDN 专栏作者、数据处理专家　小小明-代码实体

本书归纳出的各种数据分析项目,非常贴近我们企业实际面对的问题和业务模式,我在阅读过程中时有共鸣,真心为作者点赞。为此,我向需要通过大数据驱动业务增长的企业,强烈推荐这本书。

——K米 CEO　林剑宇

在数据驱动增长的时代,精细化运营需求正在爆发。数据已然成为各产业中的重要生产要素。数字化转型为各领域企业实现了降本增效,提供了持续增长的动力。本书覆盖了数据分析的基础与进阶、精细化运营的理论与实战,对有数据运营实际需求与对数据领域感兴趣的朋友们一定能开卷有益。

——壹心理产品合伙人　徐广

我在数据科学的教学和科研实践中,经常有同学反映数据分析是"入门易,深入难"。究其本质,这是一个"理论如何联系实际"的问题。只有做到将程序设计知识、数据分析工具、数据科学理论与真实业务运营场景及具体实践相结合,才能够一通百通。这本书很好地解决了上述问题,对于迫切需要积累数据分析实战经验的同学来说,这是一本优秀的学习教材和参考书。

——北京交通大学　副教授　陈杰博士

在市场日益"内卷"的大背景下,衡量企业价值的标准,不仅仅是当前业务线有多赚钱,未来的可能增长空间有多大,更加重要的是企业如何善用现有的数据,做好精准化的运营评估和预测,提高对未来趋向判断的准确率。黄佳老师的这本书以增长黑客、精益数据分析和 AARRR 理论为指导,结合业务实际,为企业如何活用数据驱动运营增长指明了具体方向。

——数据分析和数据化运营资深从业者　哈佛在等我呢

有别于市面上一板一眼讲数据分析的图书,这本书用鲜活亲切的工作场景带出数据分析的各种应用思维与方法,让我们能以轻松的方式完成学习,特别值得一读。

——《这本书能帮你成功转行》《大话程序员》等图书作者　安晓辉

医学研究需要数据的支持，如何在众多数据中开展数据分析对医学的发展有重要意义，医工结合在大数据时代是未来发展的必然趋势。本书虽然聚焦于业务中的运营增长，但其中的算法和示例亦可为拟从事数据分析工作的医务人员和相关从业者提供帮助与启发，是一本值得学习的参考书。

——首都医科大学附属北京安贞医院　主任医师、副教授　林多茂博士

前言 PREFACE

在出版了《零基础学机器学习》并开设了极客时间专栏课程"零基础实战机器学习"之后,我结识了不少做数据分析、数据运营的新朋友,也常和大家一起探讨数据科学的落地现状。

我发现大家对数据科学的学习和实践充满热情,但是,在投入大量的时间和精力学习新技能的同时,大家也存在着诸多疑惑。

讨论较多的问题有这么几个。

——我正在数据分析入门阶段,学了Python,学了数据分析工具,学了数据可视化。书中的代码都看得明白,程序也会写了。但是,数据来了,业务需求来了,我还是不知道怎样去做。怎么办?

——我想知道资深数据分析师的成长路径是什么样子的。有那么多工具要学,Excel、统计学和数学、Python/R语言、SQL、Tableau、Power BI这些都要掌握吗?要掌握到什么程度才算专家?

——作为数据分析师,我该如何学习机器学习,掌握到什么程度才算合适呢?机器学习的相关数学公式太多,资料太难,看不懂怎么办?好不容易弄懂了一些机器学习算法,却找不到场景使用。机器学习是不是传说中的"屠龙之技"啊?

带着这些问题,我开始了本书的写作。我的第一个小目标就是要写一本将**技术联系实际、让工具全面落地的场景化实际操作指南**。

我感觉仅学数据分析工具本身,如Python"三剑客"(Pandas、NumPy和Matplotlib)的语法(如数据挖掘和机器学习的各种算法),学习效果其实很一般,学习过程也味同嚼蜡。这是纯知识导向性学习的明显弊端。

那么,怎么学才能够了解数据的本质和内涵,才能够把学到的知识真正落地,才能够更有效地把工具应用到业务场景之中?带着这些疑问,我发现了数据分析的学习和实战过程中的一个大秘密:**数据分析的学习一定要结合业务场景,要在场景中实战,这样才能够把工具的价值最大化,才能够真正理解知识、理解数据的内涵,然后学会举一反三。**

没有真正做到工具、知识与应用的结合,似乎就是学习者们遇见诸多问题的原因,而在业务实战的具体场景中边做边学应该就是解决这些问题的方法。

那么,疑惑再度出现,对于一个新手,或者运营经验并不丰富的数据分析师来说,他们没有见过那么多的业务场景,也就不可能边做边学,这个问题又该怎么解决呢?

没关系，这也是我的痛点，我也力图将这一痛点完全解决掉。在这本书中，我会把一些真实的业务场景展示出来。我会从用户故事和具体问题出发，手把手地带着大家学习，从问题的出现到理论的分析，再到工具的介绍和使用，直至问题的解决，把知识扎实地落地。在这个过程中，强调理论、工具和实战场景的结合，我将用简单的语言和示例讲解高级又有用的技巧。

除了想奉献给读者一本实用、"硬核"的数据分析和数据运营的技术参考书之外，我还有第二个小目标，就是希望这是一本非常有趣的数据分析参考书。

王小波说过："每一本书都应该有趣。"可是，现实世界的真实情况是大家在学习技术时感觉太枯燥了，读书也太累了。所以，我真心希望能够有一本书带着大家一起快乐地"玩"数据。

而且这个快乐学习的小目标与我的"**在场景实战中学工具、学技术**"理念完全不矛盾。只学编程语言和数据分析工具难免枯燥，但是结合了业务场景和用户故事，大家就能快乐地学习了。

为什么这么说呢？因为通过数据分析能够从数据中挖掘出价值，能够把这一价值用漂亮的图表呈现出来，能够看到自己的建议驱动了运营的增长，还能看到数据中隐含的"秘密"，从而给公司业务带来巨大的增量。

数据带来的好处实实在在，能看得见。

这本书中没有什么深奥的东西，全都是一些大家能够读懂的用户故事、实战案例和 Python 工具的使用方法。有了它们，数据不再是简单的数据，而是你的工具，怎么使用它，随你。

现在一起来看看，表面上普普通通的数据，在普普通通的运营场景中，我们可以"玩"出哪些"花样"。

- 在这里，我们用 Python 对用户进行简单画像，发现一张眼影盘促销海报错发给了不适合它的受众。
- 在这里，我们通过收集用户的行为信息，利用 RFM 分析判断用户的价值高低，并且预估一个用户会在该产品上花费多少钱。
- 在这里，我们把各个营销渠道排列组合、动态配置，看看是抖音、哔哩哔哩（B 站）还是小红书更适合推广自己的产品。
- 在这里，我们使用漏斗模型聚焦转化率，看看哪一个环节才是用户决定使用我们产品的关键。
- 在这里，我们分析用户留存和流失的相关因子，让用户的留存曲线一目了然，通过该曲线可以发现会员卡中的哪些配套服务更能留住会员。
- 在这里，我们用内容分析探索产品的价值。
- 在这里，我们用推荐系统找到喜欢的好物。

- 在这里,我们用 A/B 测试发现助力促销的方法。
- 在这里,我们用增长实验寻觅更有效的裂变方案。

写着写着,我又发现书中的内容渐渐超越了数据分析本身。本书的内容逐渐形成了一种方法、一种思路、一个体系,希望读者通过对工具的使用养成一种从数据中发掘"蛛丝马迹"并提取其价值的思维习惯。数据科学的从业者、数据分析和运营人员需要养成这种思维习惯,培养自己透过数据的表象看清业务本质的能力,把数据转换成实实在在的价值。

在这里,我们对数据的推理已经超越了传统的数据分析,我把该推理方法称为"数据演绎法"。

在数据的世界里,你就是"福尔摩斯"。数据中隐藏着什么,由你去发现。

本书的使用方式

说了这么多,那么作为读者的你应该如何使用这本书,才能让它的价值最大化呢?

我的第一个建议就是动手实践。真正动手做出的东西才是属于自己的。

此外,我还有另外一个建议。在开展机器学习的相关课程后,我从众多的读者留言中收获了大量有价值的建议,也从中发现了交互式学习的重要性。"教学相长"是一件非常关键的事情。如果我和众多读者一起继续打磨书中的实战案例,一起优化细节,一起发掘书中业务场景的更多、更好的解决方案,那将是一件十分有意义的事情。

例如,读者"Shatu"为某些读者在使用 Matplotlib 作图的过程中无法显示中文字体的问题提供了基于他的运行环境的具体解决方案。

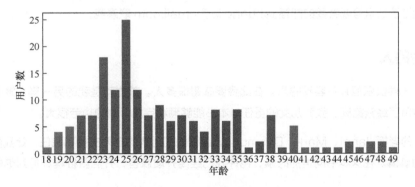

示例:某些读者使用Matplotlib绘图时无法显示中文字体

解决方案是在绘图代码前添加下面的代码。

```
In  plt.rcParams["font.family"]=['SimHei'] # 用来设定字体样式
    plt.rcParams['font.sans-serif']=['SimHei'] # 用来设定无衬线字体样式
    plt.rcParams['axes.unicode_minus']=False # 用来正常显示负号
```

不过，因为不同系统环境的配置也不尽相同，如果读者遇到类似问题，也可以在互联网中搜索其他解决方案。例如先确认系统有没有中文字体，如果没有，先下载安装一个中文字体，然后再进行相应的设置。若觉得上述步骤麻烦，可选择的另外一个办法是把要绘制的相应文字内容转成英文再绘图。

又如，读者"在路上"就聚类算法的实际应用场景给出了与自己工作相关的建议，建议如下。

"我从事游戏行业，会根据玩家充值金额来定义大、中、小 R 值，充值金额区间的定义全凭经验，而用今天学的 K-means 算法定义充值金额区间就非常合适。我最近在学习大数据，想统计 HDSF 上文件大小的分布情况，也可以用 K-means 算法。"

这对于一起学习的读者将是十分宝贵的建议。而且有了这些建议，你在学习的路上也就不会感到孤单。正所谓："独乐乐，与人乐乐，孰乐？"

因此，我建议读者通过下面 3 种方式来"集体学习"本书。

第一，我会把本书全部的数据集和代码发布到 Github 上面，链接为 https://github.com/huangjia2019/datalogic。大家可以一起维护、优化代码。

第二，我会建立本书的读者微信群，具体的入群方式大家可以在异步图书网站本书的页面上找到。大家可以入群一起学习，交流想法。

第三，虽然目前疏于维护，但是我仍然会不定期地更新公众号"咖哥数据科学讲习所"中的内容，大家可以通过该公众号或者我的邮箱 tohuangjia@gmail.com 联系我。

我要感谢的人

写作是一件快乐但并不容易的事。在此我要感谢很多人。首先就是我的另一半，她在辛苦工作之余，还担负了经营家庭、教育儿女的重任，本书能够顺利完成，她的功劳很大。

感谢我的老板 Janet、Mark、Desmond。感谢他们对我的全力支持和信任，让我能够自由地做我想做的事情。在这本书问世的时候，也许我已经离开埃森哲，开启新征程，但对你们我有着深深的不舍。

感谢我的同事和团队：Dennis、Ananth、Wai Hong、Zulaiha、Josef、Karsen、Sally、Lawrence、Swathi、Swasthi、Mart、Pei Juan、Swee Hai。和优秀的人一起工作，工作从

来不是负担。

非常感谢 Mustafa Barış Karaman、Morten Hegewald 在博客中对数据化运营进行的有见地的分享，他们为我写这本书提供了很多灵感和启发，感谢他们同意我引用他们作品中的部分数据集和代码。感谢海燕帮助我审阅了本书 A/B 测试部分的统计学知识。感谢其他数据分析行业的前辈允许我使用他们在网络、博客上发布的部分内容。

非常感谢明轩、忠仁哥家的好菜，利娟、侨发哥家的好酒，菁姐、杨哥的鼓励，朱大哥多年的陪伴，于教师的长期指导，言词伉俪、董力伉俪、阿良伉俪在中新成都会中的玩笑逗乐，感谢牛哥、贺老、老陈、小琚等老同学在本书创作期间经常用火锅款待我。

感谢颜景燕编辑，这本书能最终成形，颜编辑功不可没。同时也感谢一路走来给予我大力支持的人民邮电出版社的所有编辑。

感谢我的爸爸、妈妈一如既往地支持我、鼓励我。

开启新的旅程

最后，我也要感谢购买这本书的读者。

相逢即有缘，而我们之间的缘分从这本书开始。

如果你希望在数据之路上开始自己的探索，如果你想更深入地了解什么是"数据演绎法"，想知道新手小雪是怎样在一次次有趣的数据运营实战中成长起来的，那么就和咖哥一起，在一个个有趣的案例分析和编码实战中，开启一段好玩的数据分析之旅吧！

黄佳

2022 年 6 月

资源与支持

本书由异步社区出品，社区（https://www.epubit.com/）为您提供相关资源和后续服务。

配套资源

本书提供如下资源：

- 实例配套资源代码；
- 实例数据集（部分）；
- 章节配套课件（PPT）

要获得以下配套资源，请在异步社区本书页面中点击 配套资源 ，跳转到下载界面，按提示进行操作即可。注意：为保证购书读者的权益，该操作会给出相关提示，要求输入提取码进行验证。

如果您是教师，希望获得教学配套资源，请在社区本书页面中直接联系本书的责任编辑。

提交勘误

作者和编辑尽最大努力来确保书中内容的准确性，但难免会存在疏漏。欢迎您将发现的问题反馈给我们，帮助我们提升图书的质量。

当您发现错误时，请登录异步社区，按书名搜索，进入本书页面，单击"提交勘误"，输入勘误信息，单击"提交"按钮即可。本书的作者和编辑会对您提交的勘误进行审核，确认并接受后，您将获赠异步社区的 100 积分。积分可用于在异步社区兑换优惠券、样书或奖品。

扫码关注本书

扫描下方二维码,您将会在异步社区微信服务号中看到本书信息及相关的服务提示。

与我们联系

我们的联系邮箱是 contact@epubit.com.cn。

如果您对本书有任何疑问或建议,请您发邮件给我们,并请在邮件标题中注明本书书名,以便我们更高效地做出反馈。

如果您有兴趣出版图书、录制教学视频,或者参与图书翻译、技术审校等工作,可以发邮件给我们;有意出版图书的作者也可以到异步社区投稿(直接访问www.epubit.com/contribute即可)。

如果您所在的学校、培训机构或企业想批量购买本书或异步社区出版的其他图书,也可以发邮件给我们。

如果您在网上发现有针对异步社区出品图书的各种形式的盗版行为,包括对图书全部或部分内容的非授权传播,请您将怀疑有侵权行为的链接通过邮件发送给我们。您的这一举动是对作者权益的保护,也是我们持续为您提供有价值的内容的动力之源。

关于异步社区和异步图书

"异步社区"是人民邮电出版社旗下IT专业图书社区,致力于出版精品IT图书和相关学习产品,为作译者提供优质出版服务。异步社区创办于2015年8月,提供大量精品IT图书和电子书,以及高品质技术文章和视频课程。更多详情请访问异步社区官网https://www.epubit.com。

"异步图书"是由异步社区编辑团队策划出版的精品IT专业图书的品牌,依托于人民邮电出版社近30年的计算机图书出版积累和专业编辑团队,相关图书在封面上印有异步图书的LOGO。异步图书的出版领域包括软件开发、大数据、AI、测试、前端、网络技术等。

异步社区

微信服务号

目录 CONTENTS

引子　小雪求职记　　001

基础篇
数据分析师的锦囊

一、欲善其事先利器：数据分析技能进阶图谱　005
二、深入业务寻价值：价值源于深度理解场景　006
三、积跬步以察千里：数据的采集与治理　011
四、沥尽狂沙方见金：数据的清洗与可视化　014
五、营运之道无定法：数据分析的核心方法　018
六、增长践行成于思：数据分析的关键思维　024

实践篇
数据运营分析十话

卷一　获客

第一话

横看成岭侧成峰：用户画像揭示秘密　042
1.1　问题：这款推广海报好不好　043
1.2　概念：用户画像　044
1.3　工具：Python 数据分析编程基础　046
1.3.1　Python 的极简说明　047
1.3.2　Python 中的序列数据类型　051
1.3.3　数学计算工具包 NumPy　055
1.3.4　数据处理工具包 Pandas　059
1.3.5　数据可视化工具包 Matplotlib 和 Seaborn　067
1.4　实战：哪一类人才是真正的买家　075
1.4.1　数据读入及简单分析　075
1.4.2　用户整体画像　076
1.4.3　购买眼影盘用户的画像　078
1.5　结论　080

第二话

远近高低各不同：聚类实现 RFM 细分　081
2.1　问题：如何通过细分用户指导运营　082
2.2　概念：用户细分　082
2.2.1　用户画像是了解用户的第一步　082
2.2.2　用用户行为数据指导精细化运营　083
2.2.3　进行同期群分析揭示获客时的秘密　084
2.2.4　根据特征和价值进行用户分组　086
2.3　工具：RFM 分析和聚类算法　087
2.3.1　RFM 分析　087
2.3.2　聚类算法　090
2.4　实战：基于 RFM 模型的用户细分　095
2.4.1　整体思路　095
2.4.2　数据读入和可视化　095
2.4.3　根据 R 值为用户新近度分层　098

2.4.4	根据 F 值为用户消费频率分层	104
2.4.5	根据 M 值为用户消费金额分层	107
2.4.6	汇总 3 个维度，确定用户价值分层	109
2.5	结论	112
2.6	彩蛋：看看谁是最有价值的用户	113

第三话
获客成本何其高：回归预测用户 LTV　　114

3.1	问题：我能从用户身上赚多少钱	115
3.2	概念：用户生命周期价值	115
3.3	工具：回归分析	117
3.3.1	机器学习中的回归分析	118
3.3.2	训练集、验证集和测试集	119
3.3.3	如何将预测的损失最小化	124
3.4	实战：预测电商用户的生命周期价值	126
3.4.1	整体思路	126
3.4.2	数据读入和数据清洗	128
3.4.3	构建机器学习数据集	129
3.4.4	预测未来一年的 LTV	132
3.5	结论	137
3.6	彩蛋：还有哪些机器学习算法	138

卷二　激活

第四话
百川争流终归海：动态归因优化渠道　　140

4.1	问题：哪个渠道最给力	141
4.2	概念：渠道分析和归因模型	142
4.2.1	渠道和渠道分析	142
4.2.2	归因和归因模型	143
4.3	工具：马尔可夫链归因模型	146
4.3.1	记录推广路径	146
4.3.2	显示用户旅程	148
4.3.3	统计状态间的转换概率	148
4.3.4	计算整体激活率	150
4.3.5	计算移除效应系数	151
4.4	实战：通过马尔可夫链模型来计算渠道价值	153
4.4.1	整体思路	153
4.4.2	构建每一个用户的旅程	153
4.4.3	根据状态构建通道字典	155
4.4.4	计算状态间的转换概率	158
4.4.5	计算渠道移除效应系数	160
4.5	结论	162
4.6	彩蛋：夏普利值归因	162

第五话
营销贵在激活时：漏斗模型聚焦转化　　163

5.1	问题：促销活动中的哪个环节需优化	164
5.2	概念：漏斗和转化率	165
5.3	工具：Plotly 包中的漏斗图	168
5.4	实战：通过漏斗分析看促销效果	170
5.4.1	整体思路	170
5.4.2	数据导入	170
5.4.3	基本漏斗图	172
5.4.4	细分漏斗图	173
5.5	结论	175

卷三 留存

第六话

温故知新惜旧客：通过行为分析提升留存　177

6.1　问题：如何留住江里捞的老用户　178

6.2　概念：留存与流失　179

6.2.1　老用户的留存至关重要　179

6.2.2　流失率的定义与流失原因　181

6.2.3　数据驱动下的用户管理　182

6.3　工具：生存分析工具包和逻辑回归算法　184

6.3.1　用生命线库进行留存分析　184

6.3.2　用逻辑回归算法预测用户流失　185

6.4　实战：分析用户的留存和流失　186

6.4.1　整体思路　186

6.4.2　数据导入和数据清洗　187

6.4.3　使用 Kaplan-Meier 生存模型输出留存曲线　188

6.4.4　通过留存曲线比较各因子对流失率的影响　189

6.4.5　使用 Cox 危害系数模型分析流失影响因子　191

6.4.6　通过机器学习方法预测用户流失率　193

6.5　结论　195

第七话

千呼万唤求爆款：从内容分析发现价值　196

7.1　问题：什么样的视频会成为爆款　197

7.2　概念：产品分析　198

7.2.1　产品分析和拼多多的案例　198

7.2.2　产品热度的时间序列曲线　199

7.2.3　产品销售的总量和增速矩阵　200

7.2.4　与内容相关的典型流量指标　201

7.3　工具：自然语言处理　202

7.3.1　自然语言处理中的基本概念　202

7.3.2　自然语言工具包 NLTK　204

7.4　实战：某网站视频流量、热度和情感属性分析　205

7.4.1　整体思路　205

7.4.2　导入数据　205

7.4.3　浏览量高的视频类型　206

7.4.4　热度持续趋势分析　209

7.4.5　视频情感属性分析　213

7.5　结论　215

7.6　彩蛋：深度学习和循环神经网络 RNN　215

卷四 变现

第八话

劝君更尽一杯酒：通过推荐系统找到好物　217

8.1　问题：如何从零搭建推荐系统　218

8.2　概念：相关性与推荐系统　218

8.2.1　关联规则　218

8.2.2　相关性的度量指标：相关系数　219

8.2.3　推荐系统及其所解决的问题　222

8.3　工具：协同过滤算法　223

8.3.1　基于用户的协同过滤算法　223

8.3.2　基于商品的协同过滤算法　224

8.3.3　构建共现矩阵　224

8.3.4　相似性的确定　225

8.4　实战：简单的游戏推荐系统实现　227

8.4.1　整体思路　227

8.4.2　导入数据　228

8.4.3　构建用户/游戏相关矩阵　229

8.4.4　基于玩家相似度的协同过滤系统　230

8.4.5　构建相似度矩阵　231

8.4.6　找到推荐列表　232

8.4.7　基于游戏相似度的协同过滤系统　234

8.5　结论　237

第九话

君向潇湘我向秦：用 A/B 测试助力促销　　238

9.1	问题：两个页面，哪个更好	238
9.2	概念：A/B 测试	240
9.2.1	确认实验目标	242
9.2.2	设计实验	243
9.2.3	实验上线与监控	243
9.2.4	结果复盘	244
9.3	工具：统计学知识	244
9.3.1	对照实验	245
9.3.2	假设检验	246
9.3.3	样本的数量	252
9.4	实战：通过 A/B 测试找到最佳页面	254
9.4.1	整体思路	254
9.4.2	数据导入与数据可视化	254
9.4.3	查看转化率的增量	255
9.4.4	检验测试结果的统计学意义	256
9.4.5	细分样本后重新检验	258
9.5	结论	259

卷五 自传播循环

第十话

一二三生千万物：裂变驱动增长循环　　261

10.1	问题：哪种裂变方案更有效	262
10.2	概念：增长黑客和裂变	264
10.2.1	增长黑客的本质	264
10.2.2	各种各样的裂变	265
10.3	工具：增长模型	268
10.4	实战：用增长实验确定最佳折扣方案	271
10.4.1	整体思路	271
10.4.2	数据导入及数据可视化	273
10.4.3	比较两种裂变方案带来的转化率增量	275
10.4.4	用 XGBoost 判断特定用户的分类概率	277
10.4.5	比较两种裂变带来的转化增量	280
10.5	结论	282

寄语　　283

引子　小雪求职记

一场小雪，把冬季的北京装点得分外清丽。雪后的天空蓝蓝的，空气又凉又爽；街上玉树琼花，交相辉映。

小雪走进坐落于北京五环外的一栋写字楼，乘电梯来到一间名为"咖哥数据科学讲习所"的公司门外。等待着她的是一场面试。

小雪，曾经是一家互联网公司的运营人员，她在业余时间自学了 Python，梦想着有朝一日成为互联网大厂里的资深数据分析师。好巧，听说她在找数据分析相关的工作之后，表姐小冰给她转发了一份有点"另类"的招聘广告（见下图）。

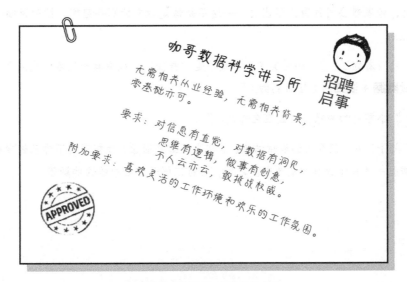

咖哥数据科学讲习所的招聘启事

表姐说，她的一位朋友刚从互联网大厂出来，自己创业开公司，**通过研究运营数据，为各种各样的公司提供实际业务问题的解决方案**，据说公司的生意很不错。此人人称"咖哥"，是个挺有意思的人。

这家公司没有前台，工作环境类似于老式教学楼中的办公室，进门后就是很多办公桌，一个看不出具体年龄的男生正在白板前写写画画。

听到有人进门，他转过身来，这人戴着无框的圆眼镜，看上去有点滑稽。

"你是来应聘的小雪吗？"

"是的，您就是咖哥吧。"小雪怯生生地回答，"面试是9点，我就9点整到的。"

"嗯，你很准时，小雪。"这位被称为"咖哥"的人点点头，而他接着说的话让小雪大吃一惊。

"你昨天睡得很晚，今天起得早啊。你是搭857路公交车来的，那车8点36分就到站了，从车站走到这里，大概只要7分钟，而你为了准点到这里，走得很慢，用了20多分钟才走完这几分钟的路。"

趁着小雪还没反应过来，咖哥又补充了一句："你走得虽然慢，但是倒不像我这儿那些'机不离手'的年轻人，你走路时是不看手机的。"

小雪忽然觉得自己从下车到上楼这一路都被监视了。

——不对，她顺着公司的窗户望出去——这不是她走过来的那条路啊，按理说咖哥不可能在屋子里看到她。

"哈哈，我吓着你了？" 咖哥笑了，"我不是'神仙'，也没有千里眼。我刚才做出的所有判断都是通过**数据＋演绎**的方法得到的。"

"数据？"小雪更加困惑，"数据在哪儿？"

"先卖个关子，等我们今天的面试结束，其实也不算是面试，我想了解下你已经掌握的知识，就算是咱们进行一次关于数据的交流吧。之后，我再来解开你心中的这些疑团。"

基础篇
数据分析师的锦囊

基础篇
数据分析师的锦囊

本篇中会对数据分析师需要掌握的基本工具和思维方法进行全局性的介绍,并展示数据分析的知识图谱。本篇并不对每个工具和方法做详细的说明,更深入的探讨将在实践篇中完成。

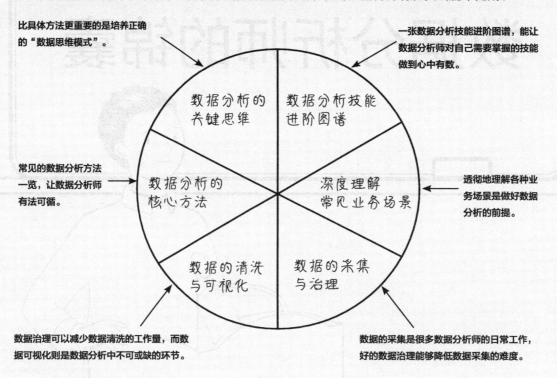

比具体方法更重要的是培养正确的"数据思维模式"。

一张数据分析技能进阶图谱,能让数据分析师对自己需要掌握的技能做到心中有数。

常见的数据分析方法一览,让数据分析师有法可循。

透彻地理解各种业务场景是做好数据分析的前提。

数据治理可以减少数据清洗的工作量,而数据可视化则是数据分析中不可或缺的环节。

数据的采集是很多数据分析师的日常工作,好的数据治理能够降低数据采集的难度。

一、欲善其事先利器：数据分析技能进阶图谱

> **题解** 标题化自《论语·卫灵公》——子贡问为仁，子曰："工欲善其事，必先利其器。居是邦也，事其大夫之贤者，友其士之仁者。"意思是工匠开始工作之前，要先磨快工具；住在一个国家，要先与这个国家的贤人、仁者交朋友。这说的是准备工作的重要性。好的工具能起到事半功倍的作用，数据分析亦然。

"数据分析师的成长之旅并不简单，很多人都曾问我，从新手到高阶数据分析师要走过怎样一条路。"二人坐定后，咖哥抛出第一个问题："小雪，能否谈谈你的看法，数据分析师需要掌握哪些基础、实战和进阶技能。"

小雪显然是有备而来，她快速地画出了下图所示的数据分析师技能进阶图谱。

数据分析师技能进阶图谱

"我认为，Excel、统计学和数学基础、Python/R 语言、SQL、Tableau、Power BI 等是工具；此外也需要了解业务分析模型和具体业务场景；而增长黑客理论、精益数据分析模型可以说是理论或思维方法。工具、业务场景和思维方法要整合起来，形成体系才有价值。"

咖哥点头："看来你是有备而来。提醒一点，数据分析的工具和方法很多，并不是越难就越好，要在深入理解业务场景的前提下灵活选择。另外，背景不同的数据分析师掌握各个技能的顺序也会有所不同，技术型数据分析师可能有比较好的程序设计功底，在进阶之路上就要多了解业务知识；而业务型数据分析师可能对企业的运营流程比较熟悉，那么他们需要重点学习

的就是Python或者其他编程知识。"

说着,咖哥又画了一张图(见下图):"这是上述工具和方法的另一种展示形式。"

理论与方法

理论、方法与工具

二、深入业务寻价值:价值源于深度理解场景

题解 数据本身无价值,其价值存在于数据的应用场景中。从业务场景出发,找到对运营有指导作用的内容,这是我们做数据分析的基本原则。

说完了技能进阶图谱,咖哥转向下一个问题:"单纯地对着一大堆数字分析来分析去意义不大。企业的数据分析部门要为具体的业务问题量身定制解决方案。我这里准备了一些业务场景卡片(请看下面5个挑战卡片),你能针对这些场景说说数据分析师应如何进行数据分析吗?"

你是一家面膜厂销售部门的数据分析师。这个月,你们公司开始在抖音、B站和小红书3个渠道投放广告。每个渠道都投放5组相同的广告,效果看起来都不错。但是,3个渠道的获客量和转化率都一样吗?如何评估5组广告的投放效果?上面两个问题的答案将有助于公司将资金重新分配给效果更好的渠道和广告,并优化渠道和广告的组合方式。

挑战1 数据分析师要帮助销售部门选择合适的渠道

现在，面膜的包装对销量的影响非常大。目前有多个包装主题：一个是名人代言系列；一个是迪士尼公主系列；还有一个是好莱坞一线女星脸部特写系列。哪一个系列更出彩呢？这要从用户身上找答案。从销售记录中可以获得用户的详细信息，从中可以找到多次购买面膜的老用户。这些用户是青年人、中年人还是老人？男孩多还是女孩多？大学生多还是初入职场的办公室白领多？用户群体的特点能帮助你选出最合适的包装。

挑战2　数据分析师要根据已有数据进行用户画像

面膜很受用户的欢迎，在淘宝、天猫、京东和拼多多等各大电商平台中都成了热卖品，用户纷纷留言评论，表达自己对每一款面膜的喜爱或不满。销售总监让数据分析师们搜集面膜的反馈信息和用户的历史购买记录，然后向他们推荐新款面膜和其他的相关产品。

挑战3　数据分析师将搜集并分析用户对每种商品的评价，搭建合理的推荐系统

销售部门积累了足够多的产品销售数据，领导让数据分析部门给出未来一到三年的销售趋势报告，以预测公司的成长节奏。数据分析部门接到任务后，要对销售数据进行建模，分析与销售相关的要素，并预测未来的销售数据。

挑战4　数据分析师将利用机器学习方法进行建模，预测销售趋势

> 公司的业务量持续增加，公司建立起了自己的销售平台和数据库系统，并做了许多数据埋点。领导表示，在数据平台的搭建过程中，要进行良好的数据治理，在源头过滤掉垃圾数据，保证数据有正确的格式，并以有效的方式存储。这样，数据分析师们就可以在数据平台中随时抽取自己需要的数据，为业务赋能。

挑战5　数据分析师将参与搭建高效的业务数据平台

小雪逐个翻看卡片，面露紧张的表情："其实，这正是我一直困惑的问题，工具我都学了，Excel、Python培训班上了四五个，数据思维的相关文章也读了很多，但面对数据时，我还是感觉下不去手……"

咖哥看出了小雪的不安，安慰道："不急，不急。这其实是初阶数据分析师和高阶数据分析师的关键区别——有经验的高阶数据分析师更能深入了解业务需求、根据业务需求做数据分析，从实际出发，有的放矢。我们暂不谈工具的使用，先好好说说数据与运营、增长之间的关系。这有助于你了解**数据分析师如何真正创造价值**这个'**最后一公里**'问题。"

1 驱动运营增长的AARRR模型

首先，我们要知道**在实践中，数据分析应深入契合业务场景的每一个角落，在各个支点发力，对业务做出支持**[①]。

如何满足上述要求？关键在于对各个运营场景（环节）进行分解，并在分解场景的同时明确当前所需的数据指标。

如何分解运营场景？增长黑客理论[②]中的海盗指标能给出答案。

海盗指标这一术语由风险投资人戴夫·麦克卢尔创造。他将诸多关键数据指标归并至创业、创新和运营过程中的五大阶段，分别为获取用户（Acquisition）、提高活跃度（Activation）、提高留存率（Retention）、获取营收（Revenue）及良性的自传播循环（Referral），即AARRR[③]

---

① 此处是咖哥讲述的内容。全书有大量类似的咖哥发言，考虑到全部加双引号可能会影响读者的阅读体验，所以在没有对话的地方，本书换了一种形式，即不加双引号。
② 对于增长黑客理论体系更详细的介绍参见本书第十话。
③ AARRR指标，有时候会多增加一个A（Awareness），用来强调在获取用户之前要先做好心理建设工作。

008　数据分析咖哥十话 从思维到实践促进运营增长

（见下图）。众多互联网公司在实际运营中将这五大阶段简化为**获客、激活、留存、变现和自传播**。

这五大阶段也可视为驱动增长的五大核心引擎。

创业、创新和运营过程中的五大阶段

上述的5个阶段并没有严格的先后顺序，各阶段之间也没有明显的界限。例如，获客和留存是相辅相成的，在这两个阶段中也常会采用相同的数据分析方法。又如，具体到某个用户来说，他可能先推荐某个产品给朋友，然后自己才购买。这样自传播阶段就先于获客、激活阶段出现。如何分清界限并不重要，我们只需要明白这5个阶段实际上是为了帮助创业者、公司运营人员及数据分析人员思考如何用数据构建驱动增长的框架[①]。

那么，各阶段具体的关键数据指标有哪些？

（1）不同的商业模式所关注的关键数据指标是不同的。除了共同关注的流量指标之外，淘宝等电商平台更关心购买转化率；而知乎等UGC（User Generated Content，用户生成内容）平台更关心用户活跃度、内容输出的频率和质量。

（2）公司在不同创业阶段所关心的关键数据指标也不同。公司在每一个阶段都有自己的**北极星指标**，即当前的**第一关键数据指标**。例如在公司早期阶段，获取用户是重中之重，公司要不遗余力地让更多的用户了解并使用自己的产品，此时的北极星指标是用户数；而当积累了一定的用户

---

① 其实就是本书的写作框架。

数量并且保持一定的活跃度后，公司要关注的就是营收指标，此时的北极星指标可能是销售额[①]。

AARRR 每一个阶段的任务和关键数据指标如表 1 所示。

表 1　AARRR 每一个阶段的任务和关键数据指标

阶段	任务	关键数据指标
获取用户	通过各种手段提高产品曝光率，从而提高产品知名度	流量、提及量、搜索结果排名、用户获取成本（CAC，Customer Acquisition Cost）、点击率
提高活跃度	将获取的过客式访客转化为真正的参与者	注册人数、注册量、新手教程完成量、至少用过一次产品的人数、订阅量
提高留存率	让用户反复使用产品并表现出黏性行为	用户参与度、距上次登录的时间、日/月活跃使用量、流失率和留存率
获取营收	商业活动的收益（如购买量、广告点击量、内容产生量、订阅量等）	用户终身价值、转化率、购物车大小、广告点击营收
良性的自传播循环	已有用户对潜在用户的"病毒"式传播及口碑传播	邀请发送量、转发率、裂变数、"病毒"传播周期

通过这些可量化的关键数据指标，数据分析师可以在每一个阶段对运营的具体效果给出客观的反馈，从而驱动下一步的决策。

2　精益数据分析的业务方法论

有了 AARRR 模型及各阶段的关键数据指标之后，还要找到一个实证有效的方法论，以指导业务的数据分析流程。下面介绍阿利斯泰尔·克罗尔提出的**精益数据分析**，它能让数据分析师在面对业务需求时不再感到困惑。

精益数据分析把业务拆解和数据分析划分为下图中的 4 个步骤。

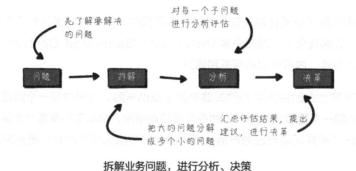

拆解业务问题，进行分析、决策

---

① 此处引自《精益数据分析》第5章"数据分析框架"。

上页图中4个步骤的具体介绍如下。

第一步：结合当前的业务模式和业务阶段，选择一个希望改进的KPI（关键绩效指标），并为该KPI确定一个基准值。

第二步：确定数据指标，将其进行细化，并找出提升KPI的方法。

第三步：为数据指标制定方案并进行增长实验，搜集数据后进行分析。

第四步：根据数据的测试和分析结果做出决策。

上述步骤的第一个关键点是**定位自己的业务模式和所关注的业务阶段**，也就是确定问题。问题本身决定了我们需要关注的数据指标和KPI。之后要为KPI设置基准值，用来衡量是否达到预期结果。基准值可以自主设定也可以参考行业基准值。

第二个要强调的关键点是在数据分析的实现过程中，往往需要**制定方案**、**进行实验**，检测新方案是否能达到预期的结果或验证最初的假设。例如要想提高注册页面的转化率，方案是调整注册按钮的文字；如何知道是"注册新用户"转化率高还是"点这里试试"的转化率高？这时可能就要用到A/B测试了。再例如，在获客时想知道选哪个渠道做推广效果会更理想，那就需要在多个渠道同时投放广告，然后搜集数据进行对比分析。

也就是说，我们推出的每一个新功能、做出的每一个新决策是否符合用户预期，是否受用户欢迎，都需要**通过数据来回答**。

三、积跬步以察千里：数据的采集与治理

题解 本节标题化用《荀子·劝学》中的"不积跬步，无以至千里；不积小流，无以成江海[①]"。数据的采集是一个长期的积累工作，包括数据埋点、收集、清洗等多个环节，不可能一蹴而就。把原句的"至"替换为"察"，意在提醒大家数据的采集是洞察价值的起点。

咖哥继续说："没有足够数量和质量的数据，数据分析就是无源之水、无本之木。数据从何而来？小雪，你来说说数据采集的步骤。提示一下，你可以先思考**我们为什么要采集数据**。"

小雪回答："我明白了，咖哥，你这个提示的意思是要我**先明确目标，再采集数据**。不过，对于具体的数据采集步骤，我没有实际经验，还是想听听咖哥你的专业看法。"

---

① 含义类似的古代名句还有《道德经》中的"合抱之木，生于毫末；九层之台，起于累土；千里之行，始于足下"。

咖哥听了这话后继续开讲。

1 采集数据之前先明确目标

目标决定数据的来源和采集方法。如果我们采集数据的目的是学习数据分析方法和数据挖掘算法，那么有很多公开的数据集可以下载。例如，知名的数据科学网站 Kaggle 中就有很多有价值的数据集，阿里云的天池网站中也提供了很多数据集。

如果数据是为运营服务的，则要从业务本身出发，多角度采集数据。Avinash Kaushik 在《Web Analytics》一书中将数据的来源分为 4 个部分：点击流数据（clickstream data）、运营数据（outcomes data）、调研/定性数据（research/qualitative data）和竞争对手数据（competitive data）。点击流数据指用户浏览网站时留下的行为数据，如点击率，跳出率等；运营数据指用户使用服务或者产品（如网站或者移动端 App）时被记录下来的数据，如日活跃、月活跃用户数等；调研数据是通过用户调研手段（线上、线下问卷，线下调研或用户访谈等）获取的定性数据；竞争对手数据包括与自家产品有业务关系、竞争关系或存在某种利益关系的其他数据。

数据的采集并不容易。现代企业的 IT 系统多而复杂，从用户点击流数据、产品数据、营销数据、社交平台数据，到 ERP 系统和 CRM 系统数据，都由不同的系统进行管理和存储，这样数据也就被割裂分布在众多系统中，形成了数据孤岛。具有多元业务的企业的各部门也常常自建系统，这些系统满足了单一的业务场景，却使得企业数据难以被全局规划、定义和管理。想象一下，如果没有分析团队和市场营销团队都能够理解的统一标记和跟踪策略，将点击流数据和市场营销数据集成在一起的工作就会很有挑战性，做数据分析的难度也会很大。

2 数据中台解决了什么问题

数据中台能帮助企业**解决数据难找、难用、割裂等问题**。现代企业的目标是以用户为中心，迅速响应用户的需求。直接面对用户的业务过程就是企业的"前台"，而传统的数据库和各种 IT 系统就是企业的"后台"。

企业从满足用户需求这一目标出发，需要提高自己的数据整合和治理能力，通过统一而高效的数据平台为"前台"业务赋能，用数据平台的确定性来应对用户需求的不确定性。

这就是数据中台的核心价值。数据中台是数据平台的下一站，它为业务赋能。建设数据中台的过程是数据平台不断进行自身治理、打破技术边界、拥抱业务、容纳业务、加强业务属性的过程[1]。

---

[1] 此处说法引自王健的极客时间专栏"说透中台"。

3 做好数据埋点，搜集有价值的信息

听到这里，小雪问咖哥："常听人说做好埋点，这个过程是不是指数据采集和数据中台的建设过程？"

咖哥回答："它们有一定的关联。"

埋点（event tracking）是指对用户行为或事件进行捕获、处理和发送的过程[①]。

数据分析师、产品经理和运营人员通过埋点对用户行为的发生位置进行开发、布置；通过工具捕捉埋点事件的关联数据，将数据记录汇总后进行分析，从而优化产品、指导运营。埋点的质量将直接影响数据、产品、运营等部门的业务质量。

埋点是数据平台和数据中台建设过程中的重要环节，通过埋点获取的数据则是数据分析师所需的资料。埋点源于业务需求，服务于业务需求，能对产品和服务进行全方位追踪；而在埋点实施的过程中要用到数据采集、处理和发送等相关技术。

4 加强数据治理，提高数据质量

小雪不禁又问："埋点重要，那么数据清洗是不是也很重要？"

咖哥说："当然重要。数据分析师拿到的数据往往很'脏'，很少能直接使用。不过要谈数据清洗，先说数据治理。一般人解决问题的思路是见招拆招。但那只是被动地解决问题，我们应该从源头解决问题，尽可能避免'脏'数据出现。这就是数据治理的核心思想。"

数据分析师们总结了数据治理的原则，即**约束输入，规范结构，单一来源，规范输出**。

什么是约束输入？例如，数据库中城市名称会出现"北京""Beijing""beijing"这类多值同义的情况。为解决该类问题，在设计系统时，应该通过下拉菜单约束用户只能选择其中的某个选项，从而避免让用户手动输入文本。**只有选项很难满足需求时，才让用户手动输入**。手动输入数据时，也要做好格式和逻辑的检查，如必填字段、时间日期的格式、数据正确的范围等。

规范结构的一个例子是在设计输入表单和数据表时进行**原子化**，原子是不可分割的最小独立单元。例如，地址数据最好细分成省、市、区、街道、门牌号等，分得越细越不容易出错。此外，数据表中的字段要合乎逻辑、结构清晰，主键的选择要精简且合理。

数据的**来源应单一**，对应的英文为 single source of truth（唯一的真实来源）。同一个数据

---

① 此处说法引自赵小洛《人人都是产品经理》文章中的"数据埋点采集"。

字段，这个表里有，那个表里也有，此时就应该把这两个表相互关联，用外键约束该字段。否则，如果数据出现冲突，就不知道哪个表更可信，且溯源的过程十分复杂。

此外，企业内部也要进行**数据指标的规范化**。例如像"留存率""月活数"这类的指标，如果各个部门的计算方法不同，向上级汇报的难度就会变大。因此，公司应该有专职人员负责制定规范，创建一个全公司通用的"数据字典"，统一各指标的意义及计算方法。

数据治理说起来虽然简单，但执行起来并不容易。因为很多公司在成长期追求发展速度，顾不上数据治理。然而，当出现一大堆又"脏"又乱的数据之后，再进行数据治理就会很麻烦。

四、沥尽狂沙方见金：数据的清洗与可视化

题解 用刘禹锡《浪淘沙》中的两句诗来形容数据清洗再恰当不过了——"千淘万漉虽辛苦，吹尽狂沙始到金[①]"。数据清洗是提高数据质量、使数据变得可用的过程，数据清洗会提升数据分析的准确率。

咖哥问小雪："谈一谈你对数据清洗的看法吧。"

小雪答："我认识一位在银行做数据分析师的学长。我曾问他每天都在做什么项目，是不是要分析给什么样的用户发什么卡，判断什么样的用户风险高。学长很实在，告诉我其实他日常工作的大部分内容是把数据整理成能用的格式。所以我想数据清洗是数据分析师工作中很繁重的一部分吧。"

咖哥点点头："的确是这样的。"

1　"脏"数据的清洗

很多人都说做饭时油下锅开始炒菜是最爽的环节，但一般炒菜时间只占做饭时间的20%，剩下的时间都是在准备食材，如买菜、择菜、洗菜。数据清洗就是在开始"炒菜"（数据分析）之前的准备工作（见下页图）。准备工作做得越好，数据越干净，数据分析结果就会越准确。

---

① 《浪淘沙九首》之八。全诗："莫道谗言如浪深，莫言迁客似沙沉。千淘万漉虽辛苦，吹尽狂沙始到金。" 这首诗告诉我们：辛苦、委屈和磨砺都是达到目标、实现价值的过程中必须经历的。

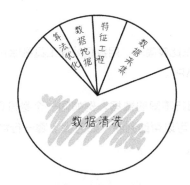

数据清洗占数据分析师的大部分工作时间

看看下面这个从数据库中直接提取出来的 Excel 表，你就会发现，"脏"数据的种类很多。

"脏"数据的示例

数据清洗过程中主要处理下面这 4 种数据。

（1）缺失的数据。

这里有两种可能的情况：一种是缺少数据记录；另一种是有数据记录，但是不完整。

对于缺少整条数据记录的情况，要分析埋点过程中哪里存在流程或技术上的问题。对于重要数据因误操作丢失的情况，如果备份系统里面还有该数据，可以重新载入；如果备份系统里面没有该数据，试一试是否能通过原始文件手动补录。

对于有数据记录但是含有缺失值的情况，有以下两种处理方法。

- 如果含有缺失值的数据记录不影响数据分析结果，可以将其删除，但这样做会减少样本的数量。

- 如果不希望删除含有缺失值的数据记录，则可以通过一些方法补充缺失值，如取其他数据记录的平均值、随机值或者 0 值来补充缺失值，这称为数据修复。

Python 的 Pandas 中有工具（API[①]）可以用来完成上述的删除和补充缺失值工作。

---

① Pandas等Python包中提供的方法、属性和函数统称为API，即用于实现某种功能的程序接口。

（2）重复的数据。

完全相同的重复数据处理起来比较简单，用数据处理工具删除冗余数据即可。Excel和Python的Pandas中都有相应工具或API。

但是如果同一个主键出现两行不同的数据，例如同一个身份证号出现两行不同的地址数据，此时要看看有没有其他辅助信息可以帮助判断（如时戳）哪一行数据是正确的。若无法判断，只好删除其中一行，或者全部保留。

（3）错误的数据。

数据中可能有各种逻辑错误。例如，商品的销售量、销售金额出现负值，此时就需要将其删除或者转成有意义的正值。又如表示百分比或概率的字段的值大于1，这也属于逻辑错误数据。

（4）不可用的数据。

还有一些数据不能算是错误数据，但是需要转换格式后才能够正确使用，如价格字段，有些以人民币为单位，有些以美元为单位，如果直接对这些数据进行求和，得到的结果就是错误的。另一些常见例子是把"是""否"分别转换成"1""0"再输入机器学习模型，或者把多分类字段转换成模型能够识别的多个二分类字段。

通过数据治理将上述所有情况从源头处理好，其效果远远好过事后补救。

"脏"数据清洗的工作完成之后，数据分析师的下一步工作通常是把数据可视化。

2 数据的可视化

"小雪，看一下咱们数据科学讲习所的年利润率增幅图（见下图）。"

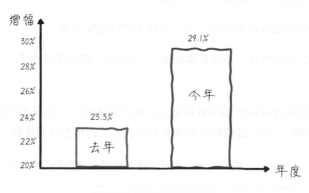

给投资人看的利润率增幅图

小雪说:"好大的增幅啊。"

咖哥说:"很大是吗?那你再看看下面这张图(见下图)。"

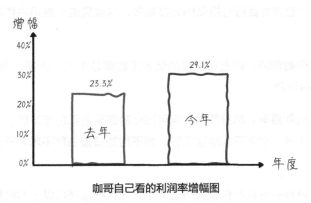

咖哥自己看的利润率增幅图

小雪定睛细看,喃喃自语:"怎么回事,一样的数据,现在又不觉得有多大的增幅。这是用了什么障眼法?"

咖哥笑道:"这就是数据可视化过程中的一个小技巧。"

用同样的数据制作的图,第一张图适合给投资人看;而第二张图适合给自己人看,以提醒大家不要对小小的增长过于沾沾自喜。第二张图中的视觉增长和我们营收的实际增速一致,都约为25%;而第一张图在并没有修改数据的前提下把25%的营收增速在视觉上放大至近300%。

因此,数据还是那些数据,如何展现它们,其中的学问可就太大了。

有很多种工具可以实现数据的可视化。

- 我们常接触的Excel中可视化工具不少,基于数据透视表的透视图就是其中之一。

- 专业的数据分析工具,如Power BI、Tableau等,它们也提供了强大的数据可视化功能。

- 各种商用数据分析平台,如Google Analytics、百度统计、GrowingIO、诸葛IO、神策数据、西瓜数据,都可以实现数据的可视化。

- Python、R语言、MATLAB语言中都有数据可视化包,如Python中常用的Matplotlib,R语言中的ggplot2。

"数据可视化与用户体验直接相关,那么谁是数据可视化的用户?"咖哥问。

小雪说:"数据分析师本人?"

"当然，还有其他部门的同事，更重要的是数据可视化后的结果往往要呈现给老板或者客户。因此用户体验至关重要。"

在后续的实践篇中会讲解数据可视化的大量细节，这里只说一些用户体验要素，可作为数据可视化的指导思想。

（1）**永远要记得你的用户**。数据可视化的结果是数据分析师的产品，而产品是给用户看的，要让用户看得懂，看得清楚。

（2）**少即多，简单就是美**。尽量简化数据可视化的结果的配色与排版。一般情况下，一张图片中的颜色不要超过3种，字体不要超过3种，能不用的背景色就不用，不需要的网格线全部删除。

（3）**注意对比**。单独一行数据包含的信息有限，把两行或两行以上的数据放在一起展示更易于发现其中的问题。

（4）**强调一致性**。一系列的数据可视化的结果要基于相同的标准，最好让它们使用同样的模板。因为人的思维有惯性，要避免易引起混淆的跳跃。如果有两张业务增长图，其中部门A的y轴从0开始，部门B的y轴从50%开始，这两张图在同一份报告中出现就很不合适。

类似的指导原则还有很多。它们是我们在一开始就应领悟的"道"。虽然"道"和"术"都很重要，但我想反复强调"道"。因为对"道"的深入理解能够让我们走得更稳，走得更远。

五、营运之道无定法：数据分析的核心方法

题解 在实践过程中，数据分析师们总结出了许多具体的数据分析方法，了解这些方法的精髓，可将它们灵活应用于运营流程的各个阶段。

咖哥的下一个面试问题有关数据分析的方法："小雪，你都用过或者听说过哪些具体的数据分析方法？"

小雪回答："很多，如用户画像、A/B测试、漏斗分析、RFM分析……"

"对极了，用户画像、A/B测试可是数据分析师、运营人员和产品经理都务必要掌握的，下面咱们先对这些分析方法中的精髓给出概述，以后再使用这些方法进行案例实战。"咖哥再次忘记了这是一场面试，又滔滔不绝地讲起来。

1 用户画像：多维拆解用户信息

用户画像的本质是用户信息的标签化，它把每一个用户都描述成各类数据的变量集合。这个变量集合被运营和数据分析师使用，他们将对其进行多维度的拆解。

用户画像可以有多个维度。它不仅包括基本的年龄、性别、地域、兴趣等用户信息，还包含用户的消费特征、行为方式等维度。

从多个维度了解用户之后，可以对用户进行精细化的分组，给产品开发、运营过程以精准的指导。

2 RFM分析：确定用户的核心价值

RFM（Recency、Frequency、Monetary）分析其实是用户画像的"衍生品"。它通过用户最近一次消费、消费频率及消费金额3个指标将用户划分为不同的类别或集群，以描述用户的价值，如下图所示。

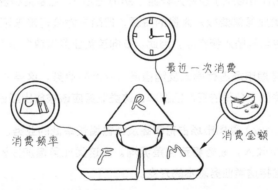

在RFM分析中，R表示最近一次消费，F表示消费频率，M表示消费金额

为什么要构建R、F、M这3个指标？因为用户的行为本身并不能直接用于数据分析，但是如果把用户的行为转化为像R、F和M这样的具体数值之后，我们就能对用户有更直观的认识，并将这些指标运用于数据分析、精准投放广告、制作产品推荐系统等多个运营场景。

3 波士顿矩阵：协助企业分配资源

波士顿矩阵（BCG Matrix）又称四象限分析法、产品结构管理法等，常用于协助企业分析其业务和产品序列的表现，从而更妥善地分配、开发和使用资源。

波士顿矩阵是一个2×2的矩阵，其横轴是市场占有率，纵轴是销售增长率，如下页图所示。

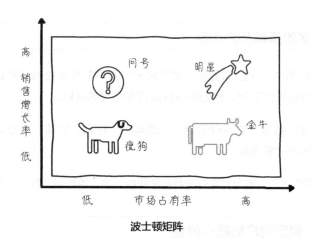

波士顿矩阵

数据分析人员要搜集业务资料，确定业务或产品的表现，并将其标在图中的适当位置，得到4种分布情况。

- 问号（question mark）也称为野猫（wild cat），它是指销售增长率高但市场占有率低的业务。这类业务需要投入大量的资源，但尚未为公司带来可观的收入，其可能转化为明星业务，也可能坠入瘦狗区。因此，在向这类业务投放资源前应谨慎分析。
- 瘦狗（dog）是指市场占有率低及销售增长率低的业务。这类业务通常只能维持收支平衡，但实际上降低了公司的资产回报率。这类业务应该被售出或停止。
- 金牛（cash cow）是指市场占有率高及销售增长率低的业务。这类业务通常都为公司带来较高的现金收入，业务稳定但是沉闷。为这类业务增加投资并不会大量增加收入，所以公司只会维持这类业务基本的开支。
- 明星（star）是指销售增长率和市场占有率都高的业务。这类业务需要投入较多的资源以维持其市场领导者的地位，是公司重点关注的对象。

波士顿矩阵为产品或服务强与弱的判断提供了一幅有用的"地图"，能确定每种产品或服务的价值。它提供了一个优秀的二维拆分思路，利用这个思路，不仅可以进行产品分析，还可以将其他数据维度或用户标签两两组合并进行数据可视化，从而找出有潜力的业务。

4 SWOT分析：扬长补短，实现目标

一个与波士顿矩阵非常类似的分析工具SWOT [Strengths（优势）、Weakness（弱点）、Opportunities（机遇）、Threats（挑战）] 是以四象限的可视化方式评估公司经营状况或者产

品所面临的挑战的。其中每个象限都代表一个能给我们带来启发的问题，如下图所示。

SWOT分析

其实无论是波士顿矩阵、SWOT分析，还是5W2H分析，它们都不只是数据分析工具，更是良好的通用思维工具，可以把它们应用于工作和生活中，从而帮我们解决实际问题。

5 5W2H分析：从多角度提问，发散思维

5W2H分析是一种从多角度提问的分析方法，包括下述问题。

- WHAT——是什么？有什么目的？要解决什么问题？
- WHY——为什么要做？可不可以不做？有没有代替方案？
- WHO——由谁来做？
- WHEN——什么时间做？什么时机做最适合？
- WHERE——在哪里做？什么地方出了问题？
- HOW——如何实施？如何提高效率？
- HOW MUCH——做到什么程度？成本如何？产出如何？

通过不断提问，逐步接近事实真相，看清全局，从而得到启发或找到答案。

6 KANO模型：对用户需求进行分类排序

KANO模型是狩野纪昭（Noriaki Kano）发明的对用户需求进行分类和优先级排序的实用

工具。它是一个定性分析模型，以分析用户需求对用户满意度的影响为基础，对产品功能进行分级，从而确定产品实现过程中的优先级。

根据需求和用户满意度之间的关系，该模型把用户需求分为 5 类，分别是基本（必备）型需求、期望（意愿）型需求、兴奋（魅力）型需求、无差异需求、反向型需求（见下图）。

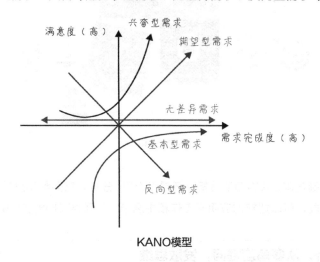

KANO模型

其中，**基本型需求**最为关键，例如在线教育网站中的网速够不够快，课程能不能访问，视频能不能看，这些就是基本的需求。若不满足这些需求，用户根本就不会使用你的产品。但是基本需求一旦满足之后，用户的满意度就会停滞，不再继续提高。

此时要继续关注期望型需求和兴奋型需求，例如在线教育网站的课程质量就是**期望型需求**，它远远比网站页面设计重要。而**兴奋型需求**满足得好也会大大提高用户的满意度，这也是拉开竞争差距的关键。仍以在线教育网站为例，如果课程质量好，课程的交互界面设计得也不错，课程目录结构清晰，学生的学习体验好，那这个产品就更吸引人了。

无差异需求指的是可有可无的因素，它不会大幅提高用户的满意度，在做产品设计时，加入这类元素只会白费力气。而**反向型需求**指的是可能给用户满意度带来负面影响的因素，在设计产品时，这类需求需要坚决避开。

7 漏斗分析：显示关键转化节点

漏斗分析反映用户（或潜在用户）在使用产品和服务的过程中，从起点到终点各阶段的转化率情况。这一分析方法简明易懂，在用户行为分析、App 及网站流量监控、产品转化等日常数据运营与数据分析过程中的应用很广。

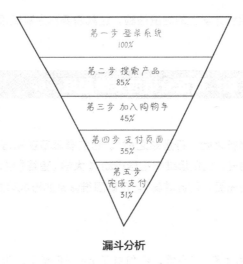

漏斗分析

从上图可以看出，漏斗分析中直截了当地显示出了关键节点和"啊哈"时刻。它帮助用户分析出产品转化过程中关键节点的转化率，以此判断整个流程的设计是否合理、各步骤的优劣和是否存在可优化的空间。漏斗分析不应该超过 6 步，一方面避免分析过程过于烦琐，另一方面更能凸显关键节点。

8　A/B 测试：对比不同方案

A/B 测试不难理解，它将两个不同的设计或者方案（即 A 和 B）进行比较，用来研究某一变量所带来的差异。一般情况下，A 和 B 两个方案中只有一个变量不同，而其他变量保持一致，然后再观察用户对 A 和 B 方案的反应差异，由此判断出 A 和 B 方案中哪一个更佳。

电商网站中的产品推广页面就很适合做 A/B 测试，因为一个按钮的位置、文字，推广文案，海报的颜色都能够对转化率产生影响；而转化率的微小提升可能大幅提升销售利润（见下图）。有时候虽然仅微调了按钮文字，却对转化率产生了明显的正面影响，对利润率的正面影响就更大了。这便是"四两拨千斤"。因此 A/B 测试不仅非常有趣，还非常有用。

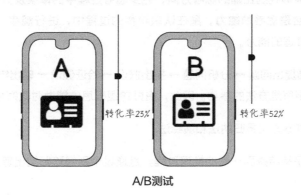

A/B测试

A/B 测试过程中会运用统计学上的假设检验，这就需要作为测试设计者的数据分析师对统计学原理也有所了解。

六、增长践行成于思：数据分析的关键思维

> **题解**　王阳明说"知是行之始，行是知之成"。它的意思是在知行关系上，认知是行为的开始，行为代表认知的完成，应用思维来指导行动。《大学》首篇《经：大学之道》中有云"物有本末，事有终始，知所先后，则近道矣"。正确思维体系的形成就是成事之本，成功之始，成材之道。

咖哥的面试问题越来越抽象："小雪，我们有了 AARRR 模型，精益数据分析模型，各种数据分析、采集、治理、可视化方法。那么在具体行动之前，如何用正确的思维指导实战，让数据真正开始'说话'？"

小雪回答："我觉得最重要的是要建立起一个完善的、能解决问题的逻辑思维体系……"

"逻辑思维体系很多人都听说过，但很少有人能够说清楚怎么建立起这个体系并用它来完善我们的认知过程。让我来和你说说。"咖哥再次成功抢过了话语权。

1 逻辑思维：演绎与归纳

什么是思维？什么是逻辑思维？

思维是人接受信息、存储信息、加工信息及输出信息的活动过程，是概括反映客观现实的过程。逻辑则是推论和证明的思考过程。逻辑思维是采用科学的方法反映客观现实的理性认识过程。借助逻辑思维，我们能够找到正确的思考方向，减少思考过程中的谬误及分析中的误差。**逻辑思维能力就是指正确、合理思考的能力**，是在认识事物的过程中，进行观察、比较、分析、综合、抽象、概括、判断、推理的能力。

数据分析基本遵循提出问题 → 分析问题 → 提出假设 → 验证假设 → 输出结论这一过程，这个过程本身就需要多种逻辑思维方法的参与。因此，良好的逻辑思维能力对数据分析的作用不言而喻。

逻辑思维的两种基本方法是归纳法和演绎法。

先说**归纳法**，它是从特殊到一般的推理过程，是通过个别经验归纳出普遍规律的方法，是从

部分样本推知全体样本的过程，如下图所示。

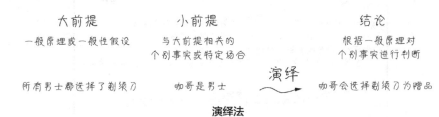

归纳法

归纳法是基于经验的方法，其推理方式不够严谨。除非我们搜集了全部年轻女性的促销赠品信息，否则我们不能得出图中的结论。一只黑天鹅的出现，就能够推翻"天鹅是白的"这个基于经验得出的结论。

而**演绎法**则是从一般到特殊的推理过程，它从一般原理出发，经过逻辑推理，解释具体事件或者现象，或推导出个别性的结论。其常见的表现形式是从大前提到小前提，再到结论的逻辑三段论，如下图所示。

大前提	小前提	结论
一般原理或一般性假设	与大前提相关的个别事实或特定场合	根据一般原理对个别事实进行判断
所有男士都选择了剃须刀	咖哥是男士	咖哥会选择剃须刀为赠品

演绎法

在演绎过程中，推论前提与结论之间存在联系是必然的，演绎法是一种确实性推理。

然而在现实情况下，一般原理也只能来源于经验。因此，我们不得不先使用归纳法得出原理，然后再用演绎法做出推断、判断或预测。"**绝大多数男性都选择这款剃须刀作为赠品，针对男性用户推广该产品是可行的，向咖哥这样的用户推送该款剃须刀很合适。**"——这句话中就包含了演绎法和归纳法两种逻辑思维方法[①]。

---

① 逻辑思维方法是现代科学的起点。在数据分析过程中，再三强调它亦不为过。遵循逻辑思维方法（演绎法和归纳法），会让我们得出科学的结论。

2 发散思维与收敛思维

发散思维与收敛思维也是数据分析过程中常用的思维方法。

发散思维也叫放射思维或求异思维,其特点是视野广阔,多角度,多维度,呈现出发散状,追求"一题多解"。**收敛思维**也叫聚合思维或者求同思维,其特点是使思维始终集中于同一方向,使思维条理化、简明化、逻辑化、规律化。

将发散思维和收敛思维结合使用,可以帮助分析人员得到更有创造性的解决方案。**具体步骤可以是先发散,再收敛**。针对一个特定的问题,可以先展开"头脑风暴",大家畅所欲言(发散),先不做任何限定和评判,得到尽可能多的答案和解决方案;然后把所有的方案集中在一起,按照相似性进行分类,此时可以淘汰一些不相关或者无法实施的方案;最后再进行排序与选择,确定一个或多个较好的解决方案(收敛)。

下面举一个电商运营环节中通过发散思维和收敛思维来解决问题的例子。

某知名电商以发货速度极快著称,然而也同时出现了用户大量退货的问题,有数据表明退货单占据总送货单的8%。**问题是如何在控制退货造成的损失的同时提升用户体验。**

第一步是展开"头脑风暴"。无前提地提出尽可能多的解决方案,不考虑方案的可行性,如下图所示。

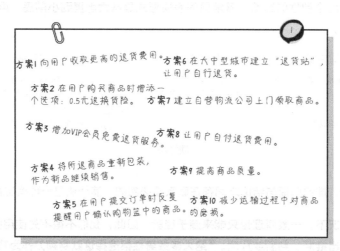

步骤一 展开"头脑风暴"

第二步是分类并减少方案。把上述所有方案进行分类与整合,减少重复方案,同时移除不可行的方案,如下页图所示。

步骤二　分类并减少方案

其中方案 9 是通过提高商品质量减少退货，这个方案过于宏大，涉及进货流程，需要单独立项探讨，暂时删除此方案。

第三步是排序和选择，确定最终方案。

经过反复论证，公司认为其核心竞争力在于在减少退货的同时提升用户体验。因此最终确定下述方案（见下图）。

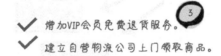

步骤三　排序和选择，确定最终方案

这样，VIP 会员的会费成了公司新的收入来源，也可以用于建立自营物流公司以减少退货的成本。这样的做法也提高了公司的服务水准，进一步提升了公司的竞争能力，使得其他电商公司很难与其比肩。

3　从相关思维到因果思维

在现今的数据分析中，机器学习和统计学习方法[①]非常盛行。无论是机器学习，还是统计学习

---

① 二者无清晰界限。

方法，都非常注重事物之间的相关性。而相关性需要通过对大量数据进行分析来发现。

举个例子，有数据表明，某海滨度假城市冰淇淋的销量和溺水人数呈现出很强的相关性。一旦冰淇淋卖得多，溺水人数就会增加，因此我们也可以将冰淇淋的销量作为一个指标，用来指导海滨救援人员的工作安排。

然而，冰淇淋卖得多和溺水人数增加只具有相关关系，不具有因果关系。冰淇淋销量增加是因为气温上升，气温上升使游泳人数增加，从而导致溺水人数增加。游泳人数增加和溺水人数增加才具有因果关系。

因此，通过数据分析和机器学习就能够发现看似风马牛不相及的两个事物之间的联系，**这很了不起**；然而，**机器目前还无法给出相关性背后的因果逻辑推理过程**。此时，数据分析师要使用逻辑思维中的归纳法、演绎法，在推理过程中贯穿从因到果的辩证，找到相关性背后的真正驱动因素。**目前的 AI 机器无法取代人类完成这项工作**，这也更体现出数据分析师的价值。

因果关系有下图所示的类型。

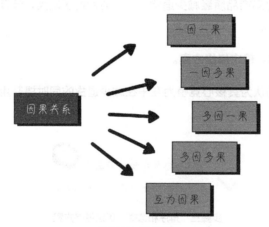

因果关系的类型

演绎法和归纳法都是由因及果的推理过程。

举一个因果思维的应用示例：由于监管不当，近期互联网保险行业的营销活动无法使用现金及优惠券等来促进保险交易的成交，这在一定程度上减少了活动的数量，因此交易量减少。那么，如何解决这一问题[①]？

先试着拆解出可能的因果关系，如下页图所示。

---

① 这个例子引自Wise的知乎文章《数据分析应学习逻辑思维及分析方法》。

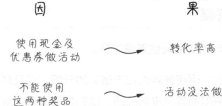

对示例问题的简单因果推理（不完善）

然后，进行因果辩证，提出一些假设性问题。

（1）原因是否真实？

（2）结果是否真实？

（3）这个原因一定会引出这个结果吗？是否有其他的原因？

如果假设的原因和结果都为真，对这 3 个问题可以做如下启发式的提问。

（1）使用现金及优惠券奖品，一定会使成交效果更好吗，是否有其他的方式？

（2）不使用这两种奖品，活动就一定不能做吗，是否有其他的奖品？

（3）活动没法做，一定不能促进保险交易的成交吗，是否有其他的方式？

此时，我们会发现一些表面上的原因只是结果的必要不充分条件。应先对结论提出假设，并设计实验或采取其他的手段来验证假设，最终验证结果才是真正的结论。

假设检验是推论统计中用于检验假设的一种方法。它先对总体参数提出一个假设，然后用样本数据判断这一假设是否成立。后续还要介绍相关内容。

4 批判性思维：保持怀疑

上述的因果分析过程中也应用了**批判性思维**工具。

批判性思维一般包括理性的、保持怀疑的和无偏见的分析，以及对事实证据的评估等。思考者通过熟练地分析、评估和重构来提高其思维的品质。批判性思维是自我指导、自我约束、自我监督和自我纠正的思维。批判性思维着重研究如何系统地构建清晰的思路，以及研究不清晰思路的特征。

对于数据分析师来说，时时运用批判性思维的习惯能让他们透过现象看清问题的本质，并做到去伪存真。

5 结构化思维：形成系统

另一个有用的逻辑思维工具是把事物**结构化**。结构化思维是从整体思考到局部思考，先对事物进行分解，然后归类分组，最后总结概括。这是一种层级分明的思考模式，运用它可以把零散的信息整理成结构清晰的系统。

大家可能听说过麦肯锡咨询公司第一位女顾问芭芭拉·明托所著的《金字塔原理》。她总结出分为3个步骤的金字塔式结构化思维方法。

（1）归类分组，将思想组织为"金字塔"。

（2）自上而下表达，结论先行。

（3）自下而上思考，总结概括。

这种方法看似简单，实际上用处极大，运用它可以将碎片化的信息进行系统化的思考和处理，把复杂的事物分了层次，辅助我们更全面地思考，如下图所示。

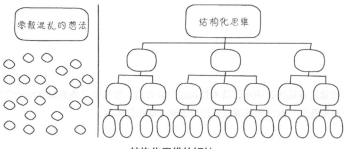

结构化思维的好处

没有结构化的思维是零散混乱、无条理的想法集合，而结构化思维是一种有条理、有层次，脉络清晰的思考模式。

在结构化思维的分组过程中，要先发散，后总结，而且要遵循 MECE 原则。MECE 是 4 个英文单词 Mutually、Exclusive、Collective、Exhaustive 首字母的组合，意思是**各个部分之间相互独立，没有重叠；所有部分完全穷尽，没有遗漏**。

前面提到的 SWOT 矩阵、KANO 模型，以及 5W2H 方法，其实都是从结构化思维衍生出来的分析工具。

在做数据分析的过程中，培养结构化思维十分重要，平时要刻意运用这种思维方法找逻辑结构，锻炼自己系统思考的能力。

6 图解思维：一图胜千言

俗话说，一图胜千言。另一个非常有用的思维工具是图形，用图形而非文字去引导思维往往效果更好。

法国数学家阿兰·孔涅曾说，数学当中的几何对应于大脑的视觉区域，并且是一种瞬时的、即刻的直觉。在这里，我们看到了一种几何图像，嘣！就是它，这就是一切，甚至不需要我们去解释，我们不想去解释。作家采铜在其著作《精进》中也提到，**一张图表，能够直接激发直觉思考**。这种直觉思考能引发顿悟，帮助人突破思考的瓶颈。

为什么会这样？

一是作为一种直观的表达，图片比语言文字更有优势，它可以让复杂的关系更好地展现，因此图形、图表比在纸面上占据同样空间的文字传达的信息量更大。

二是用图片展示信息，分担了人脑中工作记忆的负荷——一般认为大脑同时只能处理（7±2）个元素，突破了内存瓶颈后，工作记忆将有更大的活动空间，它可以参与更深、更广的思考。

咖哥在数据大屏幕前介绍图形与图表的重要性

因此，数据分析师都强调数据的可视化。这不仅是因为老板喜欢看图，还源于上述理论的潜意识支配——我们每个人都更愿意从图中获取信息。而一张精美的数据可视化图表不仅能展示大量的信息，还常常能够把数据间的隐藏关系直观地展现出来。

7 指标思维：北极星指标

指标的重要性不言而喻，在指标思维这个部分，我将介绍北极星指标、虚荣指标和魔法数字这些概念，然后给出优秀数据指标的一些特点，最后介绍互联网行业数据的指标体系的演进过程。

《精益数据分析》一书中提醒创业者在一段时间内只专注于某一个引擎。例如，先专注于让你的产品对核心用户产生黏性，接着把主要精力放在使其呈"病毒"式增长，最后再全力利用增长后取得的用户基数来增加营收，这就是专注。在数据分析的世界里，这意味着仅挑选一个指标，该指标对你当前所处的创业阶段无比重要。

这个指标就是**北极星指标**（North Star Metric），也叫**第一关键指标**（One Metric That Matters）。它是指在产品的当前阶段与业务、战略相关的绝对核心指标，它就像北极星一样，指引整个团队向同一个方向迈进（提升这一指标）。它是一个在当前阶段高于一切、需要集中全部注意力的指标。

目前的数据管理系统和数据分析工具很多，各种数据指标也很多，让人眼花缭乱，切记不要因能跟踪的数据太多而分散了注意力。我们可以捕捉所有的数据，但只应关注其中的那些重要数据。

而聚焦于最重要的业务场景，意味着我们要选择关键指标，摒弃**虚荣指标**。什么是虚荣指标？例如在营收不足、现金流陷入危机的情况下仍然只注重流量、增速，那么流量和增速就是虚荣指标。

表 2 中粗略分析了一些知名产品和商业模式，并给出了它们可能对应的北极星指标。

表 2 知名产品和商业模式所对应的北极星指标

产品	商业模式	核心价值	北极星指标
淘宝	网上购物平台（门店）	链接商家和客户	商品交易总额
京东	网上购物平台（自营）	提供一站式购物服务	总交易额 - 总成本
抖音	短视频、直播	供大众浏览和创作	月活跃用户数
知乎	用户平台	知识分享	高质量作品产量
微信	即时通信	让沟通变得容易	用户日使用频率
……	……	……	……

除北极星指标外，肖恩·埃利斯（Sean Ellis）的《增长黑客》中还经常提到**魔法数字**，这也是一个关键指标。如果说**北极星指标是长远目标，魔法数字则是当前行动指南**。例如，通过数据分析，某公司发现了高黏性用户的"秘密"之一：在 80% 的情况下，高黏性用户会在第一次购物后的 **30 天**内完成第二次购物；LinkedIn 用户在一周内添加 **5 个**社交好友，Facebook 用户在 10 天内添加 **7 个**好友，这样就能够保证较高的留存率。这些例子中的"30 天""5 个""7 个"就是《增长黑客》中的魔法数字。

优秀的数据指标有如下特点[①]。

1. 好的数据指标应该简单易懂。
2. 好的数据指标能促进团队协作。
3. 好的数据指标以结果为导向。
4. 好的数据指标能够引领行动。
5. 好的数据指标往往是个比率。
6. 好的数据指标具有比较性质。

优秀数据指标的特点

上图中对各特点的说明很简短，但是含义深刻。例如，两个指标"年销售额增量"和"日新获客数"，哪个更好？对于 CEO 来说，可能需要的是年销售额的突破；但是对于完成日常业务的运营人员来说，也许更应该聚焦于每天的新获客人数，通过"日新获客数"他才知道近期的方案是否有效。这就说明**优秀的数据指标能够引领行动**。因此，不同指标在不同的场合发挥的效用有差异。在运营人员调整短期获客方案的场景中，"日新获客数"指标就好过"年销售额增量"指标。

从互联网产品的发展历史来看，随着技术的创新和业务模式的进化，常用的指标体系从最早的聚焦于流量监控的 PULSE 指标体系，到衡量用户体验的 HEART 指标体系。现在互联网产品间的差异越来越小，公司之间的竞争阵地从产品切换到运营，于是近几年开始流行基于 AARRR 的指标体系[②]。这个指标体系的演进过程如表 3 所示。

---

① 原说法来自《精益数据分析》第2章"创业的记分牌"，本书根据笔者的实践经验做了一些提炼与扩展。
② "三元方差"公众号的文章《数据分析指标思维》和李启方的知乎文章《数据指标体系的演进》等文章中都提到了数据指标体系从PULSE到HEART再到AARRR的演进，大家可以了解一下。

表3 近几年开始流行的基于AARRR的指标体系的演进过程

过去的过去	过去	现在	未来
Page view（页面访问量）	Happiness（愉悦度）	Acquisition（获客）	
Uptime（正常运行时间）	Engagement（参与度）	Activation（激活）	?
Latency（延迟）	Adoption（接受度）	Retention（留存）	
Seven days active user（周活跃用户）	Retention（留存度）	Revenue（变现）	
Earning（利润）	Task success（任务完成度）	Referral（自传播）	

也有人提出了从AARRR进一步过渡到RARRA的想法，即AARRR中5个阶段的次序变为留存（Retention）→激活（Activation）→自传播循环（Referral）→变现（Revenue）→获客（Acquisition）。在这个模型中，指标本身没有发生变化，但运营思路变了，AARRR以获客（A）为起点，而RARRA则以用户留存（R）为起点，也就是一切动作都以用户的留存为核心，同时也更强调现有用户在推荐和获客中的作用。

其实，AARRR也好，RARRA也罢，这些指标之间原本就不存在固定的顺序和明确的界限。当移动互联网运营进入"下半场"，竞争日趋白热化，每一个"大厂"都已经存储了足够的"流量池"后，那么重心当然应该从获客转移到留存上来，持续提高产品和服务的口碑，以老带新，这是基业长青之根基。

8 细分思维：分组与分类

细分思维也是结构化思维的"衍生品"。这里对其进行强调是因为这种思维工具在数据分析过程中太有用，值得为其单独命名。细分思维就是对产品、用户、运营策略及各种数据做单一维度或多维度的拆解、分组，再进一步细分，比较各组之间的差异。用户画像、波士顿矩阵、RFM模型、漏斗分析等，都是细分思维的应用。

在数据分析工作中，细分的维度非常多，如时间、地区、渠道、产品、员工、用户、行为、消费状况等[1]。

9 对比思维：找到变化点

刚才在学习优秀的数据指标时，我们知道了优秀的数据指标具有比较性质。在数据分析过

---

[1] 此处"细分思维"的说法参考了"三元方差"公众号的文章《数据分析细分思维》。

程中，**对比思维**是非常实用的工具。通过对比数据，我们才能够看出变化，计算增速，或者找到问题。

对比通常有两个方向，一个是纵向，它是指不同时间的对比，如将去年同期的获客数和今年同期的获客数进行对比；另一个是横向，它是指与同类产品相比，如将QQ的日活跃数和微信的日活跃数进行对比。

对比思维和细分思维经常结合起来使用，先分组，再对比。它们的特点是简单，人人都能理解，但又非常实用。这说明越**简单的工具，往往越有大用，越有妙用**。

10 用户思维：初心不可忘

数据分析与运营都是为了获客、激活、留存和增长。而这一切的最终目的是什么呢？就是为了**给用户提供他们所需要的服务**。现在各个公司都把做用户画像、了解用户、研究用户的心理放在比较高的优先级，就是因为他们知晓了这个道理。

前面讲过的 KANO 模型就是用户思维的体现，它通过对用户核心的需求进行优先级排序，确保产品和服务能解决用户的痛点问题。而从 AARRR 到 RARRA 的演进，更是突出了用户在持续增长过程中的关键作用。

无论是做产品、做运营、做市场，还是做数据分析，心里都要有为用户服务的精神，这样事情才能做得更好，路才能走得更长远，这也就是**不忘初心，方得始终**。

11 真实思维：以事实为真

真实思维是**以尊重事实为导向**的思维，这看似与数据分析完全无关，但是又非常值得一提。

彼得·德鲁克有句名言：一切无法用指标来衡量的东西都无法被管理（If you can't measure it, you can't manage it）。主观的认知总会有偏差，但是数据是不会说谎的。

粥左罗在《学会成长》中提到了开面馆的例子，如果以盈利为目的，商家就要根据真实的反馈信息不断优化口味、提升服务品质、提高质量。但如果开面馆是为了做慈善，免费给大家吃面，大家不花钱也就不提意见。该面馆收不到真实的反馈信息，产品和服务品质就有可能弱于以营利为目的的面馆。

对于处在创业、发展和守业各个阶段的互联网公司来说，真实思维就意味着认真地分析现状，正确认识自身发展的实际情况，确定合理的目标，不虚荣地追逐数据，不弄虚作假，不急功近利,不追求纸面上的急速增长。否则,公司有再优秀的数据而没有根基,它也可能只是昙花一现。

今天我的分享就以真实思维结束吧。我希望有一天,你发现精心准备的数据分析报告并不是总能与你所期待的结果相匹配,请不要强行用数据解释结果,或者刻意忽略掉某些本不应该忽略的因素。而应该从始至终尊重事实,从事实出发,寻根究底,发现不足。**要有接受数据分析不是"万能灵丹"的勇气,也要敢于找出数据背后隐藏的事实真相。**

尊重数据,更要尊重数据背后的真相,这才是一个数据分析师应该具有的最大勇气。

"等等,我还有问题!"小雪看咖哥手臂一挥,定格在那里,心想这冗长的演讲终于进入了尾声,赶紧发问:"第一,你到底是怎么知道我昨晚到今天早上的行踪的?第二,我这面试到底过没过?"

咖哥笑着说:"先回答你的第一个问题。刚才在"逻辑思维:演绎与归纳"的部分,我提到了**演绎推理——从一般性原理出发,经过逻辑推理,从"已知"推知"未知",以解释具体事件或者现象**。而我正是用类似的方法通过数据对你的行踪进行了演绎推理,我把它称为'数据演绎法'。"

咖哥顿了顿,开始详细解释:"昨天,我把公司的招聘海报发给了几个朋友。很快,你姐姐就打电话给我,说了说你的情况。她说你是名校毕业,觉得自己在之前的公司学不到太多东西,对这边的工作环境很有兴趣。昨天下午4点25分,我在后台数据系统看到用户名为'小雪'的ID关注了"咖哥数据科学讲习所"公众号,然后,我们这个'小芝麻'公众号各篇文章的浏览量就开始+1、+1、+1了,一直到深夜还有人在访问。"

小雪轻轻地点了点头,心想:"难怪了,我昨天看咖哥的文章的确看到很晚。"

"看得出来你对我们公司挺有兴趣的,所以小雪,我相信你是一个很认真的面试者,而且现在你对我们的工作风格可能也有点了解了。你给我们公众号的最后一次点赞发生在今天早晨8点36分。我刚才看了眼实时数据,之后我们的公众号就再没有任何其他的访问信息了。这说明,你大概在8点36分下了公交车。而且我想,你可能有一个走路不看手机的好习惯。"

"从地铁站到我们公司,一共就那么几路公交车,哪路车大概什么时间到站,我当然是了如指掌。根据8点36分这个时间细节,推测出857路公交车对我来说不是难事,哈哈。"

"也许你觉得我在故弄玄虚,其实我卖这个关子想表达的是:既然**数据无处不在,对数据的分析就是无处不在的**。这种'福尔摩斯'式的数据思维能带来很多意外惊喜。不过,我这里运用的'数据演绎法'和我们常用的因果推理法不太一样，它有点像贝叶斯的后验概率模型，是由果到因的逆向推理，而且其中不仅应用了演绎法，还整合了归纳法和其他思维方法……好啦，说多了，你今天的面试就过关了吧。明天来公司，先实习，我们一起做项目，之后你就更加清楚我所说的'数据思维'和'数据演绎法'是什么了！"

实践篇
数据运营分析十话

实践篇
数据运营分析十话

本篇中,我们跟随小雪的脚步,以 AARRR 模型为框架,给出 10 个用数据指导运营实践的清晰案例[①]。

① 本图内容引自《精益数据分析》第5章"数据分析框架"。

卷一 获客

获客的本质是根据自己的产品、服务和业务模型确定潜在的用户。

【关键要素】

阶段	任务	关键数据指标
获取用户（获客）	通过各种手段提高产品曝光率,从而提高产品知名度	流量、提及量、搜索结果排名、用户获取成本、点击率

- 要完成此阶段的关键任务,需要为潜在用户群体分组画像、搜集用户基本信息(如姓名、电子邮件和所在城市)及用户行为的信息(如该层级用户购买过什么样的产品)。

——参见第一话案例

- RFM 模型为用户的分组提供参考依据。这种模型从最近一次消费、消费频率和消费金额描述用户的潜在价值。

——参见第二话案例

- 本阶段的两个重要指标是用户终身价值和用户获取成本。这两个指标能帮助我们了解需要多久才能让一个用户付清我们获取他所花的成本,即用户盈亏平衡时间[①]。

——参见第三话案例

---

① 该说法引自《精益数据分析》第5章"数据分析框架"。

第一话

横看成岭侧成峰：用户画像揭示秘密

题解　用户画像是根据业务需求，对用户的人口统计特征、社会属性及行为标签进行有目的性的提炼，包括用户人口统计学特征画像、用户行为画像、用户兴趣画像等。本话的标题借用苏轼的名句"横看成岭侧成峰"暗示对于不同的用户群体而言，同样的广告、推广文案或者促销获客活动有可能产生完全不同的效果。

第二天清晨，咖哥领着小雪来到一个会议室。会议室虽简陋，但墙上挂满一个个大屏幕，大屏幕上动态显示着"咖哥数据科学讲习所"公众号的数据和其他一些项目数据（如下图所示）。小雪联想起咖哥就是通过这些数据推断出她看手机的各个时间节点的。

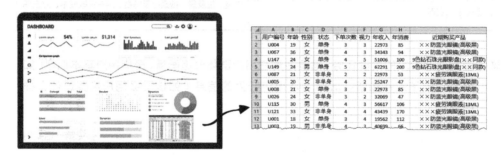

咖哥会议室里面的大屏幕上显示着一些项目数据——其中之一是眼部护理电商数据集

二人入座，咖哥开口："和你说些我们做的项目。上面这个数据集就是一个做眼部护理产品的电商的几款热销品的销售信息，其中包含用户编号，用户近期购买的产品，用户的年龄、性别、状态（是单身还是有男/女朋友）、视力情况、购买产品的次数、年收入和年消费金额等信息。"

小雪不禁问道："咖哥，用户的年消费金额、下单次数、近期购买的产品等信息系统会记录。不过，像视力、年收入，甚至有没有男/女朋友这些信息，电商公司怎么可能得到呢？"

咖哥答："重要的数据要搜集全面。不要忘记这是一家深耕眼部护理产品领域的电商，要进入细分市场，就要想办法获取更详尽的用户信息。方法当然有很多，可以让用户接受采访，也可以让用户填写调查问卷兑换赠品。而且不要忘记，你用一款手机应用的时候，可是勾选了允许 App 访问个人信息的授权同意书的。"

1.1 问题：这款推广海报好不好

"前一阵子，疫情刚刚控制住的时候是我们业务最多的一段时间。"咖哥接着说，"几个月的居家隔离期，让大家意识到'互联网'和'数据'已是我们生活中不可或缺的元素。之前上网较少的人群，如中老年人，也纷纷喜欢上网购物。从这个角度上说，疫情进一步刺激了互联网经济的发展。"

小雪连连点头称是。

"我们给很多家电商公司做了数据分析，为它们评估、预测、分析疫情之后的商品销售情况。你猜一猜，复工初期热销榜上的商品有哪些？"咖哥开始发问。

"口罩、洗手液。"

"很正确，这两样东西在很长一段时间内比较畅销。还有呢？"

"还有啊……跑步机？消毒水？游戏机？笔记本电脑？速冻食品和方便面？"

"你忘说了一样，就是——眼影盘！"

"嗯，是的是的。"小雪说，"我也买过。当时天天戴口罩，妆怎么画呢？后来发现原来眼影很重要。"

"所以有天我突然收到这家电商公司的微信消息，说他们要跟着市场热点，推广一款'网红'眼影盘，让我看看他的推广海报有没有什么问题。"说着，咖哥把自己的手机推到小雪面前："就是这一款（见下图）。"

一款"网红"眼影盘

小雪眼睛一亮。

咖哥说："我们这个项目的主题就是对这家电商公司的用户群体做简单的数据分析，然后根据分析结果评判这张海报好不好，有没有值得商榷之处。"

1.2 概念：用户画像

咖哥注意到小雪的表情："看来你很欣赏这张海报，说说你的看法？"

小雪回答："我会第一时间转发到朋友圈，并等着我男朋友点赞。"

"嗯，这是你作为眼影盘潜在用户的个人看法，假如你是该电商公司的运营人员，你会如何评价它？"

小雪努力地想了想，似乎想从咖哥刚才的话中找到一丝线索，却又找不准确，试探着说："你的意思是从数据的角度分析？"

咖哥说："对啊。"之后就等着小雪继续说，但小雪又说不出。

咖哥接着问："一种产品的促销文案的最重要之处是什么？"

小雪答："是让别人看一眼就爱上这种产品。"

咖哥说："你这个答案也不错，但是不全面。这张海报有两个重要组成部分，一是眼影盘这款产品本身，另一个是'不知道怎么夸女朋友的大眼睛？'这句文案。只有对产品和文案都非常认可，你才会产生'爱了'的感觉。而我从你的反应中也可以得到两个结论。第一，你是一个女生。第二，你是一个有男朋友的女生。"

小雪豁然开朗："嗯，我明白了。咖哥你的意思是如果我是一个没有男朋友的女生，或者是一个没有女朋友的男生，看到这张海报时，可能就有不同的感受。"

"对，这就是我昨天反复强调的用户思维。"咖哥开始了他的理论讲述。

一张推广海报在大规模投放之前，应该先确定它的受众。不考虑受众就贸然推广，也许达不到所期望的效果。而我们看到的这张海报，有一个很明显的预设，就是该公司认为自家产品的用户中有很多人是"有女朋友的男生"（这张海报的受众其实是男生）。在没有为其用户群体分组画像之前，我不敢苟同这次推广的实际效力好。

用户画像（user profiling）简单来说是在数据分析和运营过程中，对用户的特征或者属性进行数据化的描述。在推广获客之前，**先要做用户画像，了解用户**（见下图）。

用户画像

了解用户的方式是搜集现有用户的资料，记录用户的每一次消费行为。用户数据的搜集有多个维度，常见的维度包括静态属性（人口统计特征）、动态属性（消费行为特征）、心理属性等，如下图所示。

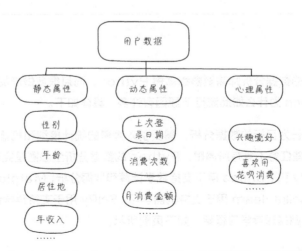

用户数据有多个维度，均可用于为用户画像，数据越精细，画像越清晰

用户画像的核心价值是通过搜集用户数据，分析用户行为，同时分组归类这些数据和行为，根据用户的组成特点、行为特征，做有针对性的精细化营销和推广。

1.3 工具：Python数据分析编程基础

"考验你的时刻到了。"咖哥说，"我说了用户画像的概念。而如何用最常用的数据分析工具 Python 给眼部护理电商数据集中的用户进行简单画像，这就要你来完成。你先说说对 Python 的了解，以及在数据分析中它是如何发挥作用的。"

小雪轻轻摇了摇头："也不能说 Python 是最常用的数据分析工具。选择什么工具要看具体任务，Excel 的数据透视表和各种函数用好了，也能做好数据分析。"

"说得很有道理！但是，在数据分析的进阶之路上，不懂 Python 知识是很受限制的。"

本来要让小雪谈 Python 的咖哥居然又按捺不住，再次打开了他的话匣子。

本节中要介绍的 Python 语法和 NumPy、Pandas、Matplotlib、Seaborn 工具包是本书数据分析实战案例中要用到的基本知识，本书对它们的讲解力求简明扼要。如果读者已经非常熟悉 Python，可以跳过本节，直接阅读实战案例部分。如果读者还需要进一步学习更多的 Python 语法和工具包中 API 的使用方法，可以阅读 Python、数据分析和数据可视化的基础书籍。

现在不仅技术型的数据分析师需要熟练掌握 Python，而且很多做产品、运营的人也都开始学习 Python。Python 为什么如此流行？原因有许多，具体如下。

首先，以运营增长为目标的数据分析，需要引入大量的统计模型和机器学习库做支撑，用非编程的工具来完成这些任务不免有所局限。Python 的数据分析生态圈是完善的，以 Python 基础包为基础，NumPy 和 Pandas 用于支持数学计算和数据分析；Matplotlib 和 Seaborn 用于实现数据可视化；scikit-learn 用于支持机器学习；SciPy 用于支持科学计算；TensorFlow、PyTorch 和 Keras 则是深度学习框架，如下页图所示。

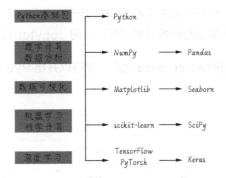

Python数据分析生态圈

其次，一个有几万条数据记录的 Excel 表格的启动已经很慢。但是大公司的运营数据很可能以百万、千万甚至亿为计。这时候没有程序设计和大数据经验是不行的。Python 及其工具包 NumPy 中的向量化运算利用了 GPU 和 TPU 的多核特性，使海量数据的处理速度加快。

而且 Python 是门"万金油"语言，学起来比较简单，却可以用来做很多事。数据分析、机器学习、爬虫、后端开发、金融量化等，Python 都能做。学会一门语言，能将其应用在这么多地方，无怪乎现在学 Python 成为一股热潮。

"嗯，就是，我妈和我三姨也在学 Python 呢。"小雪插嘴道。

"Python 的相关资料非常多，其他的我就不多说了，我讲一些以后我们做数据分析项目的必备知识。"咖哥说。

1.3.1 Python的极简说明

Python 格言（The Zen of Python）中指明了它的设计哲学"美胜丑，明胜暗，简胜复[①]"，就是简单、优雅、注重实效。这对我们数据分析师来说很重要。

我简单介绍一下 Python 的文件类型和开发环境、如何导入与数据分析相关的工具包和模块、Python 的语言规范和风格，以及如何自定义和调用函数。

1. 文件类型和开发环境

Python 有两种常见的文件类型。一种文件的扩展名为 .py，这种文件是可执行文件，是 Python 控制台程序的源代码文件。

另一种文件的扩展名是 .ipynb，叫作 Jupyter Notebook。这种文件的优点是可以把富媒

[①] Beautiful is better than ugly. Explicit is better than implicit. Simple is better than complex.

体文档和代码输出集成起来，用户可以在文本编辑器里一边编辑代码，一边运行代码并输出结果，这有点像在写网页代码。在数据分析和机器学习领域，用 Jupyter Notebook 的人很多。

在官网下载并安装最新版的 Anaconda 之后，就可以开始 Python 之旅了（见下图）。

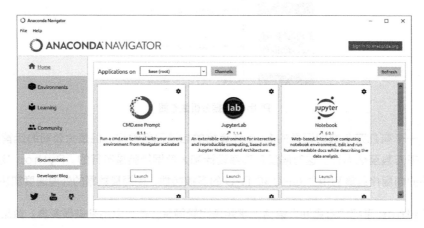

安装Anaconda之后，就有了包括Jupyter Notebook在内的多个Python编辑器

单击 JupyterLab 图标下面的"Launch"按钮，就可以创建一个 Jupyter Notebook。我们创建第一个 Python 程序，只需要输入一条语句，然后单击"Run"按钮，就可以输出 Python 之禅[①]，如下图所示。

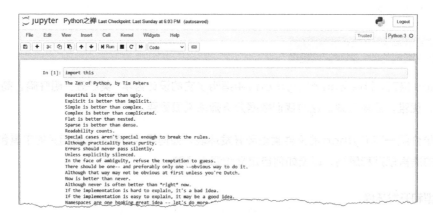

用Jupyter Notebook写代码和运行代码都很方便

import 语句在后面会经常用到，它能够导入各种各样的数据分析工具包。

---

① 关于Jupyter Notebook的更多使用方法请查看它的帮助文档或相关书籍。

2. 模块、包和库

小雪问:"有时候听人说导入一个包,有时候听人说导入模块,还有时候听人说导入库。它们有什么区别?"

咖哥说:"好问题。"

Python 之所以强大,是因为它有很多可以重用的功能。不过,模块、包和库之间有什么不同,可不是每个人都知道的。

- 模块(module)就是一个 .py 文件,这个文件里面有可以重用的函数、类或者变量等,用以实现某些功能。
- 包(package)类似于文件夹,是一个有层次的文件目录结构,是多个模块和子包的集合。包里面包含了很多个 .py 文件,其中有一个 __init__.py 文件,它用于描述这个包里面有多少个模块。
- 库和框架没有标准的定义,它们是一组模块 / 包的集合,用来实现某种功能,是很有用的 Python 辅助工具。如有名的机器学习工具箱 scikit-learn 及中文语言处理工具 Jieba,它们都可以称为 Python 的库。Python 也有深度学习的库,如 Keras、Tenserflow,它们的功能非常强大,被称为深度学习框架。

通过下面的导入包 / 模块的语句,就可以导入包 / 模块中可重用的函数。

In
```
import pandas as pd # 导入工具包 Pandas
s = pd.Series([1, 3, 5, 7, 9]) # 调用包中的 Series() 构造函数,创建一个 Series 对象
s # 显示变量 s 的值
```

Out
```
0    1
1    3
2    5
3    7
4    9
dtype: int64
```

这个 import 语句导入了数据分析中常用的 Pandas,并把该包命名为 pd。然后用 pd 加点号(.)调用其中的 API[①]。

也可以通过 "import 包名 . 子包名 / 子模块名" 语句把相应的子包或者子模块导入。

In
```
import matplotlib.pyplot as plt # 直接导入了 Matplotlib 的子模块 pyplot,并将其重命名为 plt
plt.figure(); # 调用 figure API
```

---

① 本书所有示例代码均可以在源代码包中找到,其中还给出了一些额外的Python示例源码。

还可以通过"from ... import ..."这样的方式直接导入模块中的 API。

例如，下面的代码就实现了导入 sklearn.model_selection 模块中的 train_test_split() 函数，并直接使用它。

In
```
from sklearn.model_selection import train_test_split # 直接导入 sklearn.model_selection 模块中的 train_test_split() 函数
X_train, X_test, y_train, y_test = train_test_split(X, y, test_size=0.2, random_state=2) # 调用函数
```

导入子模块或直接导入 API 的好处是当使用模块中的类或者方法时，不需要写很长的代码，不必再写上一级的模块或包的名称。如此处直接写 train_test_split() 就可以了，而不必写成 sklearn.model_selection.train_test_split()。

3. Python的语言规范和风格

下面说一些 Python 的语言规范和约定俗成的风格。

第一，Python 中一行语句前面加"#"代表注释，过长的句子通过"\"来换行。

第二，Python 这门语言的自由度比较高，同一个功能有时有多种实现方式，如单引号、双引号，甚至三引号之间的字符，都可以用来表示字符串。

第三，Python 不像 Java 那样使用花括号来表示一段代码的结束，而是采用缩进的方式。

第四，Python 对字母的大小写敏感，大小写字母之间不能互换。

第五，在给变量命名时，原则上应该取有意义的名字。我们做的是商业数据分析，就更应该注意这一点。可以采用以下划线分隔单词或者驼峰式方法给变量命名。有时我们会看到变量名以下划线开始，一般约定这是函数或类内部的私有变量，不要在外部直接访问它。

In
```
userName = ' 咖哥 ' # 驼峰式变量名
user_id = '007' # 下划线式变量名
_init_n = 1 # 这可能是个私有变量
```

咖哥发言

如果在阅读源代码时看到变量名或者方法名前后各有两个下划线，如 __file__ 或者 __init__() 等，表示它们是 Python 内置的变量或者方法，属于 Python 的一部分。

4. 函数的定义和调用

函数简单来说就是可以重用的代码块。调用函数时可以传递参数。

定义一个简单的函数。

In
```
def printUser(name, age): # 定义函数
    print(" 姓名 : ", name)
    print(" 年龄 : ", age)
    return
```

调用这个函数。

In
```
printUser(age=20, name=" 小雪 ") # 调用函数
printUser(age=48, name=" 咖哥 ") # 调用函数
```

Out
```
姓名 : 小雪 年龄 20
姓名 : 咖哥 年龄 48
```

1.3.2 Python中的序列数据类型

数据分析主要就是操作数据，尤其是序列数据。Python 中的**序列**是一个可存放多个值（即序列中的元素）的连续内存空间，这些值按一定顺序排列，可通过每个值所在位置的编号（即索引）访问它们。下图所示为序列和索引的示意图。

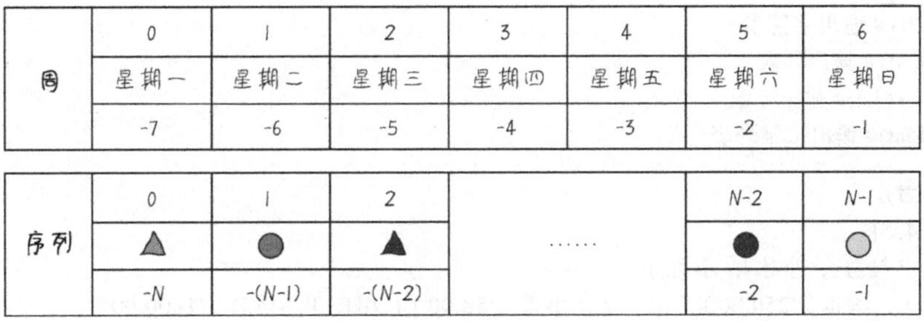

周	0	1	2	3	4	5	6
	星期一	星期二	星期三	星期四	星期五	星期六	星期日
	-7	-6	-5	-4	-3	-2	-1

序列	0	1	2	……	N-2	N-1
	▲	●	▲		●	●
	-N	-(N-1)	-(N-2)		-2	-1

序列和索引的示意图

序列的访问模式是从 0 开始的，通过索引进行访问，每次可以访问一个或者多个元素。

Python 中内置的序列数据类型包括字符串、元组、列表等有序序列，还包括字典和集合这两种无序序列。

字符串（string）看似是独立的对象，其实也是一个序列，它是字符的序列。

元组（tuple）是任意对象的集合，通过圆括号来定义元组对象。元组有内置索引，利用该索引可以访问元组的单个或者多个元素。字符串和元组对象是不可变序列对象，一经创建就不能更改。

列表（list）对象与元组对象相比更灵活、更强大，方法更多。许多数据分析工作可用列表对象完成。列表对象通过方括号定义，可以扩展、缩小，存储和增加新数据。再次强调，Python 使用 0 开始编号，无论是字符串、列表还是元组，其元素索引都是从 0 开始的。

字典（dict）用花括号实现键值对象的存储，是可以用"键"访问的数据字典。它是一种可变序列。列表对象是有序且可排序的，而字典对象是无序、不可排序的。

集合（set）是无序、无索引的元素集合，其中每个元素只包含一次。使用集合对象可以实现数学集合论中的运算，如并集、交集和差集运算。

下面创建一些序列数据对象，并通过索引和切片的方式访问序列，然后介绍如何通过迭代访问序列数据，以及其他专属于序列的操作。

1. 创建序列数据对象

创建各种类型的序列数据对象。

In
```
aStr = 'Data Analysis' # 创建字符串
aList = [1,2,3,4,5] # 创建列表
userList = (" 咖哥 "," 马总 "," 小冰 "," 小雪 ") # 创建元组
pList = [[" 用户 1"," 咖哥 ","250.00"], # 创建二维列表
         [" 用户 2"," 小雪 ","58.00"],
         [" 用户 3"," 马总 ","1000.00"]]
print(aStr) # 输出字符串
print(aList) # 输出列表
print(userList) # 输出元组
print(pList) # 输出二维列表
```

Out
```
Data Analysis
[1, 2, 3, 4, 5]
(' 咖哥 ', ' 马总 ', ' 小冰 ', ' 小雪 ')
[[' 用户 1', ' 咖哥 ', '250.00'], [' 用户 2', ' 小雪 ', '58.00'], [' 用户 3', ' 马总 ', '1000.00']]
```

2. 通过索引访问序列数据

序列数据常见的操作是通过索引对其进行访问。

In
```
aChar = aStr[0] # 通过索引访问序列对象
print(aChar) # 输出对象
aUser = userList[1] # 通过索引访问序列对象
print(aUser) # 输出对象
```

```
Out    D
       马总
```

当索引值为 1 时，输出列表中的第二个元素。

3. 对序列数据进行切片

切片指的是提取数据对象的子集，对列表来说就是选择子列表的操作。

```
In     bList = aList[2:4] # 进行切片
       print(bList) # 输出切片后的列表

Out    [3, 4]
```

代码中的"[2:4]"选取了哪些元素？正确答案是第三个和第四个元素。因为序列中第一个元素的索引值为 0，而冒号后面的索引值 4 代表的元素（第五个元素）则不在切片的范围内。

4. 通过迭代访问序列数据

序列数据通常是可迭代的，通过迭代可以逐个访问序列数据对象中的每一个元素。Python 中有 3 种基本迭代方法。

第一种方法是通过序列元素（项）来迭代。

```
In     userList = ["咖哥","马总","小冰","小雪"] # 创建列表
       for eachUser in userList: # 通过序列元素迭代
           print(eachUser, "VIP 用户 ") # 输出列表元素

Out    咖哥 VIP 用户
       马总 VIP 用户
       小冰 VIP 用户
       小雪 VIP 用户
```

第二种方法是通过序列索引来迭代。

```
In     for userIndex in range(len(userList)): # 通过序列索引迭代
           print(userList[userIndex], "VIP 用户 ",userIndex) # 输出列表元素

Out    咖哥 VIP 用户 0
       马总 VIP 用户 1
       小冰 VIP 用户 2
       小雪 VIP 用户 3
```

第三种方法通过序列元素和索引共同迭代。

```
for userIndex in range(len(userList)): # 通过序列元素和索引共同迭代
    print(userList[userIndex], "VIP 用户 ", userIndex) # 输出列表元素
```

5. 序列数据类型的特有操作

可以对序列进行运算，如使用<、>、<=、>=、==、!=进行序列元素值的比较，使用is、is not 判断两个变量是否引用同一个对象，以及通过 and、or、not 进行逻辑运算。序列数据类型还有一些特有操作，如切片操作，以及通过 in、not in 判断某个元素是否存在于序列中，通过 * 重复拼接自身序列，通过 + 连接两个序列等。

表 1-1 中列出了 Python 中操作序列的常用函数及说明。

表 1-1　Python 中操作序列的常用函数及说明

函数	说明
list(iter)	将可迭代对象 iter 转换成列表
tuple(iter)	将可迭代对象 iter 转换成元组
str(obj)	将对象 obj 转换成字符串
len(sequence)	返回序列 sequence 的长度
sorted(iter, key, reverse)	返回可迭代对象 iter 排序后的列表，key 用来指定排序的规则，reverse 用来指定是顺序排列还是逆序排列
reversed(sequence)	返回序列 sequence 逆序排列后的结果
sum(iter, start)	将可迭代对象 iter 中的数值和 start 参数的值相加，返回 float 类型的数值
max(iter)	返回可迭代对象 iter 中的最大值
min(iter)	返回可迭代对象 iter 中的最小值

6. 直接赋值、浅复制和深复制

这里穿插讲解一个很重要的知识点，也是常常被 Python 初学者所忽略的细节，它就是直接赋值和对象复制的区别。

在 Python 中，直接赋值其实就是对象的引用（相当于给对象起了别名），它并没有真正创建一个新对象。

```
userListA = [" 咖哥 ", " 马总 ", " 小冰 ", " 小雪 "]
userListB = userListA
userListB = [" 咖哥 ", " 小冰 ", " 小雪 "]
userListA
```

上面的代码中，先直接把 userListA 的值赋给 userListB，然后又把 userListB 的值修改了。程序员的本意也许只是修改 userListB 的值，但是 userListA 的值也跟着一块变了。

要实现只改 userListBer 的值而不改 userListA 的值，应使用如下对象复制操作。

In
```
userListA = [" 咖哥 "," 马总 "," 小冰 "," 小雪 "]
userListB = userListA.copy()
userListB = [" 咖哥 "," 小冰 "," 小雪 "]
userListA
```

在对象复制中，又有浅复制和深复制两种方法。

- **浅复制**（copy）：只复制指定对象，不会复制其内部的子对象。
- **深复制**（deepcopy）：通过 copy 模块中的 deepcopy () 方法，完全复制对象及其子对象。

对于简单的对象，其使用浅复制和深复制的结果没区别。而对于复杂对象，如列表中还包含子列表的对象，要完整复制其全部内容就需要使用深复制。

1.3.3 数学计算工具包NumPy

NumPy 是 Numeric Python 的缩写，它是 Python 中的数学计算包。NumPy 在数据分析中不可或缺，其主要贡献在于它提供了多维数组对象 ndarray，也可以将其简称为数组，即 array。用户可通过数组对象操作数据，非常方便。此外，NumPy 还自带有操作数组的 API，能进行向量化的运算，包括数学运算、逻辑运算、数组形状变换、排序、选择、基本线性代数、统计运算、随机模拟等，这大大提升了运算效率。

很少有人讨论 NumPy 的读音，它的标准读音类似汉语中的"南派"，而不是"牛排"或者"牛皮"；Py 代表 Python，应将其重读为"派"而不是弱读。

关于 NumPy，下面简单地介绍数组的创建、通过索引访问数组、对数组进行切片、向量化运算和广播操作。这些操作在数据分析和机器学习中常用。

1. 创建NumPy数组

下图展示的是一个通过 random() 函数创建的三维（标准叫法是三阶）数组。

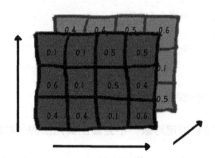

np.random.random((3,4,2))

NumPy中的三维（三阶）数组

下面的代码创建了一些数组对象。

In
```
import numpy as np # 导入 NumPy
npArray01 = np.array([1,2,3,4,5]) # 一维（阶）数组
npArray02 = np.array([[1,2,3,4,5],[1,2,3,4,5]],dtype = int) # 二维（阶）数组
npArray03 = np.arange(0,5,1) # 创建 0～5（不包括 5）连续等差数列，步长为 1
npArray04 = np.linspace(0,1,5) # 创建 0～1 连续等差数列，元素个数为 5
npArray05 = np.random.rand(3,2,2) # 创建随机数组
print("npArray01:",npArray01) # 输出数组
print("npArray02:",npArray02) # 输出数组
print("npArray03:",npArray03) # 输出数组
print("npArray04:",npArray04) # 输出数组
print("npArray05:",npArray05) # 输出数组
```

Out
```
npArray01: [1 2 3 4 5]
npArray02: [[1 2 3 4 5]
            [1 2 3 4 5]]
npArray03: [0 1 2 3 4]
npArray04: [0.  0.25 0.5 0.75 1. ]
npArray05: [[[0.63214914 0.41869026]
             [0.56549818 0.37966891]]
            [[0.1481737  0.01847706]
             [0.96361081 0.08345041]]
            [[0.7302185  0.54925604]
             [0.69426955 0.72587994]]]
```

NumPy 中数组的关键属性如表 1-2 所示。

表 1-2 NumPy 中数组的关键属性

属性	说明
ndarray.ndim	数组中轴的个数。在 Python 中，数组轴的数量被称为维（阶），其英文为 rank（也就是我们俗称的数组维度）
ndarray.shape	数组的形状。对于一个整数的元组，shape 的值是每个轴中的元素个数。对于 n 行 m 列的矩阵（二维数组），shape 的值就是 (n,m)。因此，shape 元组的长度就是数组的维数
ndarray.size	数组元素的总数。它等于 shape 元组中各元素的乘积
ndarray.dtype	描述数组中元素类型的对象。在创建数组时，可以指定其元素类型。在一个 NumPy 数组中所有对象的类型应相同

看一下 npArray05 的属性。

In
```
print("npArray05 的维数为 ",npArray05.ndim) # 输出数组的维数
print("npArray05 的形状为 ",npArray05.shape) # 输出数组的形状
print("npArray05 的元素个数为 ",npArray05.size) # 输出数组的元素数
print("npArray05 的元素类型为 ",npArray05.dtype) # 输出数组的元素类型
```

Out
```
npArray05 的维数为 3
npArray05 的形状为 (3, 2, 2)
npArray05 的元素个数为 12
npArray05 的元素类型为 float64
```

2. 通过索引访问数组

下面的代码通过指定索引来访问数组中的元素。

In
```
npArray05[2,1,1] # 通过索引访问数组元素
```
Out
```
0.72587994
```

3. 对数组进行切片

切片是选择序列中的部分元素。如果想选择 npArray02 数组中第二行的前 3 个元素，则可以使用冒号进行选择。下面的代码选择了 npArray02 数组中从起始索引 0 到结束索引 3（不包括结束索引）中的所有元素。

In
```
npArray02[1,0:3] # 选择第二行的前 3 个元素
```
Out
```
array([1, 2, 3])
```

要选择整列的元素，可以仅使用冒号，忽略起始和结束索引。下面的代码选择了 npArray02 数组中第四列和第二行的所有元素。

In
```
npArray02[:,3] # 选择第四列的元素
npArray02[1,:] # 选择第二行的元素
```

4. 向量化运算

向量化运算的基本思路是在一个复杂对象上进行一次性的整体操作（包括通过函数操作该对象）以实现某种功能，而不是通过对复杂对象中单个元素的循环来实现。这是获得更快执行速度、更紧凑的代码的一种策略。在 Python 中，函数式编程工具 map 和 filter 提供了一些向量化运算的基本方法。NumPy 中的向量化运算则更简单，更容易。

> 在本书的实战实例中，读者将很少看到 1.3 节、2.3 节中这样的通过迭代访问序列的代码，因为更多时候我们采用 NumPy 及 Pandas 中的向量化运算处理数据。

下面是向量化运算的示例代码。

In
```
npArray06 = np.arange(6,dtype = int).reshape((2,3)) # 创建数组
npArray07 = np.arange(6,dtype = int).reshape((2,3)) * 2 # 将每个元素都乘 2
npArray08 = npArray06 + npArray07 # 将各个元素相加
print("npArray08:",npArray08) # 输出数组
```

Out
```
npArray08: [[ 0 3 6]
 [ 9 12 15]]
```

5. 广播操作

原则上两个数组的结构只有完全相同才可以进行元素级的运算操作。如果两个数组只有部分结构相同，NumPy 则会对其进行广播操作以尝试匹配元素。广播操作的示意图如下图所示。

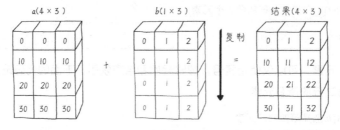

NumPy 数组的广播操作

下面是广播操作的示例代码。

In
```
npArray09= np.arange(6,dtype = int).reshape((2,3)) # 数组形状为 (2,3)
npArray10 = np.arange(3,dtype = int).reshape((1,3)) # 数组形状为 (1,3)
npArray11 = npArray09 + npArray10 # 广播
print("npArray11:",npArray11) # 输出数组
```

Out
```
npArray08: [[ 0 2 4]
            [ 3 5 7]]
```

NumPy 数组的向量化运算和广播操作都是数据分析实战中实用且常用的工具。

1.3.4 数据处理工具包Pandas

Pandas 是建立在 NumPy 基础之上的。也就是说，NumPy 所提供的数学计算功能，Pandas 也都可以使用。Pandas 和 NumPy 有何区别？ NumPy 主要用来做以矩阵为基础的数学计算；Pandas 则主要用来完成数据处理，它提供了 DataFrame 等适合做统计分析的数据结构及大量的数据分析工具。

Pandas 是使用 Python 完成数据分析任务时的重要工具，所以我们要对 Pandas 做较详细的讲解，先介绍 Pandas 中的数据结构，然后重点介绍数据分析中常用的 DataFrame 类（即二维数组结构），以及该类的一些属性和方法。最后介绍如何给数据排序，用条件表达式操作数据，通过行、列名和序列号等访问数据，以及分组和数据透视表等功能。这些操作在实战中经常用到。

1. Pandas中的数据结构

Pandas 中的数据结构如表 1-3 所示。

表1-3 Pandas 中的数据结构

数据结构	说明
Series	一维数组，与 NumPy 中的一维数组类似，它们二者又与 Python 的基本数据结构——列表相近。它们的区别是：列表中的元素可以是不同的数据类型，而 NumPy 数组和 Series 中只允许存储数据类型相同的元素，这样可以更有效地使用内存空间，提高运算效率
Time-Series	以时间为索引的 Series
DataFrame	二维表格型数据结构（类似于常见的 Excel 表格）。与 NumPy 中的二维数组类似。可以将 DataFrame 理解为 Series 的容器
Panel	三维数组，可以理解为 DataFrame 的容器。

上述数据结构都是 Python 中的类（class）。

2. DataFrame类

数据分析中较重要的就是 DataFrame 类,也就是通常所说的二维数组。

这里给出了把 NumPy 的二维数组转换为 DataFrame 对象的示例代码。

In
```
import numpy as np # 导入 NumPy
array = np.array([['','姓名','年龄'],['用户 1','小雪',24],['用户 2','咖哥',48]]) # 创建二维数组
print(array) # 显示数组
```

Out
```
[['' '姓名' '年龄']
 ['用户 1' '小雪' '24']
 ['用户 2' '咖哥' '48']]
```

上面输出了 NumPy 的数组。下面把它转换为 DataFrame 对象,同时为其设置行名(索引名)和列名(字段名)。如果不手动设置行名和列名,系统会自动为其分配数值类型的行名和列名。

In
```
import pandas as pd # 导入 Pandas
df = pd.DataFrame(data=array[1:,1:], # 从第二行、第二列数据元素开始
        index=array[1:,0], # 将第一列的数据做行名(索引名),忽略第一个元素
        columns=array[0,1:]) # 将第一行的数据做列名(字段名),忽略第一个元素
df # 显示 df 对象
```

Out

	姓名	年龄
用户1	小雪	24
用户2	咖哥	48

其实直接用 df = pd.DataFrame(array) 语句也可以完成上述转换。从输出结果可以看出,从 ndarray 到 DataFrame,数据结构变得更加整齐有序,可视化效果也更佳。

下图所示为 DataFrame 类的结构,它的每一行、每一列都是一维数组(Series)。在对行、列进行数据操作时,可以通过序列号(其实就是系统默认的数值类型的索引名,不过在 DataFrame 类中,为了不把序列号和行的索引名混淆,我们称其为序列号)或者行、列的名称完成。请注意 DataFrame 有序列号和行列名两个索引系统。这两个索引系统带来了 loc() 和 iloc() 两个不同的访问操作 API,后面还会详述相关内容。

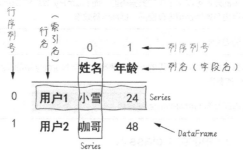

DataFrame类的结构

在数据分析实战中，常见的场景是从数据文件或数据库中把数据读入 DataFrame 对象。下面用实例展现 Pandas 的更多数据操作。

读入数据，并用 head() 方法展示前几行数据。

In
```
df_user = pd.read_csv(' 爆款产品 .csv') # 载入源码包中的数据集
df_user.head() # 显示前 5 行数据
```

Out

	用户编号	年龄	性别	状态	下单次数	视力	年收入	年消费	近期购买产品
0	U004	19	女	单身	3	3	22973	85	××防蓝光眼镜(高级黑)
1	U067	36	女	单身	4	3	34343	94	××防蓝光眼镜(高级黑)
2	U147	24	女	单身	4	5	51006	100	9色钻石珠光眼影盘(××同款)
3	U149	24	男	单身	5	5	62291	200	9色钻石珠光眼影盘(××同款)
4	U087	21	女	有朋友	2	2	22973	53	×××疲劳滴眼液(13ML)

3. 常用类的API

DataFrame 类中有一些常用的属性和方法，用于显示数据集的信息。

先看一下 shape 属性。

In
```
print('shape 信息 :', df_user.shape) # 数据集的形状
```

Out
```
shape 信息 : (180, 10)
```

shape 属性用于显示数据对象的形状。输出结果为 DataFrame 对象的形状，也就是 df_user 数据集的形状，共 180 行 10 列。

index 属性用于显示 DataFrame 对象的行名（即索引名），columns 属性用于显示列名（即数据集中的字段名）。

In
```
print('index 信息 :', df_user.index) # 行名（索引名）
print('columns 信息 :', df_user.columns) # 列名（字段名）
```

Out
```
index 信息 : RangeIndex(start=0, stop=180, step=1)
columns 信息 : Index([' 用户编号 ',' 年龄 ',' 性别 ',' 状态 ',' 下单次数 ',' 视力 ',' 年收入 ',' 年消费 ',' 近期购买产品 ',' 注册天数 '], dtype='object')
```

index 属性返回了系统默认生成的数值类型的行名（导入数据集时系统默认生成的数值类型的行名，即索引名）。而 columns 属性输出了数据集中每一个字段的数据类型，其中有 6 个 int64 数值类型字段，4 个 object 类型字段。

Describe() 方法用于返回各字段的统计信息。

In	`print('数值字段的统计信息 :',df_user.describe())# 数值列的描述`
Out	

```
数值字段的统计信息 :
          年龄         下单次数           视力         年收入         年消费    \
count  180.000000   180.000000   180.000000   180.000000    180.000000
mean    28.788889     3.455556     3.311111  53688.233333    103.194444
std      6.943498     1.084797     0.958869  18965.900065     51.863605
min     18.000000     2.000000     1.000000  19562.000000     21.000000
25%     24.000000     3.000000     3.000000  41048.500000     66.000000
50%     26.000000     3.000000     3.000000  50969.000000     94.000000
75%     33.000000     4.000000     4.000000  64576.000000    114.750000
max     50.000000     7.000000     5.000000 106384.000000    360.000000
```

除计数（count）、平均值（mean）之外，返回的这一组统计信息还包含标准差（std）和五数概括信息（min、25%、50%、75% 和 max）[①]。

上面几个 API 查看的是数据集的整体信息。下面介绍查看具体字段信息的方法。

In	`df_user['用户编号'].value_counts()# 字段计数`
Out	

```
U056    1
U151    1
 ......
U160    1
U022    1
Name: 用户编号 , Length: 180, dtype: int64
```

这个方法为特定字段计数。在这个数据集中，每一个用户只出现一次，"用户编号"是数据集的主键。中括号里面的"用户编号"是数据字段的名称，也就是列名，用于指定所操作的字段。

另外一种方法是通过点号（.）把字段名作为 df_user 对象的属性直接调用，示例代码如下。

In	`df_user.下单次数 .value_counts()# 字段名也是对象属性，可以用 "." 调用`
Out	

```
3    69
4    52
2    33
5    17
6     7
7     2
Name: 下单次数 , dtype: int64
```

---

① 五数概括信息包括统计学中描述数据样本分布情况的5个重要数据点，分别为最小值(min)，下四分位数(Q1)，中位数(median)，上四分位数(Q3)，最大值(max)。如果数据按顺序排列，则下四分位数位于数据下半部分的中央，而上四分位数位于数据上半部分的中央。

输出结果显示有 69 个用户购买产品 3 次，有 52 个用户购买产品 4 次等。这里"df_user.下单次数"和"df_user[' 下单次数 ']"等价。

下面的 mean() 函数用于返回特定字段的平均值。

In: `df_user[' 年收入 '].mean() # 求 " 年收入 " 列的平均值`

Out: `53688.23333333333`

4. 基于字段给数据排序

下面的方法为基于特定字段给 df_user 对象排序。

In: `df_user.sort_values(by=' 年龄 ', ascending=False).head() # 基于字段将数据排序`

Out:

	用户编号	年龄	性别	状态	下单次数	视力	年收入	年消费	近期购买产品
108	U080	50	男	有朋友	3	3	74809	66	××防蓝光眼镜(高级黑)
139	U140	48	女	有朋友	2	3	47987	64	×××疲劳滴眼液(13ML)
175	U180	48	女	有朋友	4	5	85508	180	9色钻石珠光眼影盘(××同款)
174	U179	47	女	有朋友	4	5	94581	120	9色钻石珠光眼影盘(××同款)
107	U079	47	女	有朋友	4	3	46850	94	××防蓝光眼镜(高级黑)

输出结果中的数据按照"年龄"字段排序，但是行索引的值（如 108、139 等）没有变。

5. 使用条件表达式操作数据

在数据分析过程中，经常需要用到条件表达式进行数据的访问。下面是几个常见的例子。

抽取"用户编号"为"U080"的数据。

In: `df_user[df_user[' 用户编号 ']=='U080'] # 抽取 " 用户编号 " 为 "U080" 的数据`

Out:

	用户编号	年龄	性别	状态	下单次数	视力	年收入	年消费	近期购买产品
108	U080	50	男	有朋友	3	3	74809	66	××防蓝光眼镜(高级黑)

求所有女生数值字段的平均值。

In: `df_user[df_user[' 性别 ']==' 女 '].mean() # 求所有女生数值字段的平均值`

Out:
```
年龄         28.951923
下单次数        3.653846
视力          3.519231
年收入     46562.759615
年消费       112.826923
注册天数        5.701923
dtype: float64
```

求所有女生"年消费"字段的平均值。

In
```
df_user[df_user['性别']=='女']['年消费'].mean() # 求所有女生"年消费"字段的平均值
```

Out
```
112.82692307692308
```

求"年收入"大于 3 万元的女生中"年消费"字段的最大值。

In
```
# 求"年收入"大于 3 万元的女生中"年消费"字段的最大值
df_user[(df_user['性别']=='女') & (df_user['年收入']>=30000)]['年消费'].max()
```

Out
```
360
```

6. 通过行名（索引名）或序列号选择数据行

可以通过行名（索引名）或序列号对 DataFrame 对象中的数据行进行选择。其中 loc() 方法用于按行名选择数据，而 iloc() 方法用于按序列号选择数据。

先使用 iloc() 方法通过序列号选择数据行。

In
```
df_user.iloc[[0,1,2]] # 通过序列号选择数据行
```

Out

	用户编号	年龄	性别	状态	下单次数	视力	年收入	年消费	近期购买产品
0	U004	19	女	单身	3	3	22973	85	××防蓝光眼镜(高级黑)
1	U067	36	女	单身	4	3	34343	94	××防蓝光眼镜(高级黑)
2	U147	24	女	单身	4	5	51006	100	9色钻石珠光眼影盘(××同款)

就这个数据集来说，DataFrame 对象 df_user 的行索引是数值类型，因此其行名（索引名）和序列号相同。所以此处使用 loc() 方法就是指定行索引对应的数值，与使用 iloc() 方法通过序列号选择数据行返回的结果相同。

In
```
df_user.loc[[0,1,2]] # 通过行名（索引名）选择数据行，此例中序列号和行名相同，都是数值
```

Out

	用户编号	年龄	性别	状态	下单次数	视力	年收入	年消费	近期购买产品
0	U004	19	女	单身	3	3	22973	85	××防蓝光眼镜(高级黑)
1	U067	36	女	单身	4	3	34343	94	××防蓝光眼镜(高级黑)
2	U147	24	女	单身	4	5	51006	100	9色钻石珠光眼影盘(××同款)

如果把行索引的值修改为"用户 1""用户 2"等，就不能再指定数值，而要指定修改后的字符串类型的索引名。

还可以通过行名或者序列号进行切片，以选择连续的数据行。

通过行名进行切片。

In
```
df_user.loc[3:5] # 通过行名进行切片
```

Out:

	用户编号	年龄	性别	状态	下单次数	视力	年收入	年消费	近期购买产品
3	U149	24	男	单身	5	5	62291	200	9色钻石珠光眼影盘(××同款)
4	U087	21	女	有朋友	2	2	22973	53	×××疲劳滴眼液(13ML)
5	U005	20	女	有朋友	4	2	25247	47	××防蓝光眼镜(高级黑)

通过序列号进行切片。

In: `df_user.iloc[3:5] # 通过序列号进行切片`

Out:

	用户编号	年龄	性别	状态	下单次数	视力	年收入	年消费	近期购买产品
3	U149	24	男	单身	5	5	62291	200	9色钻石珠光眼影盘
4	U087	21	女	有朋友	2	2	22973	53	×××疲劳滴眼液(13ML)

二者的输出结果有差异,大家可以分析一下,为何看起来类似的语句输出的数据行数量不同。弄清这个问题对理解 iloc() 和 loc() 方法的区别大有帮助。

7. 通过列名(字段名)或序列号选择数据列

类似地,可以通过列名(字段名)或序列号对 DataFrame 对象的数据列进行选择。其中 loc() 方法用于按列名选择数据,而 iloc() 方法用于按序列号选择数据。

通过列名选择数据列。

In: `df_user.loc[:,[' 用户编号 ',' 年龄 ']] # 通过列名选择数据列`

Out:

	用户编号	年龄
0	U004	19
1	U067	36
2	U147	24
3	U149	24
4	U087	21
...	...	...
175	U180	48
176	U157	25
177	U158	26
178	U162	27
179	U176	40

180 rows × 2 columns

上面的语句等价于直接使用字段名选择数据列。

In: `df_user[[' 年收入 ',' 年龄 ']] # 直接使用字段名选择数据列`

也可以用 iloc() 方法通过序列号选择数据列。

In: `df_user.iloc[:,0:2] # 通过序列号选择数据列`

8. 同时选择行、列数据

下面的语句同时指定要选择的数据行和数据列。如选择前 3 行数据中从"用户编号"列到"年龄"列的数据。

In: `df_user.loc[0:2,[' 用户编号 ',' 年龄 ']] # 同时指定要选择的数据行和数据列`

Out:

	用户编号	年龄
0	U004	19
1	U067	36
2	U147	24

也可以在选择数据的过程中进行条件的指定。

In: `df_user.loc[df_user[' 年收入 ']>100000,' 用户编号 ':' 年收入 '] # 有条件地选择数据`

Out:

	用户编号	年龄	性别	状态	下单次数	视力	年收入
70	U013	22	男	单身	4	3	106384
165	U163	28	男	有朋友	6	5	102131
171	U172	33	男	有朋友	4	5	105866

上述代码中，在数据行的选择方面，指定了"年收入"超过 100000 元的用户；在数据列的选择方面，指定了从"用户编号"列到"年收入"列，忽略了其他字段。

数据行和数据列的选择，尤其是数据行的选择，是数据操作过程中经常需要使用的操作，属于数据分析的基本知识。

9. 通过 groupby() 分组

DataFrame 类中的 groupby() 分组功能也经常使用。在 groupby() 方法中指定一个或多个字段，groupby() 方法会将字段分组，组别就会成为 DataFrame 对象的新索引。

In: `df_user.groupby([' 性别 '])[' 年收入 '].mean() # 通过 groupby() 分组`

Out:
```
性别
女    46562.759615
男    63438.881579
Name: 年收入 , dtype: float64
```

这段代码先根据"性别"分组得到以"性别"为索引的 DataFrame 对象；然后，指定要查看的字段为"年收入"；最后，将求平均值的方法应用于"年收入"字段。如果不指定"年收入"字段，groupby() 方法则会为除"性别"字段之外的所有数值字段求平均值。

10. 使用数据透视表

熟悉 Excel 的人对数据透视表都很熟悉。数据透视表在 Pandas 中通过 pivot_table() 方法实现。在该方法中需要指定下面的内容。

- 值：指定用于计算统计信息的字段列表。

- 索引：指定用于将数据分组的字段列表。

- aggfunc：指定需要为各字段计算哪些统计信息，如总和、平均值、最大值、最小值等。

下面按视力情况分组查看"年收入"和"年消费"字段的平均值。

In df_user.pivot_table(['年收入','年消费'],['视力'],aggfunc='mean') # 用数据透视表分组呈现两个字段的平均值

Out

	年收入	年消费
视力		
1	51939.000000	34.000000
2	49257.038462	51.692308
3	50963.525773	87.185567
4	51661.958333	131.625000
5	67612.000000	178.935484

输出结果是一个以"视力"为索引的新 DataFrame 对象。从输出结果中可以看出年收入与视力无关，但是用户眼部护理产品的年消费平均值与其视力有一定的相关性，视力等级低（数字越大等级越低）的用户的相关消费通常更多。

上述内容只是 Pandas 中全部功能的沧海一粟，更多的功能需要大家在实战中自行发掘和积累。

1.3.5 数据可视化工具包 Matplotlib 和 Seaborn

数据可视化是数据分析的重要组成部分，而且学起来非常容易有成就感。Python 中基本的数据可视化工具包是 Matplotlib 和 Seaborn。

1. 可视化工具包 Matplotlib

Python 中的数据可视化包虽多，但 Matplotlib 较常用。因为 Matplotlib 简单易用，下面就直接通过示例来介绍它。

先导入 Matplotlib 中的 pyplot 子模块，并将其命名为 plt。

| In |

```
import matplotlib.pyplot as plt # 这就导入了一个子模块 pyplot
```

在绘图之前先准备数据，数据可以是 NumPy 中的数组。此处创建一个一维数组。

| In |

```
import numpy as np # 导入 NumPy
array = np.array([3.5, 1.6, 7.3, 8.2, 5.0]) # 创建一维数组
```

然后用上面导入的子模块 pyplot 中的 plot() 方法进行绘图。

| In |

```
plt.plot(array) # 绘图
plt.show() # 显示图像（有时候不用这个语句也可以显示图像）
```

| Out |

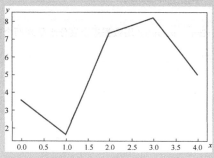

输出结果是一个由点连接而成的 $y=x$ 的折线图，此处 x 轴是数组 array 的索引（0，1，2，3，4）；y 轴是一维数组的元素值。

通过 plt.figure() API 可以设定画布的相关属性，如位置、大小、颜色等。

| In |

```
fig = plt.figure(figsize=(5,3),facecolor='red') # 设定画布大小和颜色
plt.plot(array) # 绘图
```

| Out |

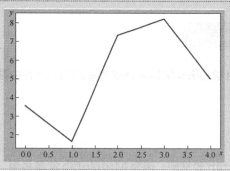

上面的示例通过把 array 对象输入 pyplot() 方法中进行绘图，也可以通过 Pandas 的 Series 或 DataFrame 类中的 plot() 方法直接绘图。其实 Series 和 DataFrame 类中的 plot()

方法就是 Matplotlib 中 pyplot.plot() 的简单封装。

In
```
import pandas as pd # 导入 Pandas
# 随机生成 4 只股票的每日盈亏记录
df = pd.DataFrame(np.random.randn(1000, 4), columns=[" 股票 A"," 股票 B"," 股票 C"," 股票 D"])
df = df.cumsum() # 计算每只股票的累计盈亏
df.plot(); # 绘图
```

Out
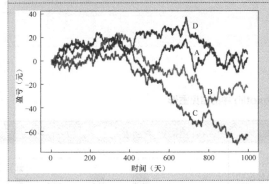

此处 cumsum() 函数返回沿 x 轴的每日股票盈亏的累积值。在为 DataFrame 对象绘图时，plot() 方法会自动在同一张画布中为其中每个字段都绘制一条线，并用不同的线条颜色及图例标签进行表示。

此外，还可以在 plot() 方法中指定子方法，绘制出其他类型的图表。例如，针对刚才的数据集，用下面的语句绘制箱线图。

In
```
df.plot.box() # 箱线图
```

Out
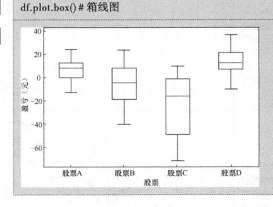

用下面的语句绘制密度图。

In
```
df.plot.kde() # 密度图
```

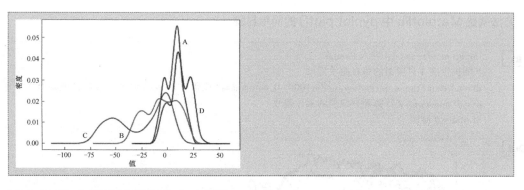

Matplotlib 中的常见图形如表 1-4 所示。

表 1-4 Matplotlib 中的常见图形

图形	函数	说明	图像
条形图	bar()	条形图是一种用矩形显示分类数据的图，矩形的长度与它们所代表的值成正比。条形图可以用于进行离散类别之间的比较。该图的一个轴显示需要比较的特定类别，另一个轴表示测量值	
折线图	line()	Line()函数将 Series 对象或 DataFrame 对象绘制为线条。时间序列（如股票价格）常常用折线图表示	
散点图	scatter()	Scatter() 函数可创建具有不同大小和颜色的点。每个点的坐标由一对变量的值确定。这种图对查看两个变量之间的相关性很有用，如广告投入和销售金额的相关性	

续表

图形	函数	说明	图像
区域图	area()	区域图中的面积可直观地显示定量数据	
饼图	pie()	饼图简单又直观，比较适合展示 Series 对象中各元素的占比情况	
直方图	hist()	直方图是一种条形图，用于展示数据的分布，显示连续变量的概率分布情况。绘制直方图时要指定数值的范围，以及将整个数值范围划分为多少个区间，或每个区间有多少个值	
密度图	kde()	在统计学中，核密度估计（KDE）是一种估计随机变量概率密度函数（PDF）的非参数方法	

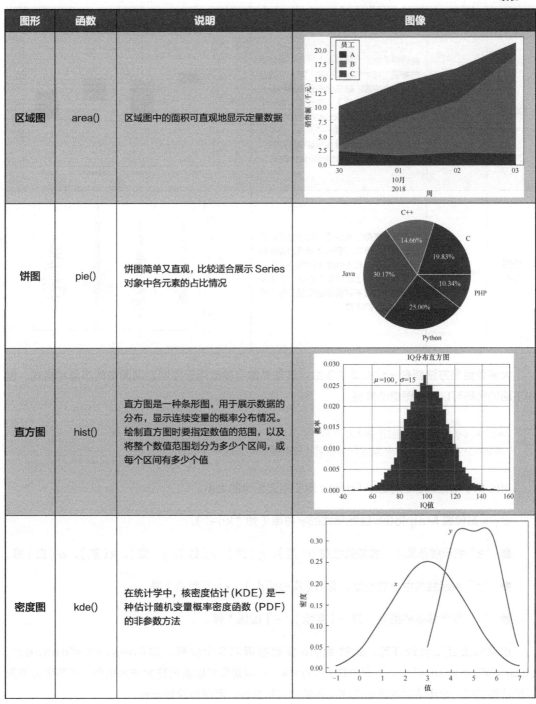

续表

图形	函数	说明	图像
箱线图	boxplot()	箱线图（也称为箱须图）显示一组数据的摘要，其中包含最小值、第一个四分位数、中位数、第三个四分位数和最大值（即五数概括值）。箱线图从第一个四分位数到第三个四分位数处绘制一个方框，在中位数处画一条横线；胡须从框的边缘向外延伸以显示数据的范围，而异常值则被绘制为胡须外单独的点	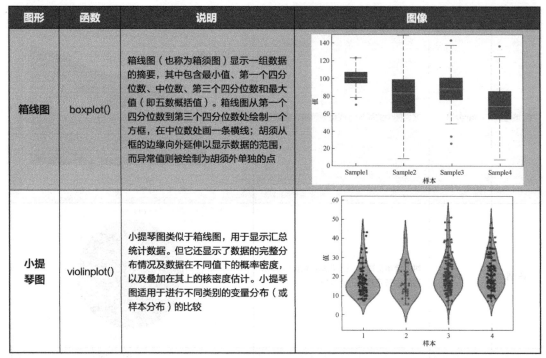
小提琴图	violinplot()	小提琴图类似于箱线图，用于显示汇总统计数据。但它还显示了数据的完整分布情况及数据在不同值下的概率密度，以及叠加在其上的核密度估计。小提琴图适用于进行不同类别的变量分布（或样本分布）的比较	

大多数绘图方法都有一组关键字参数，这些关键字参数用于控制返回图像的布局和格式。例如下面的代码可以改变图像的风格。

In | # 设置线条格式、图题和图像大小
df.plot(style="k--",title=' 设置线条格式（包括颜色）',figsize=(15,5))

title 用于指定图像的标题，figsize 用于指定图像的大小。

style 是代表 Matplotlib 绘图格式的字符串（如 "ko-"）。

- "k" 表示线条颜色，线条颜色有 b（蓝）、g（绿）、r（红）、y（黄）、k（黑）、w（白）等。
- "o" 表示线条中点的类型，有 o（实心圆点）、x（叉型点）等。
- "-" 表示线条的类型，有 -（实线）、--（虚线）等。

也可将上面三者分开写，此时 style 参数被拆成 3 个参数，如 linestyle="dashed", color="k", marker="o"。上例中的 style="k--" 设定所有股票价格曲线为黑色，不易区分不同股票价格曲线，可用下面的语句仅改变线条样式和图题，而保留原始配色。

| In |
```
df.plot(linestyle="dashed",title=' 设置线条样式 ')# 设置线条样式和图题
```
| Out |

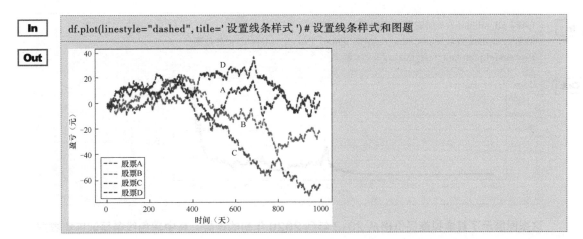

df.plot() 绘图函数中还有 subplots 参数，如果将其设置为"True"，则 DataFrame 对象的每一列都会绘制到一张子图中。如果加入语句"sharex=True"，则各张子图共用一个 x 轴；同理"sharey=True"表示各张子图共用一个 y 轴。

| In |
```
df.plot(subplots=True, sharex=True) # 子图共用 x 轴
```
| Out |

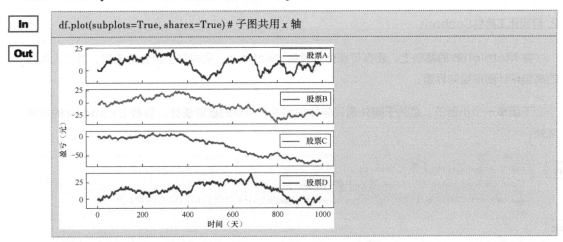

上面在 dataframe.plot() 方法中用 subplots 参数生成子图，还可以使用 plt.subplots() 方法生成多张子图。

| In |
```
fig, ax = plt.subplots()  # 通过变量 ax 把图放在一个坐标系中
fig, axs = plt.subplots(2, 2)  # 通过变量 axs 把图放在一个 2×2 坐标系中
```

如果创建了多张子图，plt.subplots() 方法的第二个返回值可以是单个 Axes（坐标系）对象，也可以是 Axes 对象数组。也就是说，可以把多张图合在同一个坐标系中显示，也可以把两张图分别显示。

下面这段代码就把两张子图合并在一起显示。

In

```
f, ax = plt.subplots() # 创建图和坐标系
ax.scatter(data_test.index, data_test['Weighted_Price'], color='r') # 散点图
fig = model.plot(data_test_fcst, ax=ax) # 绘图
```

Out

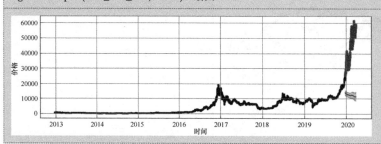

这张图展示了其虚拟商品价格从 2013 年到 2020 年初的走势，其中黑色线条是训练集数据（由 model.plot() 方法绘出），红色线条是测试集的真值（由 ax.scatter() 方法绘出），蓝色线条是测试集的机器学习模型的预测值（由 model.plot() 方法绘出）。有兴趣的读者可以参考附赠的代码包研究这个程序的完整代码。

2. 可视化工具包Seaborn

在 Matplotlib 的基础上，还有可视化工具包 Seaborn。它提供了内容更丰富、更引人入胜的高级统计图形绘制界面。

下面举一个小例子，是关于国外烟民与非烟民关于小费的数额统计，看看 Seaborn 的厉害之处。

In

```
import seaborn as sns # 导入 Seaborn
tips = sns.load_dataset("tips") # 导入小费数据集
sns.lmplot(x="total_bill", y="tip", hue="smoker", data=tips); # 含线性回归模型的散点图
```

Out

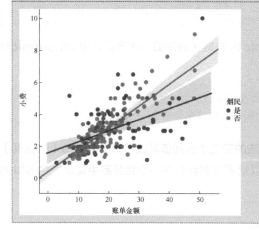

074　数据分析咖哥十话 从思维到实践促进运营增长

这段代码中导入了一个 Seaborn 内置数据集 tips，然后通过 lmplot() 方法，不仅绘制出了账单金额和小费之间的散点图，还拟合出了它们之间的线性关系。其中蓝色点代表烟民，橙色点代表非烟民。令人忍俊不禁的是，当账单金额小于 20 元时，橙色线在蓝色线下方，表明烟民在付小额账单时给的小费多，比较慷慨；然而，当账单金额超过 20 元时，橙色线在蓝色线上方，表明烟民在付大额账单时，反而变小气了。这说明从整体上看，烟民好面子，手头挺紧，账单金额一大，便舍不得多给小费。**你看这短短 3 行 Python 代码就从数据中提炼出来不少信息，这不正是一个精准的分组画像吗？**

听到此处，小雪想笑，却不敢出声，怯怯地说："光听你讲了，我也没来得及说几句，刚才的那个眼部护理电商数据集还需要我分析吗？"

1.4 实战：哪一类人才是真正的买家

咖哥似乎还不愿闭嘴，勉强地说："好吧，你也来写两段代码，看看对于这家电商公司来说，刚才那张眼影盘的海报到底是靠谱还是不靠谱。"

小雪心里虽然有点紧张，却不露声色，自信地说："好的，咖哥。你把电脑上的 Jupiter Notebook 给咱打开[1]。"

1.4.1 数据读入及简单分析

先要做的是数据集的导入、数据清洗，并看一下数据集的基本信息，如含有哪些字段及数据的数量等[2]。

下面这段代码导入数据分析所需要的 Python 包，也就是前面提到的数学计算工具包 NumPy 和数据处理工具包 Pandas。

In
```
import numpy as np # 导入数学计算工具包
import pandas as pd # 导入数据处理工具包
```

从咖哥给的"爆款产品 .csv"文件中导入数据，并查看数据集中的前几行数据。

In
```
df_user = pd.read_csv(' 爆款产品 .csv') # 载入数据集
df_user.head() # 显示前 5 行数据
```

---

[1] 如果读者有 Matplotlib 中文字体无法显示的问题，请参阅相关资料，本书不赘述此类细节。
[2] 从这里开始，本节正文部分如无特殊说明，均是小雪分享的内容。

Out

	用户编号	年龄	性别	状态	下单次数	视力	年收入	年消费	近期购买产品
0	U004	19	女	单身	3	3	22973	85	××防蓝光眼镜(高级黑)
1	U067	36	女	单身	4	3	34343	94	××防蓝光眼镜(高级黑)
2	U147	24	女	单身	4	5	51006	100	9色钻石珠光眼影盘(××同款)
3	U149	24	男	单身	5	5	62291	200	9色钻石珠光眼影盘(××同款)
4	U087	21	女	有朋友	2	2	22973	53	×××疲劳滴眼液(13ML)

用 Pandas 中的 shape 属性查看这个 DataFrame 对象的形状。它是一个 180 行 10 列的数据集。

In
```
df_user.shape #df_user 的形状
```

Out
```
(180, 10)
```

这个数据集中有 6 个数值类型的字段，因此可以用 Pandas 中的 describe() 方法显示 df_user 的统计信息。

In
```
df_user.describe() #df_user 的统计信息
```

Out

	年龄	注册天数	下单次数	视力健康指数	年收入	年消费
count	180.000000	180.000000	180.000000	180.000000	180.000000	180.000000
mean	28.788889	5.572222	3.455556	3.311111	53688.233333	103.194444
std	6.943498	1.617055	1.084797	0.958869	18965.900065	51.863605
min	18.000000	2.000000	2.000000	1.000000	19562.000000	21.000000
25%	24.000000	4.000000	3.000000	3.000000	41048.500000	66.000000
50%	26.000000	6.000000	3.000000	3.000000	50969.000000	94.000000
75%	33.000000	6.000000	4.000000	4.000000	64576.000000	114.750000
max	50.000000	11.000000	7.000000	5.000000	106384.000000	360.000000

上图中的统计信息包括每一个数值字段的计数（count）、平均值（mean）、标准差（std）、最小值（min）、下四分位数（25%）、中位数（50%）、上四分位数（75%）和最大值（max）。

从上图中可以看出，这个数据集中的用户平均年龄约为 29 岁，平均年收入约为 53688 元，年平均消费金额约为 103 元。这就是一个基本的用户画像信息。

1.4.2 用户整体画像

下面通过 Matplotlib 和 Seaborn 中的可视化工具进一步为用户画像。

In
```
import matplotlib.pyplot as plt # 导入 Matplotlib 的 pyplot 模块
import seaborn as sns # 导入 Seaborn
# 显示数据集中各个特征的分布情况
features=['近期购买产品','年龄','性别','状态',
```

```
                '下单次数',' 视力 ',' 年收入 ',' 年消费 ']
fig=plt.subplots(figsize=(15, 15)) # 创建图窗和一组子图
for i, j in enumerate(features): # 遍历特征，i 是序列号，j 是字段名
    plt.subplot(4, 2, i+1) # 设定子图位置
    plt.subplots_adjust(hspace = 0.5) # 调整子图的间距
    # 计数图中将变量之一视为分类变量，并在相关轴的序数位置 (0、1、…、n) 绘制数据图像
    sns.countplot(x=j, data = df_user) # 绘制的子计数图是跨分类变量的直方图
    plt.title(" 用户数 ") # 设置标题
```

输出结果如下图所示。

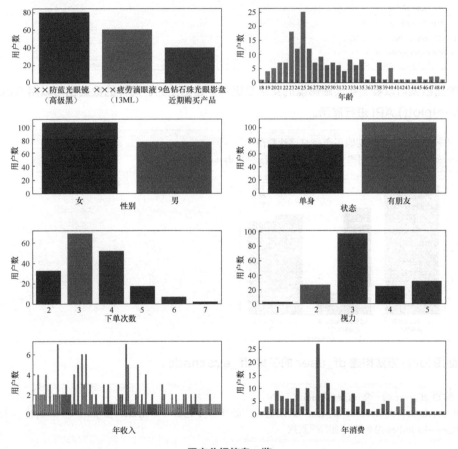

用户分组信息一览

上图中的信息让我们对用户的情况有了更多的了解。从图中可以看到用户年龄多分布在 20 岁到 35 岁这个区间，从整体上看女性用户居多，而且有男 / 女朋友的用户数比单身的用户数所占比例大。

1.4.3 购买眼影盘用户的画像

不过,上面可视化步骤中展示的是 3 种"爆款"产品总的情况,尚没有专门针对"爆款"眼影盘的分析数据。

下面用 crosstab() API 展示一下按照产品和性别分组的用户近期购买产品情况。

```
# 近期购买产品和性别的交叉统计表
pd.crosstab(df_user[' 近期购买产品 '],df_user[' 性别 '])
```

性别	女	男
近期购买产品		
9色钻石珠光眼影盘	33	7
×××疲劳滴眼液(13ML)	31	29
××防蓝光眼镜(高级黑)	40	40

从输出结果可以看出购买眼影盘的女生是远远多过男生的。同样的数据也可以用 Seaborn 中的 countplot() API 进行展示。

```
# 不同性别用户的近期购买产品对比计数图
sns.countplot(x=" 近期购买产品 ", hue=" 性别 ", data=df_user)
```

下面用 loc() 方法构建 df_user 的子集 df_eyeshade。

```
# 构建 df_user 的子集 df_eyeshade
df_eyeshade = df_user.loc[df_user[' 近期购买产品 '] == '9 色钻石珠光眼影盘 '].reset_index(drop=True)
df_eyeshade.head() # 显示前 5 行数据
```

	用户编号	年龄	性别	状态	下单次数	视力	年收入	年消费	近期购买产品
0	U147	24	女	单身	4	5	51006	100	9色钻石珠光眼影盘
1	U149	24	男	单身	5	5	62291	200	9色钻石珠光眼影盘
2	U141	22	女	单身	4	3	38658	106	9色钻石珠光眼影盘
3	U167	29	女	有朋友	7	5	75906	300	9色钻石珠光眼影盘
4	U142	22	女	单身	3	5	44781	120	9色钻石珠光眼影盘

这个数据集中只剩下购买了眼影盘的用户数据。"reset_index(drop=True)"用于为数据集重新分配序列号并作为行索引，且不保留原有的索引。

用 Seaborn 中的 distplot() API 绘制出用户的年龄分布直方图。

In
```
sns.distplot(df_eyeshade[' 年龄 ']) # 年龄分布直方图（带核密度估计曲线）
```

Out
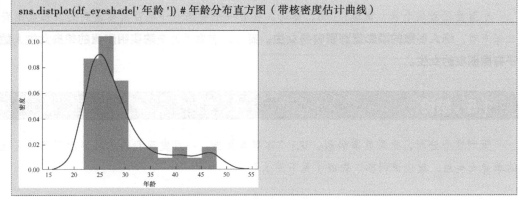

该直方图中显示的信息表明 25 岁到 30 岁的用户最多。

也可以绘制出含有性别和年龄信息的柱状图。

In
```
sns.countplot(x=" 年龄 ",hue=" 性别 ",data=df_eyeshade) # 不同性别的用户年龄计数图
```

Out
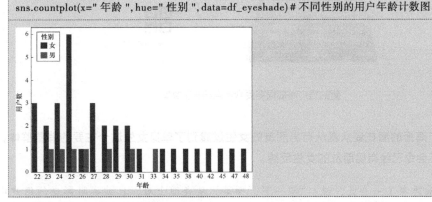

上图直观地告诉我们：购买眼影盘的 25 岁女生非常多。

咖哥问小雪："Python 能不能实现类似 Excel 数据透视表的功能，从用户的性别和有无男/女朋友这两个维度给出一个整体的分组概览呢？"

小雪说："可以的，这也难不倒我。就用刚才介绍过的 pivot_table() 功能。"

In
```
# 消费人数数据透视表（按性别及有无男/女朋友分组）
pd.pivot_table(df_eyeshade,' 用户编号 ', index=[' 性别 '],columns=[' 状态 '], aggfunc=len)
```

实践篇 数据运营分析十话 | 079

有无男女朋友	单身	有朋友
性别		
女	19	14
男	3	4

小雪看了看这个表，说道："嗯，咖哥，我有一个看法——就目前搜集到的眼影盘消费者数据来看，**绝大多数的眼影盘消费者是女生**。而且，有意思的是**购买眼影盘的单身女生人数多于有男朋友的女生**。"

1.5 结论

听到这个分析，咖哥鼓掌喝彩，说："你很有悟性。一旦发现我们的眼影盘用户中有更多的单身女生后，就应该调整广告语（见下图）。"

新的推广海报根据受众特点调整了文案

这样，推广海报的潜在受众就从有男朋友的女生过渡到了单身女生这个主要的消费群体，而且这个文案也不会令已经有男朋友的女生反感。

小雪静静地思考了一会儿，说："等一下，咖哥。从表面上看，目前买眼影盘的用户中单身女生偏多，你针对这类用户更改了海报的文案。但是我觉得这个做法不太合理，如果说电商网站中男女用户的总体比例基本相等，男生不常购买眼影盘，**那么是否说明男生这一用户群体的增长潜力反而更大呢**？我们在针对女生设计推广文案的同时，也不能忽略那些没买过眼影盘的男生吧，尤其是那些有女朋友的男生。要知道，他们可是非常愿意给自己喜欢的女孩花钱的。从这个角度讲，我实在是不愿意放弃原来的那张海报。"——小雪对第一张推广海报念念不忘。

"小雪，不需要实习了，你明天九点正式来公司报道！"

其实，这才是更好的答案：**根据具有不同特点的用户群体设计并推出不同版本的推广方案**。

第二话

远近高低各不同：聚类实现 RFM 细分

题解 古有四库全书。所谓"四库"，即经、史、子、集四部，其下又细分为四十四类，这样做的目的是使浩如烟海的典籍易于查阅。对于数据分析师而言，分类分层，将复杂的用户统计数据和购买行为转化成清晰、明确、容易理解的结构，是精准获客和个性化运营的前提。

小雪发现，两点左右的讲习所是最安静的。因为所里的人大都习惯在午饭后找地方小睡一会儿，后来午饭后的半小时成了公司的勿打扰时间。

咖哥在午睡

突然一阵"咚咚咚"的敲门声把所有人从梦中惊醒，咖哥差点从他那张行军床上翻下来。来人见敲门没人应，直接开门探头，说："你们这是在干什么。"

咖哥说道："这不是马总吗，您怎么亲自来了？不是说用邮件发给我就行了嘛。"

马总是沪东商城运营部的负责人，此时，他眉头皱成一团："我着急啊。新版 App 马上推出，可我感觉我们对用户了解得还是不够透彻，新版 App 的登录界面比较'卡通化'，会不会影响获客率？哪些人是我们要重点'照顾'的对象？最近的热点产品很多，一波接着一波，此时需要定位高价值的 VIP 用户并进行有针对性的促销。如果错过了这次，又不知道要等到什么时候了。你们这里人多，一起帮我出谋划策吧。要知道用户可是我们的重中之重！"

2.1 问题：如何通过细分用户指导运营

"好的，马总，您别着急。"咖哥说，"用户也是我们的重中之重，因此我们放弃这半小时的午休时间，一块儿来解决您的问题。马总，对于您刚才说的情况，我可不可以简单地把问题总结成一句话——如何基于历史数据，通过用户的特征和行为进行用户细分，从而了解用户，有的放矢地进行促销获客、用户管理等运营活动。"

马总说："对，就是这个意思。你看看我从数据库里面提取出来的表（见下图），每位用户在店里买过什么产品，我们的确记录得一清二楚。但是里面有什么'门道'，我是看不出来的。就麻烦咖哥你帮忙分析出一些有价值的内容。"

	A	B	C	D	E	F	G	H
1	订单号	产品码	消费日期	产品说明	数量	单价	用户码	城市
2	536374	21258	6/1/2020 9:09	××usb分线器 一拖四	32	10.5	15100	北京
3	536376	22114	6/1/2020 9:32	加大男装T恤男大码宽松	48	50	15291	上海
4	536376	21733	6/1/2020 9:32	热销 零基础学机器学习 经典AI入门教程	64	89	15291	上海
5	536378	22386	6/1/2020 9:37	××进口白心火龙果4个装	10	108	14688	北京
6	536378	85099C	6/1/2020 9:37	大连××樱桃400g 果径约26mm	10	166	14688	北京
7	536378	21033	6/1/2020 9:37	××××新鲜鳕鱼 24hr内捕	10	388	14688	北京

"电商用户订单历史数据集"结构简单而清楚

2.2 概念：用户细分

咖哥说："来，今天我们就好好谈一谈如何针对用户的历史消费行为数据做数据分析，先复习一下用户画像的概念，以及如何通过用户细分来指导精细化运营，最后说说同期群、用户的分组和分层等用户细分方法。"

2.2.1 用户画像是了解用户的第一步

"Know thyself"是德尔斐阿波罗神庙入口处的门廊上镌刻着的3句智慧箴言之一，译成中文就是"认识你自己"。孙子在其《孙子·谋攻篇》中讲的则更进一步："知己知彼，百战不殆"。

因此，马总做生意的思路很对，光了解自己的产品还不够，还要了解用户各方面的信息，如年龄、性别、区域、收入等人口统计信息，以及用户的兴趣爱好和消费行为数据，从而为用户画像，推测出用户的消费习惯。

按照上面的思路，可总结出**深度获客"三部曲"**。

（1）了解自己（产品和内容）。

（2）了解用户（用户的背景、心理状态和消费习惯）。

（3）依据产品和用户的匹配程度，选择合适的获客策略。

说到此处，小雪插嘴道："难怪前几天我为了看动漫视频在B站注册账号时，居然要先做一百多道题，跟考试似的。我当时想这网站好高的门槛，还让我做题、给我评分。闹了半天我的信息都进入人家的用户画像数据库里面了。"

马总此时也皱起眉头："哎呦，咖哥，你不早说，现在让我提供这么详细的数据可是难为我了，你看我带来的这个数据表，除了用户编号和用户所在城市，其他信息很少。我们以前没有数据搜集这方面的意识。"

咖哥说："没关系，以后注意搜集也不晚。你带来的这个数据集也很有价值。"

这个数据集虽然简单，但其实已经包含了重要的用户消费行为信息。只是需要经过数据分析，才能够把各类用户的消费属性清晰地展现出来，而这正是我们接下来要完成的工作。

2.2.2 用用户行为数据指导精细化运营

对老一代的互联网企业（如新浪、搜狐、网易等门户网站）来说，页面访问量、广告点击率和网站跳出率等点击流数据指标是北极星指标。

下图所示为Google Analytics搜集的点击流数据指标，其中包括页面访问量等信息。

Google Analytics中的点击流数据指标

但是这些指标已经不能够满足新兴互联网企业的需求。在当今的运营环境下，新的"霸主"如美团、淘宝、京东、B 站、知乎、拼多多等更注重用户与产品之间的每一次互动，它们会把详细的用户行为记录下来，从中发现用户真正看重自家产品的哪些方面，以及对产品的哪些功能尚不满意。分析出用户的痛点在哪里，才能把产品和市场进行更好的匹配。

举例来说，几年前，在一个电商类 App 的数据分析过程中，我们发现某一商品安卓手机用户的购买转化率比苹果手机用户高很多。原因何在？首先要看一看两个平台的 App 有没有什么功能区别，下载过程和用户界面是否一致。如果 App 本身并没有明显的区别，下一个要考虑的问题就是：是不是苹果手机用户和安卓手机用户所代表的人群反映出的购买倾向有所不同？进一步的调研结果显示使用此商品的用户需要具有一定的技术能力，此商品的功能强大但配置起来不方便。而当时苹果手机用户多崇尚"开箱即用，无须过多配置"，因此他们对此商品兴趣不大。

上面的例子就是根据用户的手机应用市场类型（苹果或安卓）这个指标，结合用户购买行为数据，把看似是一个整体的用户群体拆分为两组。这种通过行为进行**用户细分的思维**能为产品的开发和营销做出细节上的指导。

因此，用户细分就是辨识出用户的人口统计学信息、心理和行为的不同（尤其是行为的不同），再把用户群体分为几个子群体。用户的细分方法包括同期群分析、根据行为特征进行分组等，下面介绍一些典型的细分方法。

2.2.3　进行同期群分析揭示获客时的秘密

一种常见的分组方法是把同一时间段内新注册的用户群体视为**同期群**，将其作为一个整体进行分析。英文中把同期群分析称为 cohort analysis。

"cohort"这个英文单词的意思是同一批入学的人，或者同期招聘的一批员工。

形成了同期群之后，可以追踪他们在注册 App 一段时间后的活跃程度、带来的价值、留存率和流失率等，由此推出这群用户的黏性、忠诚度，并评估获客、促销等运营工作的效率。也可以进行纵向比较,如今年5月的同期群A和去年5月的同期群B中的用户,二者的留存率孰高孰低。如果留存率有明显差异,就可以进行溯源,寻找产品更新过程或者推广获客过程中可能影响留存率的因素。

这其实是**对比分析思维**在数据分析中的具体应用。

此时马总突然开口:"咖哥,这个同期群分析我以前做过一次,这儿有现成的分析结果(如下图所示),你帮我看看里面有什么门道。"

月度获客数		后续月度回购率						
		当月	1个月后	2个月后	3个月后	4个月后	5个月后	6个月后
1月	580	100%	32%	27%	25%	24%	19%	20%
2月	532	100%	39%	33%	29%	32%	28%	
3月	620	100%	35%	29%	22%	17%		
4月	599	100%	29%	30%	25%			
5月	573	100%	30%	22%				
6月	548	100%	33%					

马总的同期群数据显示出了不同群组流失率的差异

咖哥说:"好的,上图根据注册App的月份将用户划分为不同的同期群,并跟踪这些用户,用一个表格记录了不同的同期群中用户0~6个月后的回购率,也就是百分之多少的新用户再次使用该App。因为回购率和留存率是强相关指标,通过回购率就能看出不同同期群用户间留存率的差异。"

"我有个发现。"咖哥接着说,"2月的同期群相对于其他同期群回购率的表现要好一些,3个月后回购率维持在30%左右,其他月份的是20%左右。在2月的时候,您的公司是否采用了什么不一样的获客手段或者促销方式,马总?"

马总回忆了一下:"我想起来了。这个App一直在抖音做推广,每个月吸引过来的用户数量是比较稳定的。在2月份的时候,我们想尝试一下在新渠道做推广,就在小红书做了一个月的推广,但是结果并不理想。因为新增用户的数量并没有什么变化,甚至还略有下降,所以后来我们就把小红书上的推广停掉了,回到抖音。大概就是这么一个过程。"

"马总,你大错特错了。"咖哥说,"你在小红书上的推广,结果不是'并不理想',而是非常理想。因为获客并不是吸引用户注册你们的App就结束了,更重要的是留存,注重的是质量而不是数量。我可以做一个大胆的判断,你们网站中销售的商品很可能相对比较高端,能够吸引有品位的都市女性。这也就是为什么通过小红书这个广告渠道引流进来的用户虽然数量有限，但是留存率比较高。"

马总一拍脑门，恍然大悟。

2.2.4　根据特征和价值进行用户分组

除同期群之外，还可以根据用户的性别、年龄、地理位置等人口统计学特性，以及获取渠道等信息进行用户分组（segmentation），例如下面几种分组方式。

- 按地理位置，如不同城市、不同国家分组。
- 按行业、背景和个人爱好（在用户注册 App 时让他们选择所属的行业和个人爱好等）分组。
- 按注册来源，如根据自然注册、付费推广得到的用户、老用户推荐来的新用户等信息分组。
- 基于用户所使用的移动设备类型、付款方式（信用卡、花呗、白条等）进行分组。

要善于发现不同群组的用户更倾向于购买哪些类型的产品，更喜欢使用何种服务。例如，早期 B 站里面的年轻用户多，所以 B 站的"爆款"作品多为趣味视频、日系动漫，再配以搞笑的弹幕，内容生动活泼；而知乎的用户多是办公室白领，因此知乎提供的内容以有价值的知识为主。

数据分析师还能够从精细的用户分组中找到频繁使用产品的"忠诚"用户，找到用户属性和购买行为、活跃程度、留存率之间的关联。肖恩·埃利斯的《增长黑客》一书中曾经提到，Netflix 公司通过数据发现他们的一大部分用户群体偏爱政治题材的电视剧和凯文·史派西的电影。因此该公司受到启发，制作了电视剧《纸牌屋》，它不仅轰动一时，还给了其用户不可或缺的体验，提高了 Netflix 公司在职业精英人士用户群体中的口碑。这就是用数据分析结果指导新产品开发的经典案例。

搜集了用户行为数据后，还可通过数据分析模型（如 RFM 模型）把用户分成高、中、低价值组，在运营的过程中将他们区别对待。

"对。"马总附和，"我们要尽可能获取更多的高价值用户，给他们提供有差异化的服务，以此留住他们。"

咖哥看了一眼马总："这就是为什么您一进来，我们讲习所的全体员工都放弃午休，陪伴在您身边。"

小雪马上补充："所以，马总您就是我们的 VIP 客户。"

2.3 工具：RFM分析和聚类算法

如何实现对马总的用户进行价值分组这个目标，这里介绍一个用户细分方法和一个数据分析工具。

- 用户细分方法是 RFM 分析，它从多个行为维度对用户的价值分组提供指导原则。
- 数据分析工具是聚类，它是一种无监督机器学习技术，简单、容易理解，可以用来方便地实现 RFM 分组。

2.3.1 RFM分析

RFM 分析通过用户上一次消费行为发生的时间、消费的总频率及共花了多少钱这 3 个数据指标将用户划分为不同的群组，用来描述该用户的价值。

做价值描述是为了识别哪些用户更有可能对促销做出响应，哪些用户近期有流失的风险，以及对不同群组的用户提供个性化服务。一般的 CRM 分析着重分析用户的贡献度，而 RFM 分析则强调以用户的行为来衡量用户的价值和创利能力。

R、F、M 的定义如下。

- 最近一次消费（R，Recency）：也叫新近度，代表自用户上次消费以来的天数；最近一次消费是非常有力的数据分析和预测指标。
- 消费频率（F，Frequency）：代表用户是否频繁使用服务，这也是用户黏性的风向标。
- 消费金额（M，Monetary Value）：用户在一段时间内消费的总金额，这个指标的重要性不言而喻。

将 R、F、M 组合在一起，就可以勾画出一个用户的整体轮廓。

马总带来的数据虽然只是简单的用户订单记录，但里面包含了新近度 R、消费频率 F 和消费金额 M 的信息，因此这个数据集非常适合用 RFM 分析方法做用户细分。

我们来详细看看这 3 个指标。

最近一次消费或**新近度 R** 其实也就是用户的"热乎度"。这个指标是持续变化的。例如小雪上次使用 App 是在一个月前，她在系统里的 R 值就标为 30。如果她今天买过东西，R 值就立刻被更新为 1，她也就有可能收到更多当天的打折信息。不同 R 值的用户，电商网站对他们的重视程度和促销策略也有所不同。

R 值是一个与用户黏性相关的重要指标。刚使用过产品的用户，很有可能由于黏性的作用再次购买该产品；而一个 App，如果你一年都不用，很可能以后也不会用。要注意时时维系和用户的关系，保持往来，这是所有优秀的销售员都知道的。

小雪插嘴："我手机里面的各种 App 今天有促销，明天有优惠，后天有'限时抢'，它们就是怕我隔天不用就把它们卸载了。"

> **咖哥发言**
>
> 营销人员用 R 值监控 App 的运营状态，随着 App 的服务升级，如果新近度高（即 R 值偏低）的用户逐渐变多，就代表用户的黏性越来越强，App 在健康成长。反之，则要考虑 App 的升级策略是否出了一些问题。

消费频率 F 是用户在某个时间范围内购买或使用服务的次数。经常使用某个 App 的用户会很依赖它，因此 F 值和用户黏性的相关性比 R 值还要强。商家通常都会设置会员级别，从银卡、金卡到铂金卡，层层递进，用户的消费次数越多，优惠越多，这就是为了提高用户的消费频率。

消费金额 M 是用户带来的营收。无论我们多注重用户的忠诚度，归根结底还是希望提升营收。 帕雷托法则（Pareto's Law，也被称为"80/20 法则"或者"关键少数法则"）如果应用在营销过程中，就意味着 80% 的销售收入来自 20% 的用户。所以，应找准关键的 20% 用户，把优质的服务和资源分配给他们，这是一种有效的策略。

因此，RFM 分析为个性化沟通和服务提供了依据。举例来说，企业通过追踪 R、F 值，推测出可能流失的用户群体，提示客户关系部门加强对这些用户的管理；但是如果这个群体的人数太多，企业没有足够资源联络到每一个用户，此时可以再看 M 值，把重点放在流失风险高而且贡献度也高的用户上，对这批用户采取挽留措施。

这个工具非常适用于销售多种产品的企业，如卖化妆品的网店、快餐店和超市等，因此它对于马总的这类互联网电商公司来说再合适不过了。

RFM 用户组也可以称为"层"或"级"，可以按照价值从小到大将其分成 1、2、3、4、5 等层，也可以将其划分为"低""中""高"层。

例如，某电商公司将用户的 R 值分为 5 级，第 5 级的回购率是第 4 级的 3 倍，这是因为这些用户刚完成交易不久，惯性驱使他们反复使用同一服务。然而，如果把 M 值也分为 5 级，第 5 级和第 4 级的平均回购率也许就没有显著差异了。因此，每一个维度具体分为几层，有一定的讲究，后面的会在实战过程中解释如何分层。

又例如，用户进行了单笔的大额交易使其消费金额较高，并不能够说明该用户黏性很强，也许他只是在别的店铺找不到所需商品或服务。因此只有把 M 值和 F 值综合在一起衡量，才能够发现真正的"忠诚"用户。

另外，可以利用用户的 F 值判断是否发送促销活动提示。例如，适时给高频消费的用户推送促销信息和优惠券，也可以在观察到用户消费频率下降时，及时给用户发出提醒和邀请信息。当然，也不可以让经常消费的用户觉得自己不断地被打扰，要针对用户、产品两方面的特点设计出 App 与用户的最佳接触频率。

"好，现在问题来了。"咖哥说："如果马总的网店以 R 为指标将用户分为 3 个层级，以 F 为指标将用户分为 5 个层级，而以 M 为指标将用户分为 4 个层级。那么汇总之后，马总应将用户分成多少个价值层？"

一个员工抢答道："3+4+5=12 层。"

小雪说："不对吧。如果将这 3 个指标排列组合，最多能分成 3×4×5=60 层。不过，这层次也太多了。"

咖哥说："你们两个的计算方法都值得商榷，我在这儿先卖个关子，讲完下面的聚类工具并进行项目实战之后，这个问题就有答案了。

总结一下，使用 RFM 分析模型的流程如下图所示，就是根据用户的行为，找到 R、F、M 的值，这就好像给用户贴上了数字化的标签。

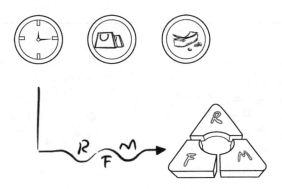

使用RFM分析模型的流程

有了这些标签,就可以了解用户之间的差异,再把 3 个维度的标签综合起来,对用户进行分层,并以此指导获客策略(和其他与产品、运营相关的内容),这样就能带来不断的新增长和创新。

2.3.2 聚类算法

咖哥又抛出问题:"现在我们有了用户数据,用什么算法工具可以帮助我们实现 RFM 分层呢?"

小雪回答:"咖哥,你刚才说漏嘴了,你说要介绍一个数据分析工具,就是聚类。"

聚类是一种机器学习算法。用通俗的语言解释,聚类就是让机器把数据集中的样本按照特征分组,这个过程中没有标签存在,因此,它是一种无监督学习算法。而这种无监督学习算法,能在无人指导的情况下,根据数据(如 R 值、M 值、F 值)把用户分成几组。

该算法是怎么做到这一点的呢?讲聚类算法之前,先说说机器学习中的监督学习和无监督学习。

1. 监督学习和无监督学习

机器学习是数据分析师的强大"武器"。机器学习的两个常见类别是**监督学习**(supervised learning)和**无监督学习**(unsupervised learning)。监督学习的训练数据需要贴好标签,而无监督学习不需要标签数据,如下图所示。

这里所说的标签,是一个机器学习术语,并不是用户画像中说的给用户贴标签,也不是 DataFrame 中的列名。在一个机器学习数据集中,只有一个标签字段,它就是监督学习模型要预测的那个字段。

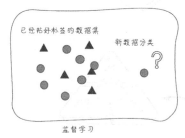

用分类问题展示监督学习和无监督学习的区别

马总问:"对于机器学习,我的理解是如果有海量的数据,机器就可以从中'学习'到一些规律,从而对新的数据样本进行值的预测,或者类别的判断。不过你说的'特征'和'标签'我就不太了解了。"

咖哥答道:"马总对机器学习的理解相当准确。"

标签其实就是需要机器判断的"结果"。监督学习和无监督学习的区别正是现有数据集里面有没有标签。举例来说,某一个数据集把用户分成3类,分别是"高价值用户""中价值用户"和"低价值用户"。这就是一个有标签的数据集,如下图所示,"总体价值"字段就是标签;与之对应,该数据集中的其他字段在机器学习中就叫作特征。机器学习就是通过对特征的学习,找出能够正确预测标签的模型的过程。

用户码	R值	R值层级	F值	F值层级	M值	M值层级	总分	总体价值
14681	70	2	7	0	498.95	0	2	低价值
14682	187	1	2	0	52.00	0	1	低价值
14684	25	2	421	2	1236.28	0	4	中价值
14687	106	1	15	0	628.38	0	1	低价值
14688	7	2	327	2	5630.87	1	5	高价值

(特征 ← 左侧列;标签 ← 总体价值列)

有标签的数据集适用于监督学习

为数据集添加了标签之后,让机器根据这些数据进行"**学习**"和"**训练**",找到从特征到标签的最佳模型——这就叫**拟合**。当我们再给出新的用户数据(尚未添加标签)并让机器对其进行分类时,机器就会用刚才"学习"到的模型为新数据添加标签,告诉我们新的用户是高价值用户、中价值用户,还是低价值用户。这就是一个监督学习过程。

但是还有另外一种情况,也就是我们现在面临的情况。在马总带来的数据集中,并没有一个字段指明了用户的价值是高、中还是低。这就是没有标签的数据集。如果把这个数据集输入机器,让机器在没有标签做指导的情况下自动将这些用户分组。这就是一个典型的无监督学习过程。

因此,聚类作为一种无监督学习算法,能帮助我们把邻近的用户聚成一组(称为聚类的"**簇**"),如下页图所示。不过聚类本身并不知道哪一组用户是高价值用户,哪一组用户是低价值用户。在分完了组之后,我们再根据机器聚类的结果,手动给这些用户组贴标签,看看哪一组用户的价值高,哪一组用户的价值低。这里把这个手动贴标签的过程称为"**聚类后概念化**"。

实践篇 数据运营分析十话

> 咖哥发言
>
> 机器学习中的模型和算法有何区别？可以这样理解：算法是指宏观的工具、方法，如聚类、神经网络等；而模型是某一种（或某一系列）算法，是对具体数据集进行拟合之后的成品。

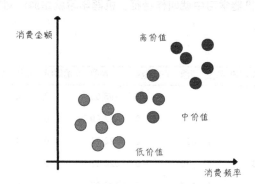

根据消费金额和消费频率两个特征将用户数据"聚类"

那么，聚类算法是如何判断出哪些用户是邻近的呢？因为这些用户的数据特征在坐标系中有更短的向量空间距离。也就是说，聚类算法把特征的空间位置相近的数据归为同一组。

2. K-均值是常用的聚类算法

K-均值（K-means）是常用的聚类算法之一。这种算法不仅简单，速度也不差，它需要人工指定 K 值，也就是聚类的个数。

K-均值的具体算法流程如下。

第一步，指定 K 的数值。例如在这个问题中，我们可以选择用户的 M 值作为特征，并将其分成 3 个簇（即 3 个用户组）。

第二步，在数据集中随机挑选 K 个数据点做簇的**质心**（centroid）。例如挑选消费金额为 100 元、50 元、50000 元的 3 个用户作为 3 个质心。这些随机选择的质心不需要具备代表性，因为此时还不知道消费 50 元的用户是否就是低价值用户，也不知道消费 50000 元的用户是否就是高价值用户。在聚类之前，尚未出现高、中、低的概念，质心也是随机选择的。

第三步，遍历每一个数据点，计算它们与每一个质心的距离（如欧式距离）。数据点离哪个质心近，就跟哪个质心成为一类。例如，一个消费金额为 40 元和 3 个消费金额为 60 元，以及两个消费金额为 70 元的用户，将和"50 元质心"成为一类，而 6 个消费金额为 90 元的用户将和"100 元质心"成为一类。此时初始的 K 个类别开始形成。

第四步，这时每一个质心中都聚集了很多数据点，数据簇将会选择更合适的质心，如果原来随机选择的质心不合适，就舍弃。也就是说算法会计算出每一类中最靠近中心的点，将其作为新的质心。例如此时 3 个"60 元用户"发现自己才是更合适的"质心"，它就会取代之前的"50 元质心"，成为新的"60 元质心"。

第三步和第四步会不断重复，即计算所有数据点和新质心的距离，在新的质心周围形成新的数据簇，不断选择更好的质心，直至收敛。也就是当质心的移动变化很小了，已经在一个阈值之下，或者固定不变了，算法就可以停止了。

此时，我们发现，最后的 3 个质心的 M 值分别是 800 元、90 元、4500 元。那么这 3 个有代表性的 M 值，就是低、中、高价值组形成过程中的基准点。手动对这 3 个数据点进行排序：90 元、800 元、4500 元，将其所代表的用户划分为低价值组、中价值组和高价值组。

通过下面这张图，可以看到聚类中质心的移动和簇形成的过程。

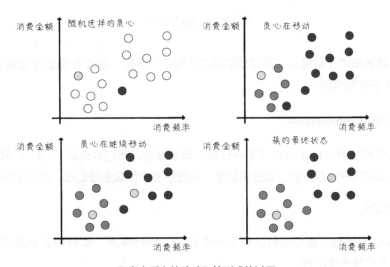

聚类中质心的移动和簇形成的过程

3. 通过手肘法确定 K 值

解决聚类问题的关键之一在于 K 值的选取。也就是说，把一批数据划分为多少个簇是较合理的呢？当数据特征的维度较少，而且每类数据较为分散时，可通过数据可视化的方法来手动确定 K 值。

如果要通过 R 值或者 M 值将用户进行聚类，选择 3（价值的高、中、低）或者 5（5 个层级），都是可以的。

不过当数据特征的维度较多、数据分布较为混乱时，数据可视化对数据分析的帮助不大。这种情况可以经过多次实验，逐步调整，使簇的数目逐渐达到最优，以符合数据集的特点。

有一种手肘法（elbow method）可以通过聚类算法的损失值曲线来直观地确定簇的数量，如下图所示。在 K 值很小的时候，整体损失很大（也就是各个数据点与质心的距离特别大），而随着 K 值的增大，损失的值会在逐渐收敛之前出现一个拐点。此时的 K 值就是比较好的值。

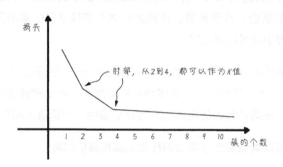

手肘法——确定最佳 K 值

因为损失随着簇的个数变化，而收敛的曲线比较像个手臂，最佳 K 值的点像是手肘，这就是"手肘法"这个名称的来源。

4. 聚类算法在RFM分析中的应用

聚类算法如何结合 RFM 分析将用户分组？非常简单。我们将选取 R 值、F 值和 M 值作为独立特征，分别将用户进行聚类，划分出层级，然后把各个层级进行汇总，确定用户的最终价值。

具体步骤如下。

（1）以 R 值为特征，通过手肘法确定一个 K 值，进行聚类，如肘部显示基于 R 值的 K 值为 5，就分为 5 个新近度层级。

（2）以 F 值为特征，通过手肘法确定另一个 K 值，进行聚类，如肘部显示基于 F 值的 K 值为 4，就分为 4 个消费频率层级。

（3）以 M 值为特征，通过手肘法确定另一个 K 值，进行聚类，如肘部显示基于 R 值的 K 值为 3，就分为 3 个消费金额层级。

（4）把 3 个层级视为价值分数并进行叠加（可以加权），得到每个用户最终的 RFM 总体价值，再划分出价值区间（如得 3-5 分的为低价值用户，得 5-8 分的为中等价值用户，得 9-12 分的为高价值用户）。根据用户 RFM 总体价值所处的价值区间，确定其最终的价值层级。

上面的内容回答了刚才提出的问题：在 RFM 分析中，用户可以分为多少层？答案是视情况而定。此处我们会将用户分为高、中、低 3 级；若具体到每一个 R、F、M 指标，则可以通过手肘法辅助确定层级个数。

2.4 实战：基于RFM模型的用户细分

至此，概念和工具都介绍完了，下面就用马总带来的这个简单数据集，通过 RFM 分析方法和聚类算法进行一次用户细分的实战。

2.4.1 整体思路

本例数据集的用户细分实战分为以下 3 步。

第一步，进行数据清洗和可视化工作；然后通过聚类算法，分别从 R、F、M 这 3 个维度进行用户的分组。

第二步，在每一个具体维度中，都要经过下述环节。

- 输出分布的直方图。
- 通过手肘法确定 K 值，也就是聚类的个数。
- 根据 K 值进行聚类。
- 确定每一位用户所处的簇（即用户组或者层级）。

第三步，把 3 个维度进行汇总，确定用户最终所处的层级。

下面来看具体的实现细节。

2.4.2 数据读入和可视化

先要做的是导入数据集、清洗数据、构建总价信息，完成简单的可视化工作。

1. 导入数据集

下面这段代码先导入数据分析需要的 Python 包，再导入数据集，并输出数据集中的前几行数据。

In
```
import numpy as np # 导入 NumPy
import pandas as pd # 导入 Pandas
import matplotlib.pyplot as plt # 导入 Matplotlib 的 pyplot 模块
import seaborn as sns # 导入 Seaborn
df_sales = pd.read_csv('电商历史订单 .csv') # 载入数据集
df_sales.head() # 输出前几行数据
```

Out

	订单号	产品码	消费日期	产品说明	数量	单价	用户码	城市
0	536374	21258	6/1/2020 9:09	××usb分线器 一拖四	32	10.5	15100	北京
1	536376	22114	6/1/2020 9:32	加大男装T恤男大码宽松	48	50.0	15291	上海
2	536376	21733	6/1/2020 9:32	热销 零基础学机器学习 经典AI入门教程	64	89.0	15291	上海
3	536378	22386	6/1/2020 9:37	××进口白心火龙果4个装	10	108.0	14688	北京
4	536378	85099C	6/1/2020 9:37	大连××樱桃400g 果径约26mm	10	166.0	14688	北京

对这个数据集做 RFM 分析，主要基于以下几个关键信息。

■ 用户码。

■ 单价。

■ 数量。

■ 消费日期。

后面我们会把这些信息转化为具体的 R 值、F 值、M 值。

用 describe() 方法对数据集里面的数值类型字段做一个简单统计。

In
```
df_sales.describe() #df_sales 的统计信息
```

Out

	数量	单价	用户码
count	87180.000000	87180.000000	87180.000000
mean	10.005816	3.575428	15338.503774
std	48.769206	133.424731	392.001142
min	-9360.000000	0.000000	14681.000000
25%	2.000000	1.250000	15022.000000
50%	4.000000	1.950000	15335.000000
75%	12.000000	3.750000	15674.000000
max	3114.000000	38970.000000	16019.000000

从上图中可以看到数据集中共有 8 万多行数据（"count"为数据条目的数量），每笔订单中

的商品平均数量是 10（"mean"为平均值），商品平均单价是 3.575 元。

2. 简单的数据清洗

从上页图中发现，商品数量的最小值（min）是一个负数（-9360），这是不符合逻辑的，应该把这种"脏"数据清洗掉。

In
```
df_sales = df_sales.loc[df_sales['数量']>0] # 清洗掉"数量"小于 0 的数据
```

上述语句执行后，如果再次调用 describe() 方法，会看到新的最小"数量"为"1"。

3. 构建总价信息

在这个相对简单的数据集中，我们关心的指标之一是消费金额（M 值）。目前该数据集中有采购数量、单价，但是没有每一笔订单的总价。

下面通过两条语句将原有的数据集进行小小的扩展，在 df_sales 对象中增加一个数据列"总价"，将"单价"乘以"数量"得到"总价"的值。

In
```
df_sales['总价'] = df_sales['数量'] * df_sales['单价'] # 计算每单的总价
df_sales.head() # 输出前几行数据
```

Out

	订单号	产品码	消费日期	产品说明	数量	单价	用户码	城市	总价
0	536374	21258	6/1/2020 9:09	××usb分线器一拖四	32	10.5	15100	北京	336.0
1	536376	22114	6/1/2020 9:32	加大男装T恤男大码宽松	48	50.0	15291	上海	2400.0
2	536376	21733	6/1/2020 9:32	热销 零基础机器学习 经典AI入门教程	64	89.0	15291	上海	5696.0
3	536378	22386	6/1/2020 9:37	××进口白心火龙果4个装	10	108.0	14688	北京	1080.0
4	536378	85099C	6/1/2020 9:37	大连×× 樱桃400g 果径约26mm	10	166.0	14688	北京	1660.0

添加了"总价"信息之后，数据集中的信息就更完整了。这也为后面求出每一个用户的 M 值做了准备。

4. 数据可视化

简单的数据可视化操作可让大家进一步了解马总带来的这份数据。

通过下面的语句输出所有商品的月销售额，看看哪个商品的月销售额更多。

In
```
# 输出月销售额
df_sales['年'] = pd.DatetimeIndex(df_sales['消费日期']).year
df_sales['月'] = pd.DatetimeIndex(df_sales['消费日期']).month
df_sales.groupby(['年','月'])['总价'].sum().plot(kind='bar', title='月销售额')
```

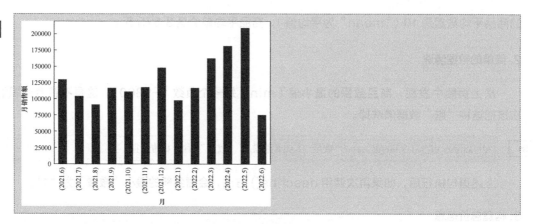

从上图中可看出 12 月、3 月、4 月、5 月是销售旺季。

通过下面的语句查看按城市划分的商品销售额，看看哪些地区的市场可以进一步开发。

```
# 输出地区销售额
df_sales.groupby(['城市'])['总价'].sum().plot(kind='bar',title = '各地销售额')
```

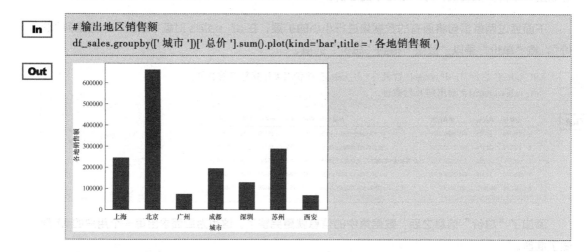

上图中显示北京的销售额明显高于其他城市。看来马总的公司虽然叫作"沪东商城"，北京却是他们的"大本营"，马总的业务正逐渐向上海和苏州扩展，其他地区还大有潜力可挖掘。

这个数据集结构简单，涉及用户本身的信息不多，与点击流相关的行为信息也不多，无法完成太细致的用户画像，整体的可视化工作就暂时做到这个程度。后续步骤是根据每个用户的消费情况对用户的购买力、活跃度进行 RFM 分层分析。

2.4.3 根据 R 值为用户新近度分层

下面用聚类算法根据 R 值为用户新近度分层。

1. 构建用户层级表

先生成一个以"用户码"为关键字段的 DataFrame 对象 df_user，在 df_user 中逐步加入每一个用户的新近度、消费频率和消费金额的层级。我们把它称为**用户层级表**。

In
```
df_user = pd.DataFrame(df_sales[' 用户码 '].unique()) # 生成以"用户码"为主键的对象 df_user
df_user.columns = [' 用户码 '] # 设定字段名
df_user = df_user.sort_values(by=' 用户码 ',ascending=True).reset_index(drop=True) # 按"用户码"排序
df_user # 输出 df_user
```

Out

	用户码
0	14681
1	14682
2	14684
3	14687
4	14688
...	...
975	16015
976	16016
977	16017
978	16018
979	16019

980 rows × 1 columns

从上图可知马总一共带来 980 个用户的数据。语句"reset_index(drop=True)"的意思是重置索引，默认生成新的数值类型的索引，并且不保留原来的索引。

这个表比较重要，在后续的几个步骤中会进一步构建该表，并向表中加入 R 值、F 值、M 值等信息，使用户层级表的结构越来越完整。

2. 加入新近度信息

新近度就是 R 值，与用户最近一次消费的日期相关。若这个日期距当前日期较久，就表明用户正处于休眠状态。

下面的代码在刚才的用户层级表中加入用户最近一次消费日期信息，也就是与 R 值相关的信息。

In
```
df_sales[' 消费日期 '] = pd.to_datetime(df_sales[' 消费日期 ']) # 转化日期格式
df_recent_buy = df_sales.groupby(' 用户码 '). 消费日期 .max().reset_index() # 构建消费日期信息
df_recent_buy.columns = [' 用户码 ',' 最近日期 '] # 设定字段名
df_recent_buy['R 值 '] = (df_recent_buy[' 最近日期 '].max() – df_recent_buy[' 最近日期 ']).dt.days # 计算最新日期距上次消费日期的天数
df_user = pd.merge(df_user, df_recent_buy[[' 用户码 ','R 值 ']], on=' 用户码 ') # 把上次消费日期距最新日期的天数（R 值）合并至 df_user 对象
df_user.head() # 输出前几行数据
```

Out		用户码	R值
	0	14681	70
	1	14682	187
	2	14684	25
	3	14687	106
	4	14688	7

上图中显示，"用户码"为"14682"的用户已经 187 天没有购物了。可以说这个用户正处于休眠状态，他很可能已经被别的购物平台吸引，流失了。

马总皱了皱眉头："哎哟，一百多天没用了，那其他几个用户怎么样，他们还算活跃用户吗？"

"嗯，不急。"咖哥说，"前几行数据代表不了什么，下面我们输出用户新近度的整体分布情况，看看是活跃用户多，还是休眠用户多。"

3. 输出新近度分布直方图

下面这行代码，分 20 个组（bin）输出用户新近度分布直方图。

```
In  df_user['R 值 '].plot(kind='hist', bins=20, title = ' 新近度分布直方图 ')# 新近度分布直方图
```

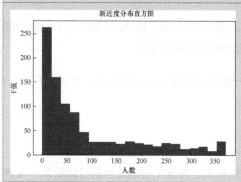

咖哥说："看得出来，大多数用户近期还是有过消费行为的，50 天以内消费过的用户占比最高。"

马总说："嗯，这我就放心了。"

4. 导入聚类模块

下面我们导入 scikit-learn 机器学习工具包中的聚类模块，为 R 值的聚类做准备。

```
In  from sklearn.cluster import KMeans # 导入 KMeans 模块
```

咖哥发言

scikit-learn 又叫 Sklearn，是使用广泛的开源 Python 机器学习库。它基于 NumPy 和 Scipy，提供了大量用于数据挖掘和机器学习分析、预测的工具，包括数据预处理、可视化、交叉验证工具和多种机器学习算法，能够实现分类、回归、聚类、数据降维等功能。

5. 定义手肘函数

在进行聚类之前，需要知道将数据划分为几个簇是合适的，也就是先确定 K 值。

这里定义一个手肘函数，在对 R 值、F 值和 M 值进行聚类的过程中都要用到这个函数。

In
```
def show_elbow(df): # 定义手肘函数
    distance_list = [] # 距质心的距离（损失）
    K = range(1,9) # K 值的范围
    for k in K:
        kmeans = KMeans(n_clusters=k, max_iter=100) # 创建 KMeans 模型
        kmeans = kmeans.fit(df) # 拟合模型
        distance_list.append(kmeans.inertia_) # 计算每个 K 值的损失
    plt.plot(K, distance_list, 'bx-') # 绘图
    plt.xlabel('k') # x 轴
    plt.ylabel(' 距离均方误差 ') # y 轴
    plt.title('K 值手肘图 ') # 标题
```

调用这个函数，输出 R 值聚类的 K 值手肘图。

In
```
show_elbow(df_user[['R 值 ']]) # 输出 R 值聚类 K 值手肘图
```

Out
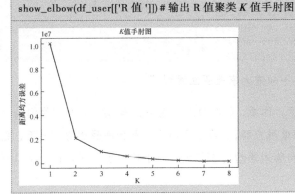

咖哥说:"小雪,K 值在聚类中的作用,你还没忘吧?"

小雪说:"没忘没忘,这张图中的拐点大概在 2 和 4 之间,表示我们可以把用户分成 2、3 或 4 个层。"

"对了。"咖哥说。

6. 根据 K 值进行聚类拟合

下面选择 3 作为 K 值开始进行聚类拟合,拟合后的聚类算法会把用户的 R 值分为 3 个层次。之后,把这个聚类结果加入用户层级表中。

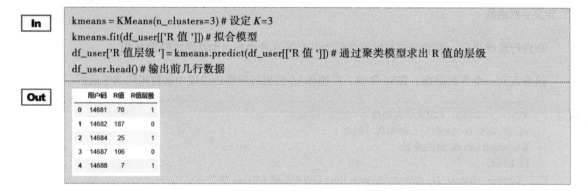

用户层级表中的"用户码""R 值"字段后面出现了"R 值层级"这个字段,它也就是将 R 值聚类后各个簇的号码。

我们来看看 0、1、2 这几个簇中的用户基本统计信息。

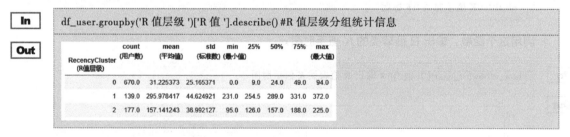

咖哥问:"这儿有一个奇怪的现象,不知道大家是否注意到。"

小雪说:"我发现形成的簇没有顺序。你看,0 群的用户最多,有 670 个人,他们的平均购物间隔约为 31 天,这是购物的相对频繁用户群;1 群用户的平均购物间隔约为 296 天,他们是在休眠中的用户;而 2 群用户的平均购物间隔约为 157 天,介于前两者之间。这个从 0 到 2 的顺序既不是升序,也不是降序。"

"观察得非常仔细。"咖哥说,"这是聚类算法本身的问题。聚类作为一种无监督学习算法,是不'知道'顺序的重要性的,它只会盲目地把用户分群(如按照其空间距离的邻近性),而不管每个群的具体意义,因此也就没有排序的功能。"

小雪说:"嗯,咖哥,这是否就是你刚才说的'聚类后概念化'的具体意思?聚类并不'知道'哪组人的价值高低,因此也无法确定它们的顺序。"

咖哥回答说:"正是。"

7. 给无意义的聚类结果排序

因此,我们要用几段代码为 0、1、2 这几个簇排序,让聚类的无意义的聚类结果变成有意义的层级。这里将它打包成一个函数,便于后面调用。

```python
# 为聚类排序
def order_cluster(cluster_name, target_name, df, ascending=False):
    new_cluster_name = 'new_' + cluster_name # 新的聚类名称
    df_new = df.groupby(cluster_name)[target_name].mean().reset_index() # 按聚类结果分组,创建 df_new 对象
    df_new = df_new.sort_values(by=target_name, ascending=ascending).reset_index(drop=True) # 排序
    df_new['index'] = df_new.index # 创建索引字段
    df_new = pd.merge(df, df_new[[cluster_name,'index']], on=cluster_name) # 基于聚类名称把 df_new 还原为 df 对象,并添加索引字段
    df_new = df_new.drop([cluster_name], axis=1) # 删除聚类名称
    df_new = df_new.rename(columns={"index":cluster_name}) # 将索引字段重命名为聚类名称字段
    return df_new # 返回排序后的 df_new 对象
```

调用这个函数,把用户层级表重新排序。因为消费间隔天数的平均值越小,用户的价值越高,此处我们采用降序排列的方式,将 ascending 参数设为 "False"。

```python
df_user = order_cluster('R 值层级','R 值', df_user, False) # 调用簇排序函数
df_user = df_user.sort_values(by='用户码', ascending=True).reset_index(drop=True) # 根据"用户码"排序
df_user.head() # 输出前几行数据
```

	用户码	R值	R值层级
0	14681	70	2
1	14682	187	1
2	14684	25	2
3	14687	106	1
4	14688	7	2

此时各用户的层级值发生了变化,如用户 14688 的簇编号从 1 变成了 2,因为此用户 7 天前曾经消费过,其 R 值相对偏低,放在高分的 2 层级中是合适的。其实,在上面的代码中,我们并

没有改变用户的分组，只是改变了每一个簇的编号，这样就体现出了层级关系。

重新输出各个层级的信息。

In:
```
df_user.groupby('R 值层级 ')['R 值 '].describe() #R 值层级分组统计信息
```

Out:

R值层级	count (用户数)	mean (平均值)	std (标准数)	min (最小值)	25%	50%	75%	max (最大值)
0	138.0	298.094203	45.436550	231.0	255.25	292.5	334.50	372.0
1	178.0	157.162921	37.340870	95.0	126.00	156.5	188.75	225.0
2	664.0	32.088855	25.141763	0.0	10.00	25.0	50.00	94.0

此时各个簇已经有了次序。0 层级的用户平均新近度是 295 天，1 层级的用户平均新近度是 157 天；而 R 值最高的用户组（2 层级），平均新近度仅有 31 天。

用户上一次消费日期距今的天数越少，其 R 值越高。

2.4.4 根据F值为用户消费频率分层

重复上面的步骤，就可以得到用户消费频率的层级值。

1. 把消费频率信息添加至用户层级表

首先，把消费频率信息，即 F 值添加至用户层级表（df_user 对象）。

In:
```
df_frequency = df_sales.groupby(' 用户码 ').消费日期.count().reset_index() # 计算每个用户的消费次数，构建 df_frequency 对象
df_frequency.columns = [' 用户码 ','F 值 '] # 设定字段名称
df_user = pd.merge(df_user, df_frequency, on=' 用户码 ') # 把消费频率整合至 df_user 对象
df_user.head() # 输出前几行数据
```

Out:

	用户码	R值	R值层级	F值
0	14681	70	2	7
1	14682	187	1	2
2	14684	25	2	421
3	14687	106	1	15
4	14688	7	2	327

可以看到，用户的 F 值，也就是消费次数，已经出现在表中。

2. 输出消费频率分布直方图

输出消费频率分布直方图。

In `plt.hist(df_user['F 值'],bins=50) #F 值直方图`

Out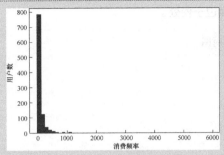

这张直方图中有一个小问题,就是历史消费次数为 1000 次到 6000 次的用户占比太小,在图中够明显,而且这也使得消费次数在 1000 次以下的用户在图中显得比较"拥挤"。那么,将消费次数为 1000 次到 5000 次的用户数据暂且视为离群数据,因为这些数据影响了直方图的视觉效果。

通过 query() API,只显示消费次数在 1000 次以下的数据,使直方图中的信息变得更易读。

In `plt.hist(df_user.query('F 值 < 800')['F 值'],bins=50) #F 值直方图(去除离群数据)`

Out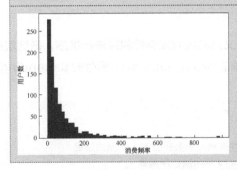

使用 where() API 也可以实现同样的效果。

In `plt.hist(df_user['F 值'].where(df_user['F 值'] < 800),bins=50) #F 值直方图(去除离群数据)`

> 咖哥发言
>
> 从另一个角度说,这些消费了 800 次到 6000 次的用户都是高 F 值用户,如果我们的目的是研究为什么这些用户的消费频率如此之高,远远高于平均值,那么不仅不能忽视这些数据,还要更详细地分析它们。不过这是另外一个话题了。

3. 显示消费频率 K 值手肘图

下面调用刚才定义的手肘函数，看看 F 值的拐点位于何处。

In
```
show_elbow(df_user[['F 值 ']]) # 输出 F 值聚类 K 值手肘图
```

Out

[K 值手肘图：拐点位于 2 与 4 之间，横轴 K 从 1 到 8，纵轴为距离均方误差，单位 1e7，从约 2.2 递减至接近 0]

上图中的拐点位于 2 与 4 之间，这表示把用户分成 2 个、3 个或 4 个层级都可以。这里选择 4 作为 K 值。

4. 根据消费频率聚类，分出层级

下面根据用户消费频率进行聚类，并用刚才定义的函数为聚类后的簇进行排序，确定层级。因为用户的消费次数越多，其价值越高，所以将这里的 order_cluster() 函数的 ascending 参数设定为 "True"，即升序排列。

In
```
kmeans = KMeans(n_clusters=4) # 设定 K=4
kmeans.fit(df_user[['F 值 ']]) # 拟合模型
df_user['F 值层级 '] = kmeans.predict(df_user[['F 值 ']]) # 通过聚类模型求出 F 值的层级
df_user = order_cluster('F 值层级 ', 'F 值 ',df_user,True) # 调用簇排序函数
df_user.groupby('F 值层级 ')['F 值 '].describe() # F 值层级分组统计信息
```

Out

F 值层级	count (用户数)	mean (平均值)	std (标准差)	min (最小值)	25%	50%	75%	max (最大值)
0	718.0	32.399721	24.333294	1.0	12.00	27.0	49.00	92.0
1	202.0	153.193069	49.685452	93.0	114.25	139.5	187.25	278.0
2	53.0	416.584906	111.990974	286.0	327.00	388.0	498.00	710.0
3	7.0	1295.285714	516.333456	899.0	1013.50	1119.0	1321.50	2379.0

上图显示，在经过了排序的层级中，0 级用户的消费频率平均值约为 32 次，1 级用户的消费频率平均值约为 153 次，2 级用户的消费频率平均值约为 417 次，而 3 级用户的消费频率平均值高达 1295 次，不过这个簇中只有 7 个用户。

重新为用户层级表排序，并显示 df_user 对象，也就是用户层级表的当前状态。

```
In    df_user=df_user.sort_values(by=' 用户码 ',ascending=True).reset_index(drop=True) # 根据"用户码"排序
      df_user.head()
```

Out

	用户码	R值	R值层级	F值	F值层级
0	14681	70	2	7	0
1	14682	187	1	2	0
2	14684	25	2	421	2
3	14687	106	1	15	0
4	14688	7	2	327	2

用户的消费频率（F 值）和消费频率层级信息已被增加到当前对象中。举例来说，第 14681 号用户，他的 R 值较高，因为他 2 天前才购物过，处于 0、1、2 这 3 个层级中的上层；但是他的 F 值处于 0、1、2、3 这 4 个层级中的较低层级。

2.4.5 根据M值为用户消费金额分层

"按照同样的思路，就可以得到用户消费金额的层级值。"咖哥说，"这也是您最关心的一个维度了，对吧，马总？"

马总点头微笑。

1. 把消费金额信息添加至用户层级表

下面进一步构建 df_user 对象，也就是用户层级表中的 M 值字段。

```
In    df_revenue=df_sales.groupby(' 用户码 '). 总价 .sum().reset_index() # 根据消费金额构建 df_revenue 对象
      df_revenue.columns = [' 用户码 ','M 值 '] # 设定字段名称
      df_user = pd.merge(df_user, df_revenue, on=' 用户码 ') # 把消费金额整合至 df_user 对象
      df_user.head() # 输出前几行数据
```

Out

	用户码	R值	R值层级	F值	F值层级	M值
0	14681	70	2	7	0	498.95
1	14682	187	1	2	0	52.00
2	14684	25	2	421	2	1236.28
3	14687	106	1	15	0	628.38
4	14688	7	2	327	2	5630.87

2. 输出消费金额分布直方图

输出消费金额分布直方图。

```
In    plt.hist(df_user['M 值 '],bins=50) #M 值直方图
```

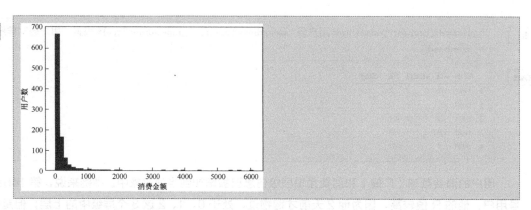

可以看出,绝大多数用户的总消费金额都在 10000 元以内。

3. 显示消费金额 K 值手肘图

进一步根据 M 值画出聚类手肘图。

```
show_elbow(df_user[['M 值 ']]) # 输出 M 值聚类 K 值手肘图
```

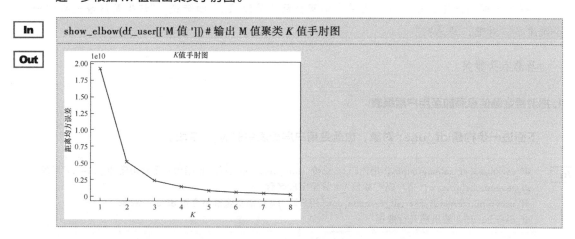

从上图可知 K 值取 2、3 或 4 都是合适的,这里我们设定 K 值为 4。

4. 根据消费金额聚类,分出层级

用同样的方法,对 M 值进行聚类并排序。

```
kmeans = KMeans(n_clusters=4) # 设定 K=4
kmeans.fit(df_user[['M 值 ']]) # 拟合模型
df_user['M 值层级 '] = kmeans.predict(df_user[['M 值 ']]) # 通过聚类模型求出 M 值的层级
df_user = order_cluster('M 值层级 ','M 值 ',df_user,True) # 调用簇排序函数
df_user.groupby('M 值层级 ')['M 值 '].describe() #M 值层级分组统计信息
```

Out

M值层级	count (用户数)	mean (平均值)	std (标准差)	min (最小值)	25%	50%	75%	max (最大值)
0	833.0	703.872102	576.943757	6.20	263.550	498.950	1041.480	2429.78
1	122.0	4178.167787	1571.143812	2446.60	2872.935	3676.615	4958.035	8347.20
2	18.0	12974.326111	3108.159428	9585.91	10532.430	11961.090	14666.140	19914.44
3	7.0	46682.748571	10514.233536	33643.08	38523.550	44534.300	55393.430	60767.90

输出结果中显示，M 值最高的用户群平均消费金额约为 47000 元，但是这个级别的用户非常少，只有 7 个。大多数用户的消费总金额在 1000 元以内。

输出用户层级表的当前状态。

In

```
df_user=df_user.sort_values(by=' 用户码 ',ascending=True).reset_index(drop=True)# 根据"用户码"排序
df_user.head() # 输出前几行数据
```

Out

	用户码	R值	R值层级	F值	F值层级	M值	M值层级
0	14681	70	2	7	0	498.95	0
1	14682	187	1	2	0	52.00	0
2	14684	25	2	421	2	1236.28	0
3	14687	106	1	15	0	628.38	0
4	14688	7	2	327	2	5630.87	1

到此为止，3 个维度的聚类工作全部完成，并分别划分了层级。下面进行汇总工作，确定用户的整体价值。

2.4.6 汇总3个维度，确定用户价值分层

既然用户码中已经包含了 3 个维度的层级，以此为基础就能确定最终的用户价值分层。这里，我们把 R 值、F 值、M 值 3 个维度的层级的值相加得到一个总分（如果特别看重某一个指标，也可以将其加权之后再相加）。

用下面的代码创建相加之后的层级，即总分字段。

In

```
df_user[' 总分 ']=df_user['R 值层级 ']+df_user['F 值层级 ']+df_user['M 值层级 ']# 求出每个用户的 RFM 总分
df_user # 输出 df_user
```

Out

	用户码	R值	R值层级	F值	F值层级	M值	M值层级	总分
0	14681	70	2	7	0	498.95	0	2
1	14682	187	1	2	0	52.00	0	1
2	14684	25	2	421	2	1236.28	0	4
3	14687	106	1	15	0	628.38	0	1
4	14688	7	2	327	2	5630.87	1	5
...	...	...	...	...	...	...	...	...
975	16015	3	2	182	1	705.39	0	3
976	16016	0	2	235	1	1508.76	0	3
977	16017	46	2	32	1	211.88	0	3
978	16018	38	2	28	0	408.90	0	2
979	16019	46	2	160	1	3786.24	1	4

因为 R 值有 3 个层级（0，1，2），F 值有 4 个层级（0，1，2，3），M 值有 4 个层级（0，1，2，3），所以每一个用户的得分有可能是 0 到 8 的某一个值，也就是说出现了 9 个层级。

我们可以按照下面的规则确定用户最终的价值分层。

- 0-2 分为低价值用户。
- 3-4 分为中价值用户。
- 5-8 分为高价值用户。

举例来说，如果一个用户在 R 值层级中拿到了 3 分，那他在新近度这个维度为高价值用户；但是他在消费频率和消费金额这两个维度都只拿到了 0 分，则他的最终得分为 3，该用户只能被评为中价值用户。

为了实现上述功能，小雪写了下面几行代码。

```
# 这是不成功的方法
df_user.query("总分<2 & 总分>0")['总体价值']='低价值'
df_user.query("总分<4 & 总分>2")['总体价值']='中价值'
df_user.query("总分<6 & 总分>4")['总体价值']='高价值'
df_user # 输出 df_user 对象
```

但是结果似乎并不理想。df_user 对象的"总体价值"字段中并没有显示她希望看到的结果。

咖哥解释："这里要注意，query() 方法将复制一个副本，并没有对 df_user 这个 DataFrame 对象本身进行修改。"

此处要在 df_user 对象中添加"总体价值"字段，可以使用下面的语句。

```
# 在 df_user 对象中添加"总体价值"字段
df_user.loc[(df_user['总分']<=2) & (df_user['总分']>=0),'总体价值']='低价值'
df_user.loc[(df_user['总分']<=4) & (df_user['总分']>=3),'总体价值']='中价值'
df_user.loc[(df_user['总分']<=8) & (df_user['总分']>=5),'总体价值']='高价值'
df_user # 输出 df_user 对象
```

再次输出 df_user 对象，最终的用户层级表如下图所示。

	用户码	R值	R值层级	F值	F值层级	M值	M值层级	总分	总体价值
0	14681	70	2	7	0	498.95	0	2	低价值
1	14682	187	1	2	0	52.00	0	1	低价值
2	14684	25	2	421	2	1236.28	0	4	中价值
3	14687	106	1	15	0	628.38	0	1	低价值
4	14688	7	2	327	2	5630.87	1	5	高价值
...	...	...	...	...	...	...	...	...	...
975	16015	3	2	182	1	705.39	0	3	中价值
976	16016	2	2	235	1	1508.76	0	3	中价值
977	16017	46	2	32	0	211.88	0	2	低价值
978	16018	38	2	28	0	408.90	0	2	低价值
979	16019	46	2	160	1	3786.24	1	4	中价值

最终的用户层级表

此时 980 个用户的 R、F、M 层级，以及他们的总体价值的层级都清楚地呈现了出来。

下面我们选取 R、F、M 中的任意两个维度，并输出高、中、低价值用户的分布散点图（这里我们选择 F 值和 M 值，并用三角形代表低价值用户、圆点代表中价值用户、五角星代表高价值用户）。

In
```
# 输出高、中、低价值用户的分布散点图（F 值与 M 值）
plt.scatter(df_user.query(" 总体价值 ==' 高价值 '")['F 值 '], # 五角星代表高价值用户
            df_user.query(" 总体价值 ==' 高价值 '")['M 值 '],c='g',marker='*')
plt.scatter(df_user.query(" 总体价值 ==' 中价值 '")['F 值 '], # 圆点代表中价值用户
            df_user.query(" 总体价值 ==' 中价值 '")['M 值 '],marker=8)
plt.scatter(df_user.query(" 总体价值 ==' 低价值 '")['F 值 '], # 三角形代表低价值用户
            df_user.query(" 总体价值 ==' 低价值 '")['M 值 '],c='r')
```

各价值组的用户分布散点图如下图所示。

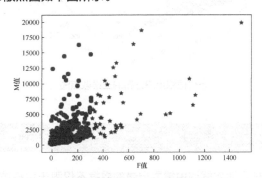

各价值组的用户分布散点图

输出结果中显示，高价值用户（五角星）分布在消费频率较高的区域，和 F 值的相关度最高。而在总消费金额大于 5000 元的用户中，中和高价值的用户（圆点和五角星）都有。

还可以将高、中、低价值用户的 R、F、M 值分布情况以三维的形式呈现（见页下图）。

In
```
plt.figure(figsize=(6,6)) # 图片大小
ax = plt.subplot(111, projection='3d') # 坐标系
ax.scatter(df_user.query(" 总体价值 ==' 高价值 '")['R 值 '], # 散点图
           df_user.query(" 总体价值 ==' 高价值 '")['F 值 '],
           df_user.query(" 总体价值 ==' 高价值 '")['M 值 '], c='g',marker='*')
ax.scatter(df_user.query(" 总体价值 ==' 中价值 '")['R 值 '],
           df_user.query(" 总体价值 ==' 中价值 '")['F 值 '],
           df_user.query(" 总体价值 ==' 中价值 '")['M 值 '], marker=8)
ax.scatter(df_user.query(" 总体价值 ==' 低价值 '")['R 值 '],
           df_user.query(" 总体价值 ==' 低价值 '")['F 值 '],
           df_user.query(" 总体价值 ==' 低价值 '")['M 值 '], c='r')
```

```
ax.set_xlabel('R 值 ') # 坐标轴
ax.set_ylabel('F 值 ') # 坐标轴
ax.set_zlabel('M 值 ') # 坐标轴
plt.show() # 输出
```

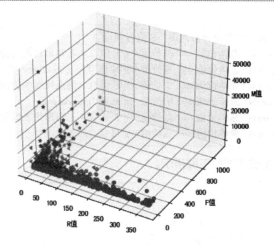

各价值组用户分布的三维散点图

2.5 结论

要特别强调的是，用户行为数据池中需要记录的数据不仅限于用户访问网站或者 App 的时长和频率，还需要深入用户体验的各个层面，用户自身数据的记录也必须做到详细而全面。

在获客过程中，营销人员应在每一个触点搜集用户的相关数据和行为信息（包括网站的注册过程、App 的使用频率和其他细节），通过各种各样的调查问卷记录用户详细的行为数据，为用户进行更加完备的画像和更精细的分组。而这种分组是获客之后转化、留存、产品推荐和进一步营销的基础。

根据要实现的目标，可以进行许多不同的细分。我们详细介绍的 RFM 分析是常用的业务细分方法之一。其中 R、F 和 M 分别代表新近度、消费频率和消费金额。

在实战环节中，我们通过聚类方法计算出了每一个用户的 R、F、M 层级的值，并将这些独立的层级的值相加得到总分；再通过总分确定了用户的总体价值。

- 低价值：不活跃的用户，产生的收益不高（考虑到用户维系成本，其产生的收益值甚至可能为负）。

- 中价值：中等活跃用户，经常使用我们的App，并为我们带来了一定的收益。
- 高价值：高活跃度、高消费频率和高消费金额的用户，这是我们不能失去的用户群体。

了解哪些用户是高价值用户，对于获客、用户关系管理等运营活动来说很重要。

2.6 彩蛋：看看谁是最有价值的用户

总结到这里，马总突然发问："咖哥，咱们快看看我的这些用户中，哪些是最有价值的。我要把他们列为VIP用户，我还要为他们赠送专属礼包，邀请他们参与新一轮的推广活动，他们的朋友们一定也会成为新的VIP用户。"

咖哥说："那很简单，输出分值最高的用户就可以了。"

咖哥迅速地写了一行代码，输出了总分为8的用户的数据。

In
```
df_user.query(" 总分 == 8")
```

Out

	用户码	R值	R值层级	F值	F值层级	M值	M值层级	总分	总体价值
461	15311	0	2	2379	3	60767.9	3	8	高价值

可以发现总分为8的用户只有一个人，这个用户的R、F、M 3个层级都是最高的，显然该用户是"VIP中的VIP"。

马总赶忙在他的手机App中查询编号为15311用户的具体信息，还真查到了（见下图）。

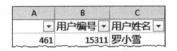

罗小雪居然是VIP用户

不料，查询的结果令大家大吃一惊，大家看到了小雪的名字。

"重名了吧，"小雪笑道，"我希望我男朋友出现在这个列表里面倒是真的呢。"

第三话

获客成本何其高：回归预测用户LTV

题解 在数据时代，流量是影响增长的重要因素。然而不计成本地获客，可能会因陷入营收困境而功亏一篑。因此，讨论如何获客时，不能忽略对用户价值的计算。这一话将通过监督学习中的回归方法预测用户的生命周期价值，以此估算获客成本。

小雪走进数据讲习所的时候，看到咖哥面带微笑。

"咖哥，笑啥呢，昨晚彩票中奖了？"

"务实一点。"咖哥说，"上次你参与的RMF用户细分项目，马总非常满意，他说有针对性的营销使他们的销售额增加了不少，也收获了更多像你这样的高价值用户（见下图）。"

"别提我了，然后呢？"小雪问。

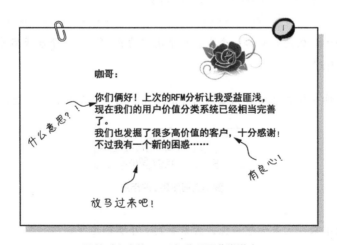

马总对上次的RFM细分项目非常满意

"然后？就来新活儿了。RFM模型让马总知道每一个用户处于哪一个层级。在流量成本居高不下的环境中，他想知道到底多高的单位获客成本，才能保证并不赔钱。

"他说'舍得花钱，才能赚钱；先获取用户，才卖得出去产品。不过，这钱也不能盲目地花'。马总问我们'获客成本多高才算是高。'"

3.1 问题：我能从用户身上赚多少钱

咖哥问小雪："马总所说的'获客成本多高才算是高'这句话背后的真正含义是什么？"

小雪想了想，回答道："我觉得他其实关心的是能从每一个用户身上赚多少钱。生意人的想法总是这样的，希望能够有更高的投入产出比（见下图），也就是常说的ROI（Return of Investment）。说白了就是**我的用户值多少钱。**"

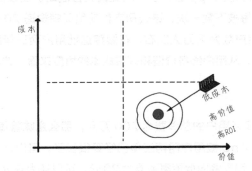

以低成本获得高价值用户，得到高回报

"你说得很对，小雪。"咖哥答道，"所以这个问题的实质是计算一个用户在使用某产品的过程中消费总额是多少。如某类手机App的用户平均使用时间是两年左右，那么两年内用户在该App上消费所产生的总收益就是**用户生命周期价值**，英文是Lifetime Value，缩写为LTV。想想看，如果你得到一个新用户的成本为1000元，这看上去很多，但如果这个人预计在你的店铺消费超过10000元，那么扣除进货成本、获客成本，你还是赚了。"

"马总希望通过现有数据，找到一个方法（其实是模型）预测出用户的生命周期价值，以此指导获客的成本，避免进行超出回报的盲目投入。"

3.2 概念：用户生命周期价值

用户生命周期价值是指一个公司从该用户所有活动中得到的全部收益。生命周期跨越用户从开始使用产品到流失的整个生存区间，因此LTV也称为**用户终身价值**（Customer Lifetime Value，CLV）。

我们为什么要关心LTV？

因为这个数值代表我们能够从用户身上得到的回报，用它除以获客成本，就可以求出投资回报率。

投资回报率 = 用户终身价值 ÷ 获客成本

用户终身价值越高，在同样的获客成本下，安全边际越高。现在的流量竞争十分激烈，获客成本居高不下，因此企业将目光聚焦于如何获取更高的用户终身价值。

下面举两个例子来说明这个道理。

例1 某在线鲜花速递服务App进行了一次促销获客活动。在该活动中，App的下载次数为10万多，该App平均每被下载一次，该公司支付就给促销渠道20元，而下载后真正注册并使用该App购买鲜花的用户数为2万人左右。在跟踪这批用户两三年后，发现2万多名用户的总消费为200万元。那么，从用户终身价值和获客成本的角度来看，这次促销的投资回报如何？

小雪的回答如下。

长期跟踪后发现2万多用户的总消费为200万元，那么意味着每名用户的LTV可以估算为100元。鲜花速递服务App被用户用两三年已经算很长了，可以认为它覆盖了行业平均生命周期。App每被下载一次公司需要向促销渠道支付20元，可以认为获客成本为20元。这样计算，获客成本还是远远小于用户终身价值的。

小雪答完之后说："不过总感觉我的计算哪里有点不对劲，我算漏了什么吗？"

咖哥认为，小雪的答案的确有一些不完善之处。

首先，用户人均消费为100元左右没有错，但是你忽略了鲜花和配送的成本。利润估计应在50元以下，因此每名用户LTV低于50元。

其次，注册并使用App的人数一般远远小于下载人数，而20元是App每一次被下载的费用。因此，真正的获客成本应该是100元以上。

即使忽略其他成本，也能发现这次推广效果并不理想。一是获客成本太高，二是该公司从每一名用户身上提取出来的价值太少。也许大多数用户只在促销活动中买了一次花，之后就再也不用这个App了。用户的复购率不高，也没有形成黏性。这显然是在"赔本赚吆喝"，得到了一个非常失败的结果。

例2 某文章中提到，某职业教育类App的每个新增学员的服务周期至多是一年半，约有5次续报，学员的续报留存率一般是75%，而行业毛利率一般是70%。如果每个课程的平均费用是1150元，那么学员的平均LTV大概是多少？

小雪回答说："我粗略计算出的学员平均 LTV 是 2300 元。"

那么这 2300 元就是一条"行业生死线"。综合获客成本越低于这条"生死线"，安全边际越高。然而这篇文章也指出，在目前的情况下，在线教育行业的获客成本普遍为 3000 元左右，也就是说，单算外部投放，亏损的可能性很大。

因此，考虑获客成本的时候，不要简单地认为增长就是好的，甚至盲目拉新。要考虑生命周期价值能不能超越获客成本。

此外，在流失分析和用户留存的情境中，用户的 LTV 也是重要指标，因为它能告诉我们用户流失后造成的实际损失是多少，以及应该在此类用户的细分市场上投入多少精力。

小雪问："既然如此重要，那该如何估算用户的 LTV 呢？"

咖哥回答："一种实用的方法是通过机器学习中的回归模型来预测。"

简单来说，就是根据已有的用户信息，建立一个机器学习模型来估算 LTV。因为是**对数值做预测，所以要使用线性回归模型**。这个过程就叫作**回归分析**，属于监督学习的范畴，下面对机器学习中的监督学习和回归分析做简单说明。

3.3 工具：回归分析

机器学习中的**监督学习**（也叫有监督学习）是通过挖掘已有数据集中特征和标签之间的关系，**发现一个能由"此"（特征）推知"彼"（标签）的函数（模型）**。也就是当自变量（特征）变化时，研究因变量（标签）以何种形式随之变化。机器学习是常用的数据挖掘工具。

回归分析是一种监督学习方法，**回归分析能够应用于被预测对象具有连续值特征的情况**，所以用它预测用户生命周期价值是非常合适的。

机器学习中还有其他的监督学习模型适合解决分类问题，在后续章节中会介绍。

实践篇　数据运营分析十话

3.3.1 机器学习中的回归分析

基本的回归分析方法是**线性回归**（linear regression），它通过线性函数对变量间的定量关系进行统计分析，如广告投入金额与新注册用户数就可能呈现线性关系，如下图所示。

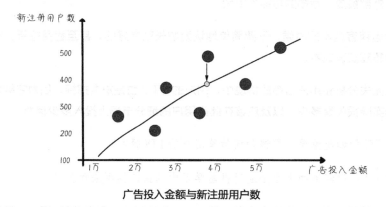

广告投入金额与新注册用户数

上图中只有一个自变量（特征 x）和一个因变量（标签 y），且二者的关系可用一条直线近似表示，这种回归分析称为一元线性回归分析。如果回归分析中包括两个或两个以上的自变量，且因变量和自变量之间是线性关系，这种回归分析称为多元线性回归分析。

一元线性回归的函数如下。

$$y = ax + b$$

其中 a 是斜率，b 是 y 轴上的截距。

多元线性回归的函数如下。

$$y = ax_1 + bx_2 + \cdots + n$$

其中 a、b 为自变量 x_1、x_2 的权重参数，n 为截距。

"注意了，"咖哥突然提高了声调，"在上次的项目中，我们给马总做 RFM 聚类分析时，用到的聚类工具属于无监督学习，而回归分析则属于典型的监督学习。在机器学习领域中，监督学习更成熟，应用更广泛。小雪，还记不记得二者有何区别？"

小雪回答："**监督学习是有标签的**。上图中的'新注册用户数'就是标签。我再举个例子，你的公共号发了 50 篇文章，得到 470 个赞；发了 100 篇文章，得到 1028 个赞。这里发文章的数目是特征，得到赞的个数就是标签。特征和标签之间的相关性对回归模型的建立有指导意义。如果你问我发 500 篇文章能够得到多少个赞,我算出来大概是 4500 个赞,这是回归模型告诉我的。"

"嗯,你总结得虽然简单,但是道出了线性回归的本质,你所说的模型就是一个简单的一元一次线性函数。"咖哥说,"补充一点,50 篇文章、470 个赞,100 篇文章、1028 个赞,这些是机器学习训练集中的数据。回归模型是由训练集中的数据归纳总结得到的。"

有线性回归,当然就有非线性回归。下图所示的某教育类 App 的获客曲线就是一条非线性回归曲线。非线性回归拟合后,函数图像是曲线,不是直线。

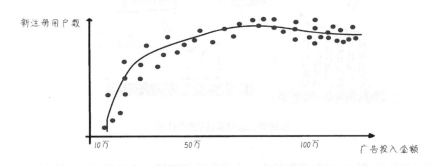

某互联网教育公司App的获客曲线

从这条获客曲线可知,当广告投入金额达到某个值之后,无论再增加多少资金,新注册用户数都不再有明显的增长。数据背后的启发有可能是该公司应把重心从产品推广转移到提高自身产品的质量上。

3.3.2 训练集、验证集和测试集

做回归分析需要带标签的数据做支持。收集了数据并为数据"贴"好标签之后,还要把这些数据分成**训练集**、**验证集**、**测试集**。

为什么要划分这么多的数据集?这是机器学习的流程要求的。机器学习项目实战大致分为以下 5 个环节(见下页图)。

(1)问题定义。

(2)数据的收集和预处理。

(3)机器学习模型的选择。

(4)训练机器,确定参数。

（5）超参数调试和性能优化。

机器学习项目实战的5个环节

机器学习并不是通过训练数据集找出一个模型就结束了，还要对其进行反复的验证、测试，以确保这个模型的可用性，让它能够应用到其他类似的数据中。这就需要验证集和测试集轮番"上阵"了。可以把使用训练集、验证集和测试集的过程看作学习和考试的过程[①]（如下图所示）。

把使用训练集、验证集、测试集的过程看作学习和考试的过程

- 用训练集让机器"学"知识，拟合数据集中特征和标签之间的关系，形成初步的模型。

- 用验证集做"课后小测验"，看看得到的模型好不好，如果模型不能够很好地应用于验证

---

① 笔者在"EasyAI"的公众号文章中就看到过类似的比喻。

集就接着用其做测验。

- 用测试集做"期末大考",评估训练集和验证集都可用的模型的最终效果,如果效果不好,还要重新训练模型。

当模型训练好之后,我们只知道它对于训练集的数据拟合得差不多了,但是并不知道它在其他地方的表现如何。此时就需要用验证集和测试集反复验证,测试该模型在新数据上能不能用。如果能用就说明该模型**有泛化能力,同时还要通过调整超参数让模型处于较好的状态**。

训练集、验证集和测试集在机器学习项目实战的 5 个环节中,具体的使用位置如下图所示。

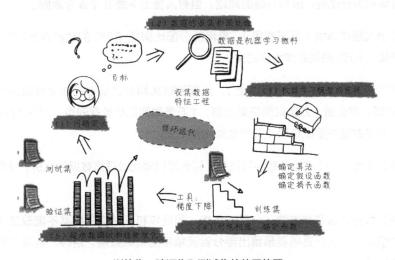

训练集、验证集和测试集的使用位置

咖哥发言

验证集不像训练集和测试集,它不是必需的。在小型项目中,如果数据集比较小,也可以不使用验证集,直接用测试集评估模型效果。

小雪问:"那么对于马总的这 5000 多条数据,我们如何将其拆分成训练集、验证集和测试集呢?"

咖哥答:"大有门道。"

各个数据集要分布均匀,具有同质性。如果拿北京分公司的数据当训练集,拿南京分公司的数据当测试集,再将模型提交给公司总部可能就不好用了。因此必须把有序的数据打乱,随机拆分(下图所示为拆分数据集简单示意图)。应把所有地区的数据混合在一起进行训练,然后用混合后的数据做测试。

拆分数据集

至于数据集的拆分比例,没有明确的规定,但有人提出下面 3 个参考原则。

(1)对于小规模样本集(几万量级),常用的分配比例是 60% 的数据作为训练集、20% 的数据作为验证集、20% 的数据作为测试集。

(2)对于大规模样本集(百万级以上),只要验证集和测试集中的数据数量足够即可,例如有 100 万条数据,那么留 1 万条做验证集数据,1 万条做测试集数据即可。对于 1000 万条数据,同样可以留 1 万条数据做验证集和 1 万条数据做测试集。

(3)如果超参数少,或者超参数容易调整,那么可以降低验证集数据的比例,将更多的数据分配给训练集。

上面所说的拆分方法是静态的,一旦训练集、验证集和测试集分好就不能改变了。不过,在数据量有限的情况下,也还是需要预留出部分验证集和测试集数据。这样,拆分后的训练集中的数据就变得更少了。

小雪问:"那么有没有令'小'数据变'大'的方法?"

咖哥答:"有。"

在工业领域中有用交叉验证来动态划分验证集的做法,这是一种重采样方法,能有效利用有限的数据。常见的方法是 **k 折交叉验证**(k-fold cross validation),该方法易于理解,并且能够提升模型的信度。

这里给出一种使用 k 折交叉验证方法的机器学习步骤。

(1)随机清洗数据集,将数据集分为训练集和测试集,将测试集预留出来放在一边。

(2)将训练集数据分成 k 组。

① 选择其中一组作为验证集,剩下的作为训练集(这个步骤要重复 k 次)。

② 在训练集中拟合模型并在测试集中对其进行评估。

③ 丢弃模型，但要保留其评估分数和超参数。

（3）通过 k 次训练后，得到了 k 个不同的模型。

（4）评估 k 个模型的效果，从中挑选效果最好的模型的超参数。

（5）使用最优的超参数将 k 组数据作为训练集重新训练，得到最终模型。

（6）使用测试集评估最终模型的分数。

上述这个过程中包含了集成学习的思想，而且每个数据样本都有 1 次机会进入验证集中，并用于训练模型 $k-1$ 次。整个 k 折交叉验证的过程如下图所示。

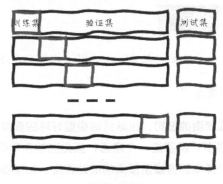

k 折交叉验证

集成学习把已有的算法和模型进行结合，力求得到更好的效果，它并没有创造出新的算法。

k 值的选择也很重要。如果 k 值选择不好，会造成方差较大（用于拟合模型的数据差异过大）或偏差较大（使某一模型评分过高）。

数据量小的时候，k 值可以设置得大一点，训练集数据占整体数据的比例就比较大，要训练的模型个数也会随之增多。而数据量大的时候，k 值可以设置得小一点。

> **咖哥发言**
>
> 在机器学习领域，k 值一般取 10，这也叫 10 折交叉验证。

3.3.3 如何将预测的损失最小化

小雪又问："那么我们在进行验证和测试时，如何评估模型的好坏？"

咖哥答："这涉及损失的概念。"

什么是**损失**？它是**对糟糕预测的惩罚**，也就是对模型好坏的度量。损失就是模型的误差，也称为成本或代价。它的名字虽多，但都是一个意思，就是当前预测值和真实值之间差距的体现。它是一个数值，表示对于单个样本而言模型预测的准确程度。如果模型的预测完全准确，则损失为 0；如果不准确，就有损失。

在机器学习中，我们追求的当然是比较小的损失。不过，模型好不好不能仅由单个样本确定，而是要针对所有数据样本，找到一组平均损失较小的模型。样本损失的大小，从几何意义上可以理解为预测值和真实值之间的几何距离大小。平均几何距离越大，说明平均误差越大，模型越不可靠。下图中左边是平均损失较大的模型，右边是平均损失较小的模型，左边模型所有数据点的平均损失明显大于右边模型。

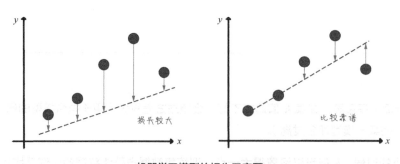

机器学习模型的损失示意图

因此，针对每一组不同的参数，机器都会基于样本数据集用损失函数计算一次平均损失。而机器学习的最优化过程就是逐步减小训练集损失的过程。具体到回归模型的拟合，其关键环节就是**通过梯度下降逐步优化模型的参数，使训练集的误差值尽量达到最小误差值**。线性回归中的**误差计算方法是求数据集中真实值与预测值之间的残差平方和**，因此很多地方也把线性回归算法叫**最小二乘法**。

咖哥发言

残差是指实际观察值与估计值（拟合值）之间的差。

上面所说的"梯度下降"是在用训练集拟合模型时将误差最小化，此时调整的是模型内部参数。而在用**验证集或者测试集进行模型效果评估的过程中，仍然通过将误差最小化的方式来实现超参数（模型外部参数）的优化**。机器学习工具包（如 scikit-learn）中都提供了常用的工具和指标对验证集和测试集进行评估，并计算当前的误差。例如 R^2 指标（本话的实战中会解释）就可以用于评估回归分析模型的优劣。

咖哥发言

对机器学习模型的评估是一个专门的课题。除回归分析的 R^2 指标外，还需要了解的评估知识包括分类问题的准确率、精确率、召回率、F1 分数、ROC 曲线和 AUC 值等。

咖哥说："梯度下降、误差计算、参数调试和模型评估都是机器学习领域的基本知识，三言两语很难说清，好在其中大部分内容都封装在 scikit-learn 的各种回归模型（和其他模型）内部了，作为数据分析师的我们可以通过调用包来解决这些问题。不过多学知识没坏处，我建议你阅读一下我写的《零基础学机器学习》，各大电商平台都有出售。"

小雪:"又来做广告。"

咖哥说:"好了,现在我们通过线性回归预测马总用户的生命周期价值。实战会让你对机器学习的流程有更直观的了解。"

3.4 实战:预测电商用户的生命周期价值

实战使用的数据集依然是马总的电商数据集,但这次不再是对用户进行分层、分组,而是要预测其生命周期价值。

3.4.1 整体思路

咖哥说:"既然已经决定使用回归模型进行 LTV 的预测,就要确定模型的特征字段。用户的生命周期价值和哪些因素相关呢?小雪,你说说马总的数据集(见下图)中哪些字段可以帮助咱们做回归预测的建模工作。"

	A	B	C	D	E	F	G	H
1	订单号	产品码	消费日期	产品说明	数量	单价	用户码	城市
2	536374	21258	6/1/2020 9:09	××usb分线器 一拖四	32	10.5	15100	北京
3	536376	22114	6/1/2020 9:32	加大男装T恤男大码宽松	48	50	15291	上海
4	536376	21733	6/1/2020 9:32	热销 零基础学机器学习 经典AI入门教程	64	89	15291	上海
5	536378	22386	6/1/2020 9:37	××进口白心火龙果4个装	10	108	14688	北京
6	536378	85099C	6/1/2020 9:37	大连××樱桃400g果径约26mm	10	166	14688	北京
7	536378	21033	6/1/2020 9:37	××××新鲜鳕鱼 24hr内捕	10	388	14688	北京

重新审视一下电商数据集中的各字段

小雪皱起了眉头,她盯着窗外刚发芽的柳树冥想苦思了一阵子,说道:"线性回归通过连续型数值特征对连续型数值标签进行预测,那就不能把北京、上海这样的类别特征(离散特征)当成回归模型的自变量。想来想去,只能用每一位用户的消费金额作为模型的特征,但是这又让我糊涂了。用户的消费金额不就是 LTV 本身吗?用自己预测自己,那不是百分之百准确吗?这样的模型还有什么意义呢?"

出乎小雪的意料,咖哥竟然对小雪这莫名其妙的回答表示了赞赏。

"小雪,你的回答其实有一部分是正确的。"咖哥说。

用户的消费金额当然是和用户生命周期价值相关的变量。不过,要在你刚才的思路上做两个小小的调整。

第一个调整是可以考虑用前 3 个月的消费金额(而不是一整年的消费金额)预测其之后一年

或两年的"价值"。这样做有一些好处。首先避免了"自己"预测"自己"的尴尬。其次，前 3 个月的消费金额和之后一年的消费金额存在线性关系。根据历史数据搭建模型后，对于新注册的用户，我们只需要观察其前 3 个月的表现，就能够预测其今后一两年的消费金额。如果某类 App 的用户平均使用时间是一年或两年的话，这就可以将其视为该用户的生命周期价值。

不过，单独用消费金额建立模型存在一个问题。因为有些用户在一次采购了大量货物之后就不再使用 App 了，所以此时的模型对这种情况的预测并不一定很准确。

第二个调整是用 R 值、F 值、M 值作为特征变量，这就避免了从单一维度建模的局限性。回忆一下前几天刚做过的 RFM 用户分组，不仅得到了消费金额的层级，还得到了新近度、消费频率的层级。这些层级把消费频率、最近消费日期这些非数值变量转化成了数值变量，而且这些数值与用户的 LTV 都密切相关。

因此，**在模型中，我们可以用前 3 个月的 R、F 和 M 这 3 个层级值作为特征，也就是回归模型的自变量。**

而回归模型要预测的因变量，即数据集的标签，就是一年的总消费额，可以认为它就是用户的 LTV（见下图）。

把 R、M、F 层级值作为特征，训练机器学习模型

咖哥发言

此处的 3 个月、12 个月都只是思路上的示意，没有考虑用户平均使用该 App 的时间是一年还是两年、三年。不同业务场景中，计算 R 值、F 值、M 值的时间区间和 LTV 的时间区间应根据情况而定。

3.4.2 数据读入和数据清洗

先要做的是数据集的导入、数据清洗并添加总价信息。

导入数据集。

In
```
import numpy as np # 导入 NumPy
import pandas as pd # 导入 Pandas
df_sales = pd.read_csv('电商历史订单.csv') # 导入数据集
df_sales # 输出数据
```

Out

	订单号	产品码	消费日期	产品说明	数量	单价	用户码	城市
0	536374	21258	6/1/2020 9:09	××usb分线器 一拖四	32	10.5	15100	北京
1	536376	22114	6/1/2020 9:32	加大男装T恤男大码胖子宽松	48	50.0	15291	上海
2	536376	21733	6/1/2020 9:32	热销 零基础学机器学习 经典AI入门教程	64	89.0	15291	上海
3	536378	22386	6/1/2020 9:37	××进口白心火龙果4个装	10	108.0	14688	北京
4	536378	85099C	6/1/2020 9:37	大连××樱桃400g 果径约26mm	10	166.0	14688	北京
...								
87175	581585	21684	6/9/2021 12:31	××快充6s充电线器正品通用ipad	12	5.0	15804	深圳
87176	581585	22398	6/9/2021 12:31	××××表盘惊爆价促销限3天	12	499.0	15804	深圳
87177	581585	23328	6/9/2021 12:31	××××2022夏装新款男装	4	58.0	15804	深圳
87178	581585	23145	6/9/2021 12:31	唐装男夏季青年棉麻中国风加肥	12	88.9	15804	深圳
87179	581585	22466	6/9/2021 12:31	宇航员台灯卧室创意月球灯	12	78.0	15804	深圳

数据清洗包括删除不符合逻辑的负值、查看有没有缺失值、整理日期格式，并添加每个订单的"总价"字段。这部分内容和上一话中的类似，这里忽略重复的代码和细节的解释。

In
```
df_sales['总价'] = df_sales['数量'] * df_sales['单价'] # 计算每单的总价
```

因为要拆分出前 3 个月的订单数据，我们先看看当前的数据集覆盖了多长的时间。

In
```
print('日期范围:%s ~ %s' % (df_sales['消费日期'].min(), df_sales['消费日期'].max())) # 输出日期范围
（格式转换前）
```

Out
```
日期范围 : 1/1/2021 10:11 ~ 9/9/2020 9:20
```

"消费日期"字段的年、月、日格式并不完全正确，因为"9/9/2020"明显在"1/1/2021"之前，输出结果中的顺序不对。需要用 Pandas 中的 to_datetime() API 转换日期数据的格式，为后面基于日期拆分数据集做准备。

In
```
df_sales['消费日期'] = pd.to_datetime(df_sales['消费日期']) # 转换日期格式
print('日期范围:%s ~ %s' % (df_sales['消费日期'].min(), df_sales['消费日期'].max())) # 输出日期范围
```

Out
```
日期范围 : 2020-06-01 09:09:00 ~ 2021-06-09 12:31:00
```

格式转换之后，输出了正确的日期范围。输出结果显示，数据集中订单的日期范围是从 2020 年 6 月 1 日到 2021 年 6 月 9 日。

把不完整的月份数据删除。

In
```
df_sales = df_sales.loc[df_sales['消费日期']<'2021-06-01'] # 只保留整月数据
print('日期范围:%s~%s' % (df_sales['消费日期'].min(),df_sales['消费日期'].max())) # 输出日期范围
```

Out
日期范围 : 2020-06-01 09:09:00 ~ 2021-05-31 12:31:00

目前的数据集中包含了 12 个月的数据，后面会把前 3 个月的数据单独拆分出来，再求出 R、F、M 的值并将它们作为特征字段，而将 12 个月的消费金额构建为标签字段。

3.4.3 构建机器学习数据集

下面开始构建机器学习（线性回归模型）的数据集，包括特征字段和标签字段。

1. 把前3个月的数据拆分出来

把前 3 个月的数据拆分出来，形成独立的 df_sales_3m 对象。

In
```
df_sales_3m = df_sales[(df_sales.消费日期 > '2020-06-01') & (df_sales.消费日期 <= '2020-08-30')] # 构建仅含前 3 个月数据的数据集
df_sales_3m.reset_index(drop=True) # 重置索引
```

Out

	订单号	产品码	消费日期	产品说明	数量	单价	用户码	城市	总价
0	536374	21258	2020-06-01 09:09:00	××usb分线器 一拖四	32	10.50	15100	北京	336.00
1	536376	22114	2020-06-01 09:32:00	加大男装T恤男大码宽松	48	50.00	15291	上海	2400.00
2	536376	21733	2020-06-01 09:32:00	热销 零基础学机器学习 经典AI入门教程	64	89.00	15291	上海	5696.00
3	536378	22386	2020-06-01 09:37:00	××进口白心火龙果4个装	10	108.00	14688	北京	1080.00
4	536378	85099C	2020-06-01 09:37:00	大连××樱桃400g 果径约26mm	10	166.00	14688	北京	1660.00
...									
14837	545190	22937	2020-08-29 15:32:00	鹅人神器厨房轻松剪12CM	6	18.00	15656	苏州	108.00
14838	545190	22722	2020-08-29 15:32:00	天气预报瓶风暴瓶黑科技	4	39.50	15656	苏州	158.00
14839	545190	22457	2020-08-29 15:32:00	金属色气球2.8g嫦嫦礼生日求婚告白布置	60	3.00	15656	苏州	180.00
14840	545190	22464	2020-08-29 15:32:00	弟子规×××消防员拿牢记大字卡不割手	12	25.00	15656	苏州	300.00
14841	545190	22423	2020-08-29 15:32:00	冰雪菊蛋糕装饰巧克力食用品装饰摆件	1	12.75	15656	苏州	12.75

2. 构建R、M、F层级，形成新特征

接下来创建以"用户码"为主键的 df_user_LTV 对象。

In
```
df_user_LTV = pd.DataFrame(df_sales_3m['用户码'].unique()) # 生成以"用户码"为主键的对象
df_user_LTV.columns = ['用户码'] # 设定字段名
df_user_LTV.head() # 输出前几行数据
```

	用户码
0	15100
1	15291
2	14688
3	15311
4	15862
...	...
356	15951
357	14745
358	15724
359	15874
360	15656

361 rows × 1 columns

数据集中共有 361 个用户的消费记录。这比上一话中的用户人数少，这是因为在前 3 个月中有过消费行为的用户人数比较少。我们就基于这 361 个用户的数据进行机器学习建模。

基于前 3 个月的数据，依照 RFM 分析步骤构建 R、M、F 层级，形成新特征。

R 值特征

```
df_R_value = df_sales_3m.groupby('用户码').消费日期.max().reset_index() # 找到每个用户的最近消费日期，构建 df_R_value 对象
df_R_value.columns = ['用户码','最近购买日期'] # 设定字段名
df_R_value['R 值'] = (df_R_value['最近购买日期'].max() - df_R_value['最近购买日期']).dt.days # 计算最新日期与上次消费日期间的天数
df_user_LTV = pd.merge(df_user_LTV, df_R_value[['用户码','R 值']], on='用户码') # 把上次消费日期距最新日期的天数（R 值）整合至 df_user 对象中
```

F 值特征

```
df_F_value = df_sales_3m.groupby('用户码').消费日期.count().reset_index() # 计算每个用户的消费次数，构建 df_F_value 对象
df_F_value.columns = ['用户码','F 值'] # 设定字段名
df_user_LTV = pd.merge(df_user_LTV, df_F_value[['用户码','F 值']], on='用户码') # 把消费频率（F 值）整合至 df_user 对象中
```

M 值特征

```
df_M_value = df_sales_3m.groupby('用户码').总价.sum().reset_index() # 计算每个用户前 3 个月的消费总额，构建 df_M_value 对象
df_M_value.columns = ['用户码','M 值'] # 设定字段名
df_user_LTV = pd.merge(df_user_LTV, df_M_value, on='用户码') # 把消费总额（M 值）整合至 df_user 对象中
```

此时输出 df_user_LTV 对象,会看到前 3 个月的 R 值、F 值、M 值都已经作为特征存在于数据集了。至此数据集的特征构建完毕。

In
```
df_user_LTV.head() # 输出 df_user_LTV 的前几行数据
```

Out

	用户码	R值	F值	M值
0	15100	49	3	876.00
1	15291	41	33	1372.19
2	14688	6	82	1491.37
3	15311	5	696	12877.85
4	15862	89	64	354.23

讲到此处,咖哥忽然停顿了一下,小雪明白重点内容来了。

咖哥说:"这是我们第一次做监督学习,有必要再次强调什么是数据集的标签。**标签就是我们需要预测或者判断的东西**。而机器学习就是通过已知来预测未知,通过训练数据集来寻找规律,发现特征和标签之间的联系。你再说说这次数据分析的目的是什么。"

小雪回答:"咖哥,别再啰唆了。我们要用前 3 个月的 R 值、F 值和 M 值预测用户未来 12 个月的消费总金额。这里 R 值、F 值、M 值都是特征,而未来 12 个月的消费总金额,也就是 LTV 值是标签。因此,现在的机器学习数据集还不完整,下一步要做的应该是把 LTV 值加入 df_user_LTV 中,数据集才完整。"

3. 计算 LTV,得到标签

下面就要根据之后一年的数据计算每一个用户的 LTV 值。

In
```
df_user_1y = df_sales.groupby(' 用户码 ')[' 总价 '].sum().reset_index() # 计算每个用户的整年消费总额,构建 df_user_1y 对象
df_user_1y.columns = [' 用户码 ',' 年度 LTV'] # 设定字段名
df_user_1y.head() # 输出前几行数据
```

Out

	用户码	年度LTV
0	14681	498.95
1	14682	52.00
2	14684	1236.28
3	14687	628.38
4	14688	4971.00

4. 把标签添加至机器学习数据集

把年 LTV 值(用户之后 12 个月的总消费金额)整合到之前构建的 df_user_LTV 对象中,

这样就形成了完整的、带标签的数据集。

```
In  df_LTV = pd.merge(df_user_LTV, df_user_1y, on='用户码', how='left') # 计算整体 LTV，训练数据集
    df_LTV # 输出 df_LTV
```

Out:

	用户码	R值	F值	M值	年度LTV
0	15100	49	3	876.00	876.00
1	15291	41	33	1372.19	4668.30
2	14688	6	82	1491.37	4971.00
3	15311	5	696	12877.85	59591.83
4	15862	89	64	354.23	659.73
...	...	...	...	...	...
356	15951	1	22	375.17	375.17
357	14745	1	7	240.60	1220.26
358	15724	0	5	103.65	218.25
359	15874	0	5	584.35	4405.88
360	15656	0	15	242.95	748.50

361 rows × 5 columns

在这个数据集中，R 值、F 值、M 值来自前 3 个月的数据，它们是特征；而 LTV 值来自整年的数据，它是标签。我们的目的就是**用短期数据预测用户的长期价值**。

3.4.4　预测未来一年的LTV

下面进入机器学习实战的关键环节：**训练机器，确定参数**。

1. 构建特征集和标签集

尽管刚刚才把特征和标签整合在一起，形成完整的数据集，但现在必须要把标签集和特征集拆分开（因为标签集和特征集要分别输入机器学习模型，所以一定要对数据集进行拆分）。

构建特征集 X。

该特征集中除了移除了"年度 LTV"字段之外，还移除了"用户码"字段，因为用户码对于回归模型的训练毫无意义，而且因为用户码也是数字，所以它会对模型的训练造成干扰。机器会把它也视作一个变量，认为 15291 比 15100 大，这当然不合逻辑。

```
In  X = df_LTV.drop(['用户码',' 年度 LTV'], axis=1) # 特征集
    X.head() # 输出特征集
```

Out:

	R值	F值	M值
0	49	3	876.00
1	41	33	1372.19
2	6	82	1491.37
3	5	696	12877.85
4	89	64	354.23

构建标签集 y。

In
```
y = df_LTV['年度 LTV'] # 标签集
y.head() # 输出标签集
```

Out
```
0         876.00
1        4668.30
2        4971.00
3       59591.83
4         659.73
Name: 年度 LTV, dtype: float64
```

> 咖哥发言
>
> 机器学习中一般把特征集命名为 X（大写），把标签集命名为 y（小写）。

2. 构建训练集和测试集

把数据集拆分为训练集和测试集。这里用 scikit-learn 工具包中的拆分工具 train_test_split() 对数据集进行 80/20 的拆分。

In
```
from sklearn.model_selection import train_test_split # 导入 train_test_split
X_train, X_test, y_train, y_test = train_test_split(X, y, test_size=0.2, random_state=7) # 拆分训练集和测试集
```

数据集 X_train、X_test 和 X 的字段是一样的，y_train、y_test 和 y 的字段也一样，只是数据行数发生了改变，如下图所示。

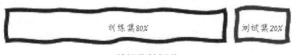

数据集的拆分

其中各个子数据集的结构如下。

- X_train 的结构是 288 行 ×3 列。

- y_train 的结构是 288 行 ×1 列。
- X_test 的结构是 73 行 ×3 列。
- y_test 的结构是 73 行 ×1 列。

这次实战的数据量不大，就不再进一步拆分出验证集了，略过验证环节，直接测试模型的预测效果。

机器学习中一般把特征训练集命名为 X_train，把特征测试集命名为 X_test；把标签测试集命名为 y_train，把标签测试集命名为 y_test。

3. 确定回归模型

导入 scikit-learn 中的 LinearRegression（线性回归）模块，并创建一个线性回归模型。

```
from sklearn.linear_model import LinearRegression # 导入线性回归模块
model = LinearRegression() # 创建线性回归模型
```

对于销量的预测，还有很多机器学习模型可以选择，线性回归模型只是基础构型中的一个。

4. 训练回归模型

用 fit() API 训练该模型。

In | `model.fit(X_train, y_train)` # 拟合模型

不要小看上面的简单的 **fit()** 语句，这是**模型进行自我学习的关键过程**。机器通过梯度下降逐步减少数据集拟合过程中的损失，线性函数对从特征到标签的模拟越来越贴切，如下图所示。

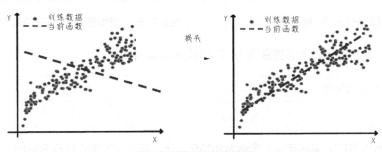

机器学习模型的训练过程

咖哥发言

要了解线性回归模型拟合过程中梯度下降的细节，可以阅读与机器学习相关的基础资料。

5. 对验证集进行预测

拟合之后的模型是否有效，尚无法确定。但可通过下面的代码，用该模型对训练集和验证集分别进行预测。

In |
```
y_train_preds = model.predict(X_train) # 用模型预测训练集
y_test_preds = model.predict(X_test) # 用模型预测测试集
```

输出模型预测的结果也很容易。我们先看一下测试集中某一行数据的 R 值、F 值和 M 值（特征）。

In | `X_test.iloc[2]` # 随机选择一行数据

Out |
```
用户码    14952.00
R 值         1.00
F 值        41.00
M 值      2183.83
Name: 146, dtype: float64
```

再输出模型对这一行数据预测的 LTV 值。

In	y_test_preds[2] # 模型预测值
Out	6676.659433282881

当前 3 个月的 R 值、M 值、F 值分别为 1、41、2183.83 时,模型预测值为 6676.659433282881。

对照一下该用户的实际年消费金额(LTV 标签的真实值)。

In	y_test.iloc[2] # 实际值
Out	8099.5

这个测试集中用户的实际年消费金额为 8099.5 元,模型对该用户的预测值约为 6676.66 元,比实际值偏低,但基本令人满意。

6. 评估回归模型

我们可以通过比较测试集中的预测结果和标签的真实值来评估模型的预测准确率。

In	from sklearn.metrics import r2_score, median_absolute_error # 导入 Sklearn 评估模块
	print(' 训练集上的 R 平方分数 : %0.4f' % r2_score(y_true=y_train, y_pred=y_train_preds))
	print(' 测试集上的 R 平方分数 : %0.4f' % r2_score(y_true=y_test, y_pred=y_test_preds))

Out	In-Sample R-Squared: 0.6427 Out-of-Sample R-Squared: 0.6599

这段代码同时求出了训练集的 R^2 分数和测试集的 R^2 分数,这两个分数的值相差不大。这说明模型有较好的泛化能力,并没有出现训练集过度拟合的现象。

咖哥发言

R^2 分数又叫决定系数(coefficient of determination)、R 方、R2 等,是常用于评价回归模型优劣的指标。R^2 的取值范围在 0 到 1 之间,且无单位,R^2 越大,说明拟合的回归模型越优。

7. 绘制散点图

下面绘制预测的 LTV 值和实际的 LTV 值的散点图，看看我们的回归模型是否准确。

```
import matplotlib.pyplot as plt # 导入 Matplotlib 的 pyplot 模块
plt.scatter(y_test, y_test_preds) # 预测值和实际值的散点图
plt.plot([0, max(y_test)], [0, max(y_test_preds)], color='gray', lw=1, linestyle='--') # 绘图
plt.xlabel(' 实际值 ') #x 轴
plt.ylabel(' 预测值 ') #y 轴
plt.title(' 实际值与预测值 ') # 标题
```

输出实际值和预测值的散点图（见下图）。

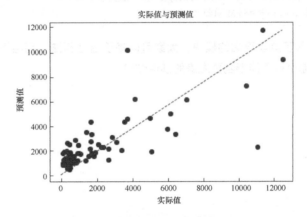

实际LTV值和预测LTV值的散点图

我们希望二者基本相等（预测值越接近实际值，误差越小）。举例来说，对于一个全年消费 12000 元的用户，预测出来的 LTV 值也在 12000 元左右，这样的情况越多，就表明模型越准确。

3.5 结论

根据回归分析的结果，我们就可以进一步观察处于 R、F、M 各个层级中的用户，看他们的 LTV 值大概是多少，从而不难得知每个层级的获客成本应该控制在什么范围。

对于高 RFM 价值的用户可以适当增加获客成本；而对于低 RFM 价值的用户就需要严格控制获客成本了。有了数据和机器学习模型，上面的话就不再是空泛的，我们就可以根据模型得出**获客成本的指导区间。**

而且通过这个机器学习模型，我们**还可以便捷地计算出每个新用户的 LTV 值。**

马总说:"咖哥,我就是欣赏你对数据定量分析的能力,你总是能够给我一个具体而明确的答案。"

3.6 彩蛋:还有哪些机器学习算法

scikit-learn 中可用于解决回归问题的算法很多,并不仅限于线性回归。就本例而言,大家还可以尝试使用贝叶斯回归、决策树回归、随机森林回归、SVM 回归等模型。

In
```
from sklearn.linear_model import BayesianRidge # 贝叶斯回归
from sklearn.tree import DecisionTreeRegressor # 决策树回归
from sklearn.ensemble import RandomForestRegressor # 随机森林回归
from sklearn.svm import SVR #SVM 回归
```

上面的代码只导入了这些算法的模块,大家可以基于这些算法,用与本例相似的方法构建、拟合模型,比较一下哪个模型能得到更准确的预测结果。

卷二 激活

激活是你产生"爱了"那种感觉的时刻,也就是**"啊哈"时刻**。此时,一个潜在用户对某个产品的印象将从**"听说过"**变成**"爱用"**。

【关键要素】

阶段	任务	关键数据指标
提高活跃度（激活）	将获取的过客式访客转化为真正的参与者	注册人数、注册量、新手教程完成量、至少用过一次产品的人数、订阅量

■ 如何找到更好的促销渠道?是否需要将多个促销渠道结合,才能获得更好的激活效果?我们将用马尔可夫链来解决这些问题。

——参见第四话案例

■ 激活的过程中哪个环节可能存在问题?漏斗模型将为我们提供直观的指导。

——参见第五话案例

第四话

百川争流终归海：动态归因优化渠道

题解 万里长河中千帆相竞，"百川争流终归海"比喻条条营销渠道都在对产品推广起着推波助澜的作用，它们的目标只有一个，就是激活更多用户，让他们使用我们的产品。

"小雪，今天用户给了咱们一个非常有意思的案例，你要不要跟进一下？"咖哥大声招呼。

"放马过来，咖哥。你的那些案例难不倒我小雪。"

"又来了，"咖哥笑道，"每一个案例都不同，都需要用到不同的数据分析理论和工具。我不知道你哪来的信心。"

"不是有你在后面撑着嘛。"小雪说。

咖哥点点头："嗯，这话说得倒不错。闲话少说，这次的用户是一个游戏公司，就是前一段时间很火的片花"灭神纪：猢狲！"（见下图）的创作者。经过漫长的期待，这款游戏的正式版终于要上市了！"

"灭神纪：猢狲！"的片花

"哇，"小雪捏紧了小拳头，"都说它将是国产3A游戏的重磅之作。咖哥，我男朋友盼这款游戏盼了很久，它的试玩版推出来一年多了，现在终于有了正式版。"

"问题来了。现在他们要往各大视频站点投放广告，需要我们解决的问题是**如何量化各个渠道的具体价值。**"

4.1 问题：哪个渠道最给力

下面就来看一下该公司给我们提供了什么样的渠道投放数据（见表 4-1）。

表 4-1 "灭神纪：猢狲！"的转化数据（示意）

用户码	性别	年龄	城市	抖音	B 站	小红书	购买版本
001	男	28	北京	Y	N	N	网络版
002	女	19	上海	N	N	Y	单机版
003	男	15	张家口	N	Y	N	网络版
004	男	22	西安	Y	Y	N	网络版

"咖哥，稍等一下。"小雪问，"前几条数据没有什么问题，看得出用户数据的来源。但是第四条数据的'抖音'和'B 站'都是'Y'，这个西安男生的数据到底是从哪个网站转化的？"

"这正是我要和你解释的地方。"咖哥说。

如果全部用户都来自单一的渠道，那渠道转化率的计算就太容易了。然而，这个问题的复杂性在于用户最终决定购买"灭神纪：猢狲！"这款游戏产品之前，往往收到了来自多个渠道的推广信息。而这些渠道之间，不仅存在表面上的竞争关系，还存在合作关系。这就大大增加了分析的难度。

如某本书在京东出售，其定价为 89 元。京东是最终的转化渠道。但是，用户是怎么来到京东购买页面的？很多人是先在百度中搜索书名，然后来到京东购买页面的。那么京东为了提高书的销量，就要和百度有良好的合作关系，使其做 SEO（搜索引擎优化），让京东的购书链接出现在搜索结果页中的显著位置。用户也有可能先在知乎或者豆瓣等网站看到该书的介绍，觉得不错，就去百度搜索，最后来到了京东的购书页面。这个引流过程就是从知乎或豆瓣到百度，再到京东（见下图）。

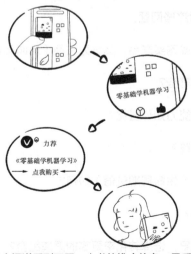

小雪在多个渠道看到了同一本书的推广信息，最后将其买入

其实抖音、B站和小红书这些视频App之间也存在类似的关系。每个渠道的用户群体都各有特点，它们彼此互推，相互引流，这也是增加平台流量的策略之一。

很多时候，当你第一次看见某个产品时，是不会产生购买意愿的，但看到多个不同的平台都在推广同一个产品后，购买意愿可能就被"激活"了。这种现象的背后是有心理学原理做支撑的。

总之，当多个不同渠道推广同一个产品时，最终的转化虽然只来自其中某一个渠道，但该转化可能是两个渠道，甚至多个渠道共同作用的结果。而每一个用户具体访问过哪些渠道，在技术上可以将用户浏览器中的cookie作为单一标识符记录下每一个用户上网时的点击流过程。当然，通过调查问卷来询问用户是从哪里看到产品推广信息的，也不失为一个方法。但经验告诉我们，发出10份调查问卷，可能只会得到一份反馈问卷。如果用户群体相当庞大，是有机会收集到大量信息的。

4.2 概念：渠道分析和归因模型

那么怎样确定渠道价值呢？这里讲一讲渠道分析的基础知识及一些归因模型。

4.2.1 渠道和渠道分析

运营人员天天都在和渠道打交道。渠道是运营推广的途径之一，是增长拉新的管道。现代企业可以选择的营销阵列越来越多，大多数用户都在多个渠道上与产品或内容进行多层次的互动。

渠道分为付费渠道和免费渠道。不过，即使是免费渠道也需要付出成本，如时间成本。通过一些指标来有效监控渠道投放推广信息的数量和质量，统计出转化率、留存率；然后使用数据分析工具衡量渠道的有效性，控制并增强渠道的推广效果，这就是**渠道分析**。

渠道分析大致可以回答下面这些问题。

- 用户从发现产品到注册或购买产品，其行为路径（也叫用户旅程）是怎样的？
- 新客的主要来源渠道有哪些？
- 各渠道的带客量和引流能力如何量化？
- 各渠道的转化率如何计算？
- 各渠道引流的用户质量（生命周期价值）如何？
- 如何调整渠道投放策略？
- 如何通过归因分析的结果，选择转化率更高的渠道组合？

小雪问:"看来要进行渠道分析,先要记录下用户从发现产品到注册或者购买产品的用户旅程,有哪些工具可以帮助我们搜集这类信息?"

咖哥回答:"工具非常多,如百度指标与 Google Analytics(谷歌分析),以及诸葛 IO、Growing IO 之类的商用数据分析工具。"

下图所示为 Google Analytics 中的渠道路径分析报告,它就提供了多种途径的用户旅程信息。

Channel Grouping Path	Conversions ↓	Conversion Value
Display Advertising > Paid Search > Direct	7,514	$100,712.19
Organic Search > Paid Search	5,377	$117,319.55
Display Advertising > Paid Search	3,716	$182,264.71
Paid Search > Referral > Direct	3,015	$58,779.31
Social > Organic Search	2,746	$190,549.19
Display Advertising > Display Advertising	2,729	$59,692.22
Organic Search > Social > Direct	2,588	$39,751.97
Referral > Organic Search	2,557	$31,964.93
Email > Paid Search	2,329	$58,277.85
Referral > Display Advertising > Direct	1,631	$40,072.25

Google Analytics 中的渠道路径分析报告

Google Analytics 中的渠道路径分析报告十分清晰。其中定义了诸多渠道,如免费搜索(Organic Search)、付费搜索(Paid Search)、推荐(Referral)、邮件推广(Email)等。可以通过它快速查看用户是如何访问自己的网站和产品的、哪些渠道能带来良好的首次互动(也叫首次接触点)效果,以及哪些渠道组合起来的转化效果更佳。

4.2.2 归因和归因模型

通过工具获得了用户行为路径信息(见下图)之后,**归因分析**(attribution analysis)要完成的任务就是评估各个渠道的推广效果,合理地把"功劳"分配给转化路径中的接触点,也就是各个渠道。运营人员会选择归因模型来衡量 ROI(投资回报率),并根据归因结果优化营销资源。

用户行为路径——用户通过渠道转化的旅程

如何合理地归因？答案并不容易找到。有些商家仅把整个用户行为路径中的后两个接触点看作归因过程中的有效接触点。这就是**把复杂的用户行为路径和比它更复杂的心路历程归因于后两个渠道，即最终转化和辅助转化，这是否合理呢？**这很值得商榷。难道不是之前各个渠道一次又一次的积累才让用户最终转化的吗？

咖哥发言：如何将转化结果归因于多个营销渠道显得越来越重要了。一项研究表明，**首次访问零售商网站的消费者中有92%的人不在该网站购物。**

"说到归因，我说件看上去不相关的事。"咖哥问小雪："昨天你说你和男朋友吵架了，然后在参加同学会的时候遇到了大学篮球队里的张三，和他喝了两杯？"

小雪回答："哼！我男朋友可气人了，天天晚上加班，从来没时间陪我看电影，要他有什么用啊。他哪里比得上张队长啊，我第一次看篮球校际比赛时，张队长就砍下'两双'，独得28分，拿下了10个篮板。——咦，你问我这个干吗？"

小雪刚才的话恰恰说明了归因的复杂性。

传统上，渠道归因是通过一些简单的模型解决的，例如首次接触归因（first touch）、末次接触归因（last touch）和线性归因（linear attribution），如下图所示。

各种归因模型

首次接触归因就是把转化主要归因于用户在购买过程中与之互动的第一个营销渠道。这个归因模型的理论基础是心理学中的"首因效应"，这个效应认为第一印象最为重要，影响力最大而且在判断中占据主导地位。但这个方法过于简单，因为"首因效应"在不熟悉、不经常接触的人和场景的归因过程中常占主导地位，而"近因效应"则在熟悉的人、事、物的归因过程中占据主导地位。

末次接触归因就是最后接触归因（"近因效应"），这种归因模型把转化主要归因于用户最后参与的营销渠道。很多归因工具都采用这种归因模型。毋庸置疑，在整个转化链中，最后的渠道起到了"临门一脚"的关键作用。但是，此模型也把整个转化过程过度简化了，忽略了前面的多个"传球者"的"心理暗示"作用。

咖哥说："你和男朋友天天见面，那么他今天的表现将直接影响你对他的看法，这是'近因效应'。而那个张三，你俩第一次见面时的'两双'就让你在心中'锁定'了他的光辉形象，这是'首因效应'。而你对张三的了解可能也就仅限于这 28 分和 10 个篮板了吧。他是不是爱和人吵架，是不是也天天加班，你可不知道。"

小雪恍然大悟，看了咖哥一眼，好像在说："咖哥懂得可真多。"

咖哥读懂了小雪的崇拜目光，大言不惭地说："当然，咖哥可是心理学科班出身的。"

还有一种归因模型叫作**线性归因**，它把用户被激活之前接触过的所有营销渠道的价值平均分配。这种模型的优点是简单，缺点是对各个接触点不作区分。

此外，还有**时间衰减归因和 U 型归因**。在时间衰减归因中，更接近转化时间点的接触点比之前时间点的接触点的价值高，接触点距转化时间点越远，其收入的百分比越低。在 U 型归因中，首次和末次接触点得到最多的功劳，其余的功劳将平均分配给中间接触点。例如将 80% 的功劳分配给首次接触点和末次接触点，将剩下 20% 的功劳平均分配给中间的接触点[①]。

这些归因模型各有利弊，要根据具体需求来选择。但它们都基于人工预设的规则，并不是灵活的解决方案，有时无法区分真正的高价值接触点和低价值接触点，功劳分配并不准确。

小雪问："那有没有更准确、灵活的归因模型呢？"

答案是**数据驱动归因模型**。这种模型能够通过对各个渠道和不同渠道之间的组合与用户互动的结果进行建模，捕获用户"行为旅程"中与所有接触点的互动效果，可以提供较准确的视图，并量化各个渠道的效果，从而对渠道进行更好的责任和效率归因。

下面就详细讲解一种可以应用于项目实战的数据驱动归因模型——马尔可夫链归因模型。

---

① 参考了神策数据王瑞秋的知乎文章《常见的归因模型有哪几种？》。

4.3 工具：马尔可夫链归因模型

马尔可夫链归因是常用的数据驱动归因模型，它可以动态计算每个推广渠道的转化效能，适用于渠道多而复杂的情况。谷歌的 PageRank 算法中就使用了马尔可夫链。

咖哥发言

马尔可夫链是数学家 Andrew Markov 定义的一种特殊的有序状态序列，其每个状态值取决于前面的有限个状态。

马尔可夫链归因模型背后最重要的概念是**移除效应**，下面用例子而不用公式推导的方式来解释其中的数学原理。

来看一个简单的场景。在"灭神纪：猢狲！"这款游戏的推广过程中，我们将通过两个独立的渠道（百度和 B 站）进行推广，再将两个渠道相互组合之后，最多能形成 4 条推广路径。

（1）百度推广。

（2）B 站推广。

（3）先在百度推广，再在 B 站推广。

（4）先在 B 站推广，再在百度推广。

4.3.1 记录推广路径

一段时间之后，这两个渠道的各条推广路径中的转化数据如下。

- 百度推广独立记录了 1 次成功转化（用户搜索游戏后购买）。
- 百度推广独立记录了 1 次未成功转化（用户搜索游戏后未购买）。
- B 站推广独立记录了 1 次成功转化（用户观看游戏宣传视频后购买）。

- 百度 + B 站的组合推广记录了 1 次成功转化（用户搜索游戏并观看游戏宣传视频后购买）。
- 百度 + B 站的组合推广记录了 1 次未成功转化（用户搜索游戏并观看游戏宣传视频后未购买）。
- 没有用户先看 B 站视频，再进入百度搜索，这条路径无数据记录。

咖哥发言：这里转化的意思是用户在百度或 B 站中单击推广链接并购买游戏。现实中我们需要搜集比这更多的数据，这里为了说明马尔可夫链的数学原理，把真实场景大大简化了。

上面的转化数据如下图所示。

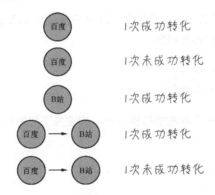

推广渠道的转化数据图

还可以用表格展示各个渠道的转化路径及结果，如表 4-2 所示。

表 4-2　各个渠道的转化路径及结果

路径	转化
百度	1
百度	0
B 站	1
百度→B 站	1
百度→B 站	0

实践篇　数据运营分析十话　147

表 4-2 中，1 代表成功转化，用户购买产品；0 代表未成功转化，用户未购买产品。

下面为马尔可夫链添加初始状态和最终状态。所有用户旅程的初始状态将固定为"**开始**"，而最终状态是"**转化**"或"**未转化**"中的一种。

4.3.2 显示用户旅程

现在把每一个用户的转化旅程或未转化旅程都列为一条记录，新的转化路径数据如表 4-3 所示。

表 4-3 每一个用户的转化路径数据

用户	路径
1	开始→百度→转化
2	开始→百度→未转化
3	开始→B站→转化
4	开始→百度→B站→转化
5	开始→百度→B站→未转化

根据这些数据可以计算出用户从一个状态（即用户旅程中的节点）进入另一个状态的概率，并计算出这种转换的可能性，即转换概率。

4.3.3 统计状态间的转换概率

要计算出每一个状态到下一个状态的转换概率，应该先了解每两个状态之间的过渡情况。

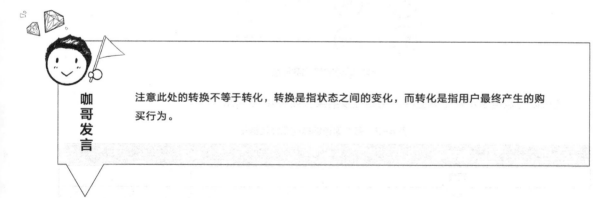

咖哥发言：注意此处的转换不等于转化，转换是指状态之间的变化，而转化是指用户最终产生的购买行为。

表 4-4 所示的"计数"是从状态 A 至状态 B 的次数，"总数"则是从状态 A 出发到所有可能的后续状态的总次数。

表 4-4 各个状态之间的过渡记录

状态	计数	总数
开始→百度	4	5
开始→B 站	1	
百度→转化	1	4
百度→B 站	2	
百度→未转化	1	
B 站→转化	2	3
B 站→未转化	1	

根据表 4-4 中的"计数"和"总数"可以计算出每一个状态 A 到状态 B 的转换概率，如表 4-5 所示。

表 4-5 各个状态之间的转换概率

状态	计数	总数	概率
开始→百度	4	5	4/5=0.8
开始→B 站	1		1/5=0.2
百度→转化	1	4	1/4=0.25
百度→B 站	2		2/4=0.5
百度→未转化	1		1/4=0.25
B 站→转化	2	3	2/3=0.67
B 站→未转化	1		1/3=0.33

对于每个起始状态，进入所有可能的后续状态的概率总和应为 1，如下所示。

- 用户从"开始"出发，有 4/5 的可能进入百度，有 1/5 的可能进入 B 站。

4/5 + 1/5 = 1。

- 用户从百度出发，有 1/4 的可能直接购买游戏，有 1/2 的可能进入 B 站，还有 1/4 的可能是不购买游戏。

1/4 + 1/2 + 1/4 = 1。

- 用户从 B 站出发，有 2/3 的可能购买游戏，还有 1/3 的可能是不购买游戏。

2/3 + 1/3 = 1。

基于这些数据，我们可以构建下页图。

实践篇　数据运营分析十话

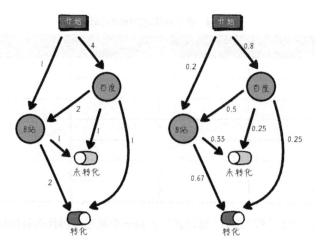

各个状态之间的过渡计数和转换概率

上图中左边的图展示了状态间过渡的计数，而右边的图展示了状态间的转换概率。

4.3.4 计算整体激活率

下面计算模型的整体激活率（也就是整体转化率）。下图展示的是用户从"开始"到转化或未转化的所有可能路径，以及对应的转换概率。

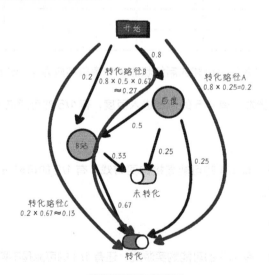

转化的所有可能路径

我们把上图中的 3 条可能路径全部考虑进来，并且把每条路径中每一个状态转换的概率相乘，就能得到该条路径的转化率，对三者进行求和就可以得到整体激活率。

整体激活率 = 路径 A 转化率 + 路径 B 转化率 + 路径 C 转化率

路径 A 转化率 = 0.8 × 0.25 = 0.2

路径 B 转化率 = 0.8 × 0.5 × 0.67 ≈ 0.27

路径 C 转化率 = 0.2 × 0.67 ≈ 0.13

整体激活率 = 0.2 + 0.27 + 0.13 = 0.6

因此我们当前使用的百度+B 站模型的整体激活率为 60%（0.6）。

4.3.5 计算移除效应系数

最后我们可以计算每条路径的移除效应系数。先给出移除效应系数的计算公式，再用图来对应进行说明。移除效应系数的计算公式如下。

移除效应系数 = 1 -（移除该渠道后的模型转化率 ÷ 模型的整体激活率）

先后删除百度和 B 站推广渠道，看看在没有这两个渠道之一时模型转化率的变化。

移除百度后的模型及转化率如下图所示。

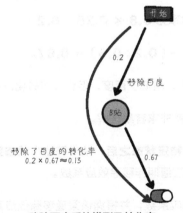

移除百度后的模型及转化率

从上图中可以得出如下结论。

没有了百度参与的模型转化率：

$$0.2 × 0.67 ≈ 0.13$$

则百度的移除效应系数为 1 − (0.13 ÷ 0.6) ≈ 0.78。

结果表明，百度的移除效应系数为 78%。这意味着从理论上讲，如果没有该渠道，将会失去 78% 的转化。

移除 B 站后的模型及转化率如下图所示。

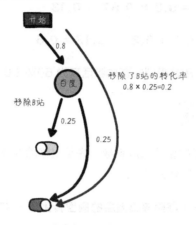

移除B站后的模型及转化率

从上图可以得出如下结论。

没有了 B 站参与的模型转化率为 0.8 × 0.25 = 0.2

则 B 站的移除效应系数为 1 − (0.2 ÷ 0.6) ≈ 0.67。

B 站的移除效应系数是 67%，虽低于百度，但也会对转化产生显著的影响。

现在再讲解移除效应的定义就非常容易理解。

移除效应指的是**在移除某个特定状态之后，从"开始"状态到"成功转化"状态之间所有路径的转换概率之和的变化**，变化的值叫作移除效应系数。

通过计算各个渠道的移除效应系数，并根据该渠道移除效应系数在总系数之和中的比例，就可以得到各个渠道的贡献值。

移除效应系数反映的是移除该渠道之后系统整体激活率的下降程度。**在上面的例子中，如果没有百度推广渠道，系统的整体激活率将下降 78%；而如果没有 B 站推广渠道，系统的整体激活率将下降 67%。**

4.4 实战：通过马尔可夫链模型来计算渠道价值

现在就开始通过马尔可夫链模型来计算"灭神纪：猸狌！"各推广渠道的移除效应系数，从而确定每一个渠道的价值。

4.4.1 整体思路

这次实战的整体思路如下。

- 先导入数据、整理数据，这个步骤的关键是构建每一个用户的旅程；
- 然后根据各个中间状态构建通道字典（即通道表）；
- 接着计算每一个状态之间的转换概率；
- 最后计算每一个渠道的移除效应系数。

每一个渠道的移除效应系数就代表该渠道在整体营销活动中的价值。

4.4.2 构建每一个用户的旅程

第一步是导入数据并进行简单的整理。

1. 导入数据

In
```
import numpy as np # 导入 NumPy
import pandas as pd # 导入 Pandas
df_data = pd.read_csv(' 渠道转化 .csv') # 载入数据
df_data # 输出数据
```

Out

	用户cookie	时戳	是否转化	转化值	渠道
0	6AC99iBniiDifh3n3nnBo03AB	2021-07-03T11:37:54Z	0	0.0	付费搜索
1	6AC99iBniiDifh3n3nnBo03AB	2021-07-03T13:42:48Z	0	0.0	快手
2	6AC99iBniiDifh3n3nnBo03AB	2021-07-04T12:25:55Z	0	0.0	快手
3	6AC99iBniiDifh3n3nnBo03AB	2021-07-05T07:27:28Z	0	0.0	抖音
4	6AC99iBniiDifh3n3nnBo03AB	2021-07-10T07:34:49Z	0	0.0	抖音
...	...	...	...	...	...
7627	8eI7kAnk73kFFDFkf77k9EiAB	2021-07-24T07:19:29Z	0	0.0	付费搜索
7628	8eI90C3hDA0DE37h3Bok3FoAn	2021-07-17T11:32:14Z	0	0.0	付费搜索
7629	8eI90C3hDA0DE37h3Bok3FoAn	2021-07-17T11:33:16Z	0	0.0	付费搜索
7630	8eI97kofnAFk7hno9i0ki0hof	2021-07-15T13:00:40Z	0	0.0	付费搜索
7631	8eI97kofnAFk7hno9i0ki0hof	2021-07-15T13:01:50Z	0	0.0	付费搜索

7632 rows × 5 columns

在渠道归因中，时戳是非常重要的信息，它反映出用户从开始接触某个 App 或产品，到最终被激活并转化为付费用户的旅程。

2. 按照时戳排序

根据每一个用户 cookie（代表单一用户）进行时戳的排序。

In:
```
df_data = df_data.sort_values([' 用户 cookie',' 时戳 '], ascending=[False,True]) # 按用户 cookie 进行时戳排序
df_data # 输出数据
```

Out:

	用户cookie	时戳	是否转化	转化值	渠道
7608	8eloi73CoEE3037h7kF7ohCik	2021-07-12T10:45:30Z	0	0.0	抖音
7607	8elo9hE3oBhD7DBD9finCDfni	2021-07-30T11:13:43Z	0	0.0	付费搜索
7606	8elnn97fCiBEE9DiiE7nfh7Bh	2021-07-12T17:20:44Z	0	0.0	B站
7601	8elnh90F30hnoACDkB0oE9kiE	2021-07-28T12:04:16Z	0	0.0	付费搜索
7602	8elnh90F30hnoACDkB0oE9kiE	2021-07-28T12:04:51Z	0	0.0	付费搜索
...	...	...	...	...	...
2214	6AC0iACDFBEAfE7B0ikBBoEAB	2021-07-16T18:37:46Z	0	0.0	快手
2215	6AC0iACDFBEAfE7B0ikBBoEAB	2021-07-19T19:33:18Z	0	0.0	快手
2209	6AC0F0nA3ADAn9D07nFFihC90	2021-07-05T21:35:17Z	0	0.0	B站
2210	6AC0F0nA3ADAn9D07nFFihC90	2021-07-21T17:16:59Z	0	0.0	小红书
2208	6AC09oon9oB0C03AioB37kA0f	2021-07-21T10:58:16Z	0	0.0	B站

7632 rows × 5 columns

3. 构建每个用户的旅程序列

根据用户 cookie 对时戳进行排序后，增加一个"访问次序"字段，这样就构建出了每一个用户的旅程。

In:
```
df_data[' 访问次序 '] = df_data.groupby(' 用户 cookie').cumcount() + 1 # 增加一个"访问次序"字段
df_data # 输出数据
```

Out:

	用户cookie	时戳	是否转化	转化值	渠道	访问次序
7608	8eloi73CoEE3037h7kF7ohCik	2021-07-12T10:45:30Z	0	0.0	抖音	1
7607	8elo9hE3oBhD7DBD9finCDfni	2021-07-30T11:13:43Z	0	0.0	付费搜索	1
7606	8elnn97fCiBEE9DiiE7nfh7Bh	2021-07-12T17:20:44Z	0	0.0	B站	1
7601	8elnh90F30hnoACDkB0oE9kiE	2021-07-28T12:04:16Z	0	0.0	付费搜索	1
7602	8elnh90F30hnoACDkB0oE9kiE	2021-07-28T12:04:51Z	0	0.0	付费搜索	2
...	...	...	...	...	...	...
2214	6AC0iACDFBEAfE7B0ikBBoEAB	2021-07-16T18:37:46Z	0	0.0	快手	4
2215	6AC0iACDFBEAfE7B0ikBBoEAB	2021-07-19T19:33:18Z	0	0.0	快手	5
2209	6AC0F0nA3ADAn9D07nFFihC90	2021-07-05T21:35:17Z	0	0.0	B站	1
2210	6AC0F0nA3ADAn9D07nFFihC90	2021-07-21T17:16:59Z	0	0.0	小红书	2
2208	6AC09oon9oB0C03AioB37kA0f	2021-07-21T10:58:16Z	0	0.0	B站	1

7632 rows × 6 columns

至此，用户在不同推广渠道之间的旅程序列构建成功。

4.4.3 根据状态构建通道字典

在介绍马尔可夫链原理时提到：每一个渠道（包括开始和最终转化结果）都是一种可能的中间状态。

首先，我们根据渠道构建所有可能的路径。

In
```
df_paths = df_data.groupby('用户cookie')['渠道'].aggregate( # 根据用户cookie构建路径（各渠道间的用户旅程）
    lambda x: x.unique().tolist()).reset_index() #lambda后面是匿名函数
df_last_step = df_data.drop_duplicates('用户cookie', keep='last')[['用户cookie','是否转化']] # 保留用户最后的一条记录（确定是否转化）
df_paths = pd.merge(df_paths, df_last_step, how='left', on='用户cookie') # 合并路径信息和用户是否转化的信息
df_paths # 输出数据
```

Out

	用户cookie	渠道	是否转化
0	6AC09oon9oB0C03AioB37kA0f	[B站]	0
1	6AC0F0nA3ADAn9D07nFFihC90	[B站, 小红书]	0
2	6AC0iACDFBEAfE7B0ikBBoEAB	[快手, B站]	0
3	6AC0kDDAABF3FB0iAF0hfoC3n	[B站]	0
4	6AC0ko970f3Fho9AnDioDo399	[付费搜索]	0
...	...	...	...
3114	8elnEnfAEoFiAiiCioAnhFBf9	[B站]	0
3115	8elnh90F30hnoACDkB0oE9kiE	[付费搜索]	0
3116	8elnn97fCiBEE9DiiE7nfh7Bh	[B站]	0
3117	8elo9hE3oBhD7DBD9finCDfni	[付费搜索]	0
3118	8eloi73CoEE3037h7kF7ohCik	[抖音]	0

3119 rows × 3 columns

解释一下上述代码中的lambda()函数，它也叫匿名函数，用于快速定义单行函数。这里把x.unique().tolist()定义成了一个函数。

在每一条路径中加入开始和转化/未转化的结果。

In
```
df_paths['路径'] = np.where(df_paths['是否转化']==0, # 添加开始和转化结果
    ['开始,'] + df_paths['渠道'].apply(','.join) + [',未转化'], # 未购买游戏
    ['开始,'] + df_paths['渠道'].apply(','.join) + [',成功转化']) # 购买游戏
df_paths['路径'] = df_paths['路径'].str.split(',') # 分割字符串，重新生成字符串列表
df_paths = df_paths[['用户cookie','路径']] # 删除除"用户cookie"和"路径"之外的其他字段
df_paths # 输出数据
```

Out

	用户cookie	路径
0	6AC09oon9oB0C03AioB37kA0f	[开始, B站, 未转化]
1	6AC0F0nA3ADAn9D07nFFihC90	[开始, B站, 小红书, 未转化]
2	6AC0iACDFBEAfE7B0ikBBoEAB	[开始, 快手, B站, 未转化]
3	6AC0kDDAABF3FB0iAF0hfoC3n	[开始, B站, 未转化]
4	6AC0ko970f3Fho9AnDioDo399	[开始, 付费搜索, 未转化]
...	...	...
3114	8eInEnfAEoFiAiiCioAnhFBf9	[开始, B站, 未转化]
3115	8eInh90F30hnoACDkB0oE9kiE	[开始, 付费搜索, 未转化]
3116	8eInn97fCiBEE9DiiE7nfh7Bh	[开始, B站, 未转化]
3117	8elo9hE3oBhD7DBD9finCDfni	[开始, 付费搜索, 未转化]
3118	8eloi73CoEE3037h7kF7ohCik	[开始, 抖音, 未转化]

3119 rows × 2 columns

创建一个只包含路径的列表对象，一共有 3119 条路径。

In
```
path_list = df_paths[' 路径 '] # 创建路径列表对象
path_list # 输出列表
```

Out
```
0         [开始, B站, 未转化]
1         [开始, B站, 小红书, 未转化]
2         [开始, 快手, B站, 未转化]
3         [开始, B站, 未转化]
4         [开始, 付费搜索, 未转化]
          ......
3114      [开始, B站, 未转化]
3115      [开始, 付费搜索, 未转化]
3116      [开始, B站, 未转化]
3117      [开始, 付费搜索, 未转化]
3118      [开始, 抖音, 未转化]
Name: 路径 , Length: 3119, dtype: object
```

用整体转化数除以路径数，可以计算出当前所有路径的基准转化率。这个基准转化率在后续计算移除效应系数时还会用到。

In
```
total_conversions = sum(path.count(' 成功转化 ') for path in df_paths[' 路径 '].tolist()) # 整体转化数
conversion_rate = total_conversions / len(path_list) # 基准转化率
print(' 整体转化数： ',total_conversions) # 输出整体转化数
print(' 基准转化率： ',conversion_rate) # 输出基准转化率
```

Out
```
整体转化数： 228
基准转化率： 0.07310035267714012
```

下面构建一个函数，这个函数将标识所有潜在的从状态 A 到状态 B 的转换列表，并输出转换计数。

```
def transition_states(path_list): # 构建中间转换状态计数函数
    unique_channels = set(x for element in path_list for x in element) # 独立路径列表
    transition_states = {x + '>' + y: 0 for x in unique_channels for y in unique_channels} # 中间状态列表
    for possible_state in unique_channels: # 遍历所有独立路径
        if possible_state not in ['成功转化', '未转化']: # 最终转化步骤之前的所有状态
            for user_path in path_list: # 遍历路径列表
                if possible_state in user_path: # 如果可能状态在该路径中
                    indices = [i for i, s in enumerate(user_path) if possible_state in s] # 设定索引
                    for col in indices:
                        transition_states[user_path[col] + '>' + user_path[col + 1]] += 1 # 计数值加 1
    return transition_states # 返回计数值
```

调用此函数，生成每一个状态之间的转换计数列表，我们把该列表叫作通道字典。它是一个 Python 集合类型的对象。

```
trans_states = transition_states(path_list) # 调用中间转换状态计数函数
trans_states # 输出数据
```

```
{'抖音 > 抖音': 0,
 '抖音 >B 站': 136,
 '抖音 > 开始': 0,
 '抖音 > 未转化': 377,
 ……
 'B 站 > 成功转化': 57,
 'B 站 > 付费搜索': 55,

 '开始 >B 站': 909,
 '开始 > 开始': 0,
 '开始 > 未转化': 0,
 ……
 ,
 '未转化 > 未转化': 0,
 '未转化 > 小红书': 0,
 '未转化 > 成功转化': 0,
 ……
 '小红书 > 成功转化': 27,
 '小红书 > 付费搜索': 54,
 '成功转化 > 抖音': 0,
 ……
 '快手 > 未转化': 396,
 '快手 > 小红书': 12,
 ……
 '付费搜索 > 成功转化': 70,
 '付费搜索 > 快手': 26,
 '付费搜索 > 付费搜索': 0}
```

这里我们成功构建了一个状态间通道字典，其中包含状态间的用户足迹个数（从状态 A 过渡到状态 B 的次数）。这个通道字典是下一步计算状态间的过渡概率（从状态 A 到状态 B 的转换概率）时的输入数据。

4.4.4 计算状态间的转换概率

小雪问：" 咖哥，请再解释一下什么是状态 A 到状态 B 的转换概率。"

咖哥说：" 举例说，它就是你搜索某款游戏后，在搜索结果页面中进入下面某个状态的概率。如从搜索链接进入抖音的概率是 50%，进入 B 站的概率是 30%，进入小红书的概率是 10%，直接付款的概率是 10% 等。"

定义一个函数来计算状态间的过渡概率。

```
from collections import defaultdict # 导入 defaultdict 模块
def transition_prob(path_list, trans_dict): # 构建计算状态间过渡概率的函数
    unique_channels = set(x for element in path_list for x in element) # 独立路径列表
    trans_prob = defaultdict(dict) # 过渡概率
    for state in unique_channels: # 遍历所有独立路径
        if state not in ['成功转化',' 未转化 ']: # 最终转化步骤之前的所有状态
            counter = 0 # 初始化 counter
            index = [i for i, s in enumerate(trans_dict) if state + '>' in s] # 索引列表
            for col in index:
                if trans_dict[list(trans_dict)[col]] > 0:
                    counter += trans_dict[list(trans_dict)[col]] # 转化总计数值加 1
            for col in index:
                if trans_dict[list(trans_dict)[col]] > 0:
                    state_prob = float((trans_dict[list(trans_dict)[col]])) / float(counter) # 计算过渡概率
                    trans_prob[list(trans_dict)[col]] = state_prob # 过渡概率结果
    return trans_prob # 返回过渡概率的列表
```

调用上述函数，并将通道字典作为参数传入，输出状态间的过渡概率列表。

```
trans_prob = transition_prob(path_list, trans_states) # 调用计算状态间过渡概率的函数
trans_prob # 输出数据
```

```
defaultdict(dict,
        {' 抖音 >B 站 ': 0.2251655629139073,
         ' 抖音 > 未转化 ': 0.6241721854304636,
         ' 抖音 > 小红书 ': 0.02152317880794702,
         ......
         'B 站 > 成功转化 ': 0.04769874476987448,
```

```
                'B 站 > 快手 ': 0.024267782426778243,
                'B 站 > 付费搜索 ': 0.04602510460251046,
                ' 开始 > 抖音 ': 0.11285668483488298,
                    ……
                ' 开始 > 快手 ': 0.1426739339531901,
                ' 开始 > 付费搜索 ': 0.3206155819172812,
                ' 小红书 > 抖音 ': 0.03717472118959108,
                ' 小红书 >B 站 ': 0.06505576208178439,
                    ……
                ' 快手 > 未转化 ': 0.7615384615384615,
                ' 快手 > 小红书 ': 0.023076923076923078,
                ' 快手 > 成功转化 ': 0.06346153846153846,
                    ……
                ' 付费搜索 > 成功转化 ': 0.06055363321799308,
                ' 付费搜索 > 快手 ': 0.02249134948096886})
```

下面用相关矩阵展示各渠道之间的相关性,效果更加清晰。

In
```
def transition_matrix(path_list, transition_probabilities): # 构建过渡矩阵函数
    trans_matrix = pd.DataFrame() # 创建过渡矩阵对象
    unique_channels = set(x for element in path_list for x in element) # 独立渠道数
    for channel in unique_channels: # 遍历所有渠道
        trans_matrix[channel] = 0.00 # 初始化过渡矩阵对象
        trans_matrix.loc[channel] = 0.00 # 初始化过渡矩阵对象中的元素
        trans_matrix.loc[channel][channel] = 1.0 if channel in [' 成功转化 ',' 未转化 '] else 0.0 # 分别给元素赋默认值 1 和 0
    for key, value in transition_probabilities.items(): # 遍历所有可能的过渡状态
        origin, destination = key.split('>') # 用 > 拆分元素
        trans_matrix.at[origin, destination] = value # 给元素赋值
    return trans_matrix # 返回过渡矩阵对象

trans_matrix = transition_matrix(path_list, trans_prob) # 调用过渡矩阵函数
trans_matrix # 输出数据
```

Out

	抖音	开始	付费搜索	未转化	快手	小红书	B站	成功转化
抖音	0.000000	0.0	0.041391	0.624172	0.019868	0.021523	0.225166	0.067881
开始	0.112857	0.0	0.320616	0.000000	0.142674	0.132414	0.291440	0.000000
付费搜索	0.028547	0.0	0.000000	0.771626	0.022491	0.051903	0.064879	0.060554
未转化	0.000000	0.0	0.000000	1.000000	0.000000	0.000000	0.000000	0.000000
快手	0.032692	0.0	0.042308	0.761538	0.000000	0.023077	0.076923	0.063462
小红书	0.037175	0.0	0.100372	0.732342	0.014870	0.000000	0.065056	0.050186
B站	0.152301	0.0	0.046025	0.696234	0.024268	0.033673	0.000000	0.047699
成功转化	0.000000	0.0	0.000000	0.000000	0.000000	0.000000	0.000000	1.000000

用相关性热力图展示过渡矩阵会更直观，如下所示。

In
```
import seaborn as sns # 导入 Seaborn
sns.heatmap(trans_matrix,cmap='Blues') # 输出相关性热力图
```

Out
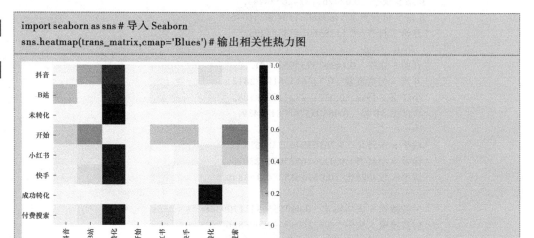

从这张热力图中可以看出哪些渠道有更高的转化率，而且该热力图包含各营销渠道之间如何相互影响的信息。如果两个渠道间相关性对应的色块颜色相比较深，则表示对这款游戏来说这两个渠道之间存在非常密切的联系。当然，因为各渠道间转化率的比值及最终转化率本身并不是很高，因此绝大多数的深色都出现在"未转化"所对应的列。

4.4.5 计算渠道移除效应系数

下面我们将遍历每个渠道，并评估从状态空间中删除某个渠道后对整体转化产生的影响，也就是计算移除效应系数。

In
```
def removal_effects(df, conversion_rate): # 计算移除效应系数的函数
    removal_effects_dict = {} # 初始化集合
    channels = [channel for channel in df.columns if channel not in [' 开始 ',' 未转化 ',' 成功转化 ']] # 渠道列表
    for channel in channels: # 遍历每一个渠道
        removal_df = df.drop(channel, axis=1).drop(channel, axis=0) # 移除渠道
        for column in removal_df.columns: # 遍历每一列
            # 构建移除该渠道后的 Dataframe 对象，即 removal_df
            row_sum = np.sum(list(removal_df.loc[column]))
            null_pct = float(1) - row_sum
            if null_pct != 0:
                removal_df.loc[column][' 未转化 '] = null_pct
            removal_df.loc[' 未转化 '][' 未转化 '] = 1.0
            # 求移除该渠道之后的转化率
            removal_to_conv = removal_df[[' 未转化 ',' 成功转化 ']].drop([' 未转化 ',' 成功转化 '], axis=0)
```

```python
removal_to_non_conv = removal_df.drop([' 未转化 ',' 成功转化 '],
            axis=1).drop([' 未转化 ',' 成功转化 '], axis=0)
removal_inv_diff = np.linalg.inv(np.identity(
    len(removal_to_non_conv.columns)) – np.asarray(removal_to_non_conv))
removal_dot_prod = np.dot(removal_inv_diff, np.asarray(removal_to_conv))
removal_cvr = pd.DataFrame(removal_dot_prod, # 移除该渠道之后的转化率
            index=removal_to_conv.index)[[1]].loc[' 开始 '].values[0]
removal_effect = 1 – removal_cvr / conversion_rate # 求出该渠道的移除效应系数
removal_effects_dict[channel] = removal_effect # 将结果赋给移除效应系数字典

return removal_effects_dict # 返回移除效应系数字典
```

调用该函数，将移除效应系数添加到移除效应系数字典中。

In
```
removal_effects_dict = removal_effects(trans_matrix, conversion_rate) # 调用计算移除效应系数的函数
removal_effects_dict # 输出数据
```

Out
```
{'B 站 ': 0.34439000213991866,
 ' 小红书 ': 0.15512576152392366,
 ' 付费搜索 ': 0.36420723466102123,
 ' 抖音 ': 0.2273109609406747,
 ' 快手 ': 0.1731200075422804}
```

移除效应系数字典 removal_effects_dict 中的值就是每一个渠道被移除之后，对基准转化率产生影响的比例，这也就是归因后的渠道价值。

绘制各个渠道的移除效应系数直方图。

In
```
import matplotlib.pyplot as plt # 导入 pyplot
plt.bar(removal_effects_dict.keys(),removal_effects_dict.values()) # 输出直方图
```

Out
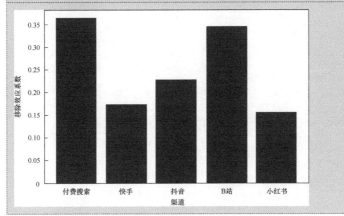

实践篇　数据运营分析十话

从上页图中可以看出，对"灭神纪：猢狲！"转化率影响最大的渠道是"付费搜索"，其次是B站。

4.5 结论

本话中介绍的马尔可夫链归因模型是用数据驱动决策的强有力"武器"。

公司了解了每一个渠道的马尔可夫链价值后，就可以进行更好的资源分配，用同样的成本实现更高的整体激活率。

另外，公司根据相关矩阵和相关性热力图能发现某些渠道之间有相辅相成的关系，将它们组合起来的转化率更高。公司通常将相关性强、过渡概率大的渠道进行组合，还可以采取措施进一步加强渠道间的互动和协作。

4.6 彩蛋：夏普利值归因

除马尔可夫链归因之外，还有另外一种常用的动态归因方法，它就是求各个渠道的夏普利（Shapley）值。

夏普利值由美国洛杉矶加州大学的教授罗伊德·夏普利（Lloyd Shapley）提出。他提出这个概念是为了解决多个代理在合作过程中如何公平地进行利益分配的问题，这属于合作博弈领域。其基本思路是通过考虑各个代理（如渠道）做出的贡献来分配合作收益。

通过夏普利值可以为营销渠道进行归因，有兴趣的同学可以找资料钻研一下。

第五话

营销贵在激活时：漏斗模型聚焦转化

题解 关键的营销时刻是用户真正开始使用产品，并且被产品所吸引的时刻。只有完成了一次从头到尾的产品体验之后，潜在用户才真正成为"使用者"。如果这次体验是令人满意且愉悦的，那么这个时刻就是我们所期望的"啊哈"时刻。

时光如梭，不知不觉小雪已经来到数据科学讲习所半年多了。在这半年多的时间里，小雪从数据分析新手变成了专业数据分析师。疫情得到控制，线上线下的购物也恢复常态。马上要进入线上购物旺季了，各种各样的促销活动正如火如荼地开展，数据科学讲习所也进入了繁忙期。

咖哥对小雪说："今天的案例和促销活动有关（见下图）。一个老客户正在为即将来临的'618'准备促销活动，目的是实现销售额突破亿元。他要我们利用去年的促销活动流程和数据，看看哪些环节是值得精雕细琢、进一步优化的。"

"618"大促销

小雪马上回答："好的，咖哥。让我看一看去年促销活动的详细流程。"

5.1 问题：促销活动中的哪个环节需优化

咖哥也没多说废话，将客户带来的去年促销活动流程投放到大屏幕（如下图所示）。

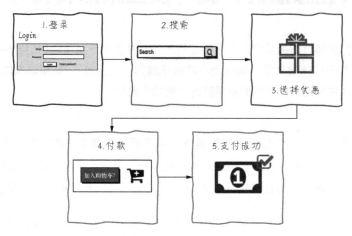

客户去年的促销活动流程

去年的促销活动流程一共有 5 个环节。

（1）用户进入网站促销页面；

（2）用户搜索并找到自己感兴趣的商品；

（3）用户选中商品之后，进入幸运轮盘页面，用户可以领取额外优惠，如折扣券、买一送一、100 积分等；

（4）用户前往付款环节（新用户要进行注册），确定支付方式；

（5）用户下单购买商品，并成功支付。

小雪说："咖哥，我看出一点问题……这个幸运轮盘是不是可以弄得更炫酷一点？现在各个网站将'幸运抽奖''天降红包'都用滥了，有时候我都不知道那些券、红包是真的还是假的。这一块要看看怎么优化……"

"这属于纸上谈兵，小雪，也许你的直觉是对的，但是你**需要数据的支持才能得出结论**。"咖哥说。

现在看一下客户提供的 5 个数据表（见下页图），它们分别对应促销活动流程的 5 个环节。

这5个数据表展示了每一个环节留存下来的用户

如果统计每个数据表里面的用户数,就会发现越到后面的环节,留存下来的用户越少。我们的目标是减少每一个环节中的流失用户。

还有一个包含用户信息的数据表,如下图所示。

	A	B	C	D
1	用户码	日期	客户端	性别
2	450007	11/28/2020	电脑	女
3	377150	1/13/2021	电脑	女
4	236201	12/12/2020	电脑	男
5	443293	12/17/2020	手机	男
6	435414	12/9/2020	手机	女
7	449259	11/15/2020	电脑	男
8	252135	12/8/2020	电脑	男
9	283193	11/12/2020	电脑	男
10	265629	1/25/2021	手机	男

用户信息表

像这种对多个环节用户转化率的分析,经常会使用**漏斗分析法**。

5.2 概念:漏斗和转化率

漏斗分析(funnel analysis)或漏斗模型是商业智能中识别流程中潜在问题的常用工具。

一个潜在用户从看到App的推广信息到下载App、注册成为用户、第一次使用App,再到最后成为"忠诚"用户的过程可以叫作用户行为链条。在这个用户行为链条中,哪些环节可能存在问题，哪些环节需要优化，而哪些环节又是激活用户的"啊哈"时刻，通过漏斗模型就能一目了然。"啊哈"时刻是用户行为链条中用户转化为"忠诚"用户的临界点。

漏斗图的第一层对应的是"用户摄入"阶段，该阶段吸引的用户数量最大，随后每一个阶段留存下来的用户数量都小于前一个阶段。其形状自然像一个漏斗（见下图）。

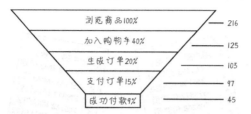

漏斗图经常用于进行关键路径中的转化率可视化与分析

在用户行为链条中有很多个"下车点"，漏斗图会告诉我们有多少人能够"坚持到底"，以及在每一站"下车"的人有多少。在每一个阶段中，前进到下一个阶段的人数与该阶段人数的比值就是该阶段的转化率。

漏斗分析把数据转化成漏斗图进行直观显示，它有以下两个优势。

（1）**汇总数据**：显示用户在用户行为链条中的详细数据，用于辅助分析和判断。

（2）**识别瓶颈**：显示用户流失率最高的环节，这往往是需要优化的环节。

咖哥发言

如果发现有许多用户已经下载了 App，这些用户却没有为公司带来收入，这暗示着你可能把关注重点放在了错误的环节。

例1 以一个视频 App 为例，其用户的旅程如下。

（1）下载该视频 App。

（2）注册成为用户。

（3）播放一个视频。

（4）点击一次"喜欢看"。

（5）关注一个视频博主（内容生产者）。

（6）上传一个自己创作的视频，成为视频博主。

搜集后台数据后发现随着旅程的深入，用户数会减少。然而，到后面的环节中，用户留存的可能性大大增加。单看下载了 App 的用户，其月留存率有可能不到 10%；然而一旦用户关注了一个自己喜欢的视频博主，那么其月留存率可能达到 50%。如果用户也上传了自己的视频作品，那么这类用户月留存率将接近 100%。因此可以认为**关注一个自己喜欢的视频博主和上传一个自己创作的视频，成为视频博主**这样的行为，都是非常重要的"啊哈"时刻。

漏斗图不一定都是自上而下绘制的，下例就绘制了一个横向的漏斗图。

例 2 某在线教育公司用漏斗模型显示获客和激活环节的数据，以观察每个阶段的流失率，其中标注出了相应阶段的单位获客成本，如下图所示。

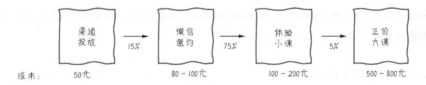

横向显示的漏斗图

"好了，小雪，讲到这里我要提问了。"咖哥问："你看这个横向的漏斗图中的最后一个环节，从体验课到正价课的转化率最低。我可不可以说问题就出在该环节？"

小雪想了想说："也不能这么下结论吧。体验课到正价课的转化率就应该低吧，很多人学完体验课就不继续学了，因为正价课贵多了。"

咖哥说："对了。"

在使用漏斗分析时要注意的一点是：**仅使用漏斗图可能不足以评价流程中各个环节的好坏**，因为有些环节本来就会有很高的流失率（如从搜索商品到付款环节）。因此，在发现流失率较高的环节之后，还要配合同一环节优化前后的效果做对比分析（如对转化页面进行 A/B 测试），或者对不同用户群体的转化率做对比分析，或者与市场上的竞争产品做对比分析，才能判定这个环节是否值得被优化。

5.3 工具：Plotly包中的漏斗图

之前在多数实战案例中用的可视化工具是 Matplotlib 和 Seaborn。不过 Python 的数据可视化包远远不止这两个。这里介绍 Plotly 包，这个包的功能之一就是可以绘制漂亮的漏斗图。

Plotly 是适用于 Python、R、MATLAB、Perl、Julia、Arduino 和 REST 的科学图形库，它使用 Python 和 Django 框架构建，前端使用 JavaScript、可视化库 D3.js、HTML 和 CSS，其文件托管在 Amazon S3 上。

首先安装 Plotly 包。在 Jupyter Notebook 中使用 pip install 语句安装 Plotly 包。安装完成之后，本地计算机就可以导入 Plotly 包绘图了。

In
```
pip install plotly # 安装 Plotly 包
```

Out
```
Collecting plotlyNote: you may need to restart the kernel to use updated packages.
    Downloading plotly-4.14.3-py2.py3-none-any.whl (13.2 MB)
……
Successfully installed plotly-4.14.3 retrying-1.3.3
```

在 Plotly 包中，有以下两种简单的方式可以实现漏斗图的绘制。

一种方式是通过 plotly.express 中的 funnel() API，把 DataFrame 对象作为参数传给该 API，每一行代表一个转化阶段。示例代码如下。

In
```
import plotly.express as px # 导入 plotly.express
data = dict( # 数据
    number=[37, 25, 20, 9, 2],
    stage=[" 访问 "," 下载 "," 注册 "," 试用 "," 购买 "])
fig = px.funnel(data, x='number', y='stage') # 漏斗
fig.show() # 显示
```

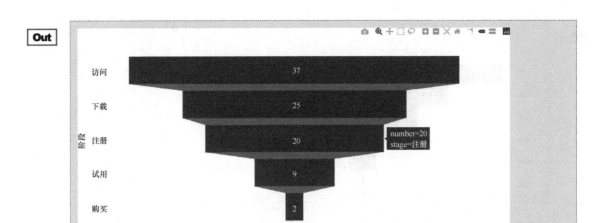

另一种方式是通过 graph_objects 模块中的 Funnel() API 绘制漏斗图,使用这个 API 绘制的漏斗图有更多的功能。下面的示例显示一个组合漏斗图和每个阶段计数占上一个阶段计数的百分比,即用户留存下来的比例。

```python
from plotly import graph_objects as go # 导入 graph_objects
fig = go.Figure() # 创建图形
fig.add_trace(go.Funnel( # 添加子漏斗 1
    name = ' 北京 ', # 子漏斗名
    y = [" 访问 "," 下载 "," 注册 "," 试用 "], # 阶段
    x = [120, 60, 30, 20], # 人数
    textinfo = "value+percent initial")) # 比例显示的类别
fig.add_trace(go.Funnel( # 添加子漏斗 2
    name = ' 上海 ', # 子漏斗名
    orientation = "h",
    y = [" 访问 "," 下载 "," 注册 "," 试用 "," 购买 "], # 阶段
    x = [100, 60, 40, 30, 20], # 人数
    textposition = "inside", # 漏斗内显示的信息
    textinfo = "value+percent previous")) # 比例显示的类别
fig.add_trace(go.Funnel( # 添加子漏斗 3
    name = ' 成都 ', # 子漏斗名
    orientation = "h", # 水平显示
    y = [" 访问 "," 下载 "," 注册 "," 试用 "," 购买 "," 付款 "], # 阶段
    x = [90, 70, 50, 30, 10, 5], # 人数
    textposition = "outside", # 漏斗外显示的信息
    textinfo = "value+percent total")) # 比例显示的类别
fig.show() # 显示漏斗
```

Out

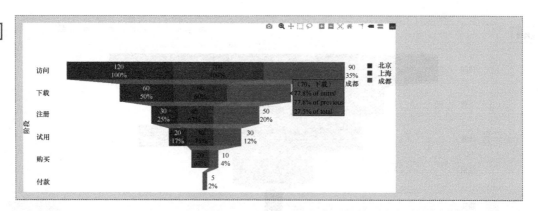

5.4 实战：通过漏斗分析看促销效果

看到这里，小雪有点按捺不住，说："咖哥，漏斗分析从概念到工具的使用，难度都不大。下面的实战让我来吧。"

5.4.1 整体思路

这次实战的整体思路是导入所有的数据，并根据每一个环节中剩余的人数绘制出漏斗图。

漏斗图具体分为以下几层。

（1）促销页。

（2）搜索页。

（3）幸运轮盘。

（4）付款页。

（5）确认付款。

在绘制了从促销页到搜索页、幸运轮盘、付款页和确认付款（也就是最终转化的用户）的整体漏斗图后，还可以绘制出细分漏斗图，看一看将按照性别（男、女）和客户端（手机、电脑）绘制的不同漏斗图进行对比会给我们带来怎样的信息。

5.4.2 数据导入

第一步还是导入数据，并将其进行显示。

In
```
import numpy as np # 导入 NumPy
import pandas as pd # 导入 Pandas
df_user = pd.read_csv('00 用户表 .csv') # 载入用户数据集
df_homepage = pd.read_csv('01 登录页 .csv') # 载入登录页数据集
df_search = pd.read_csv('02 搜索页 .csv') # 载入搜索页数据集
df_lucky = pd.read_csv('03 幸运轮盘 .csv') # 载入幸运轮盘数据集
df_payment = pd.read_csv('04 付款页 .csv') # 载入付款页数据集
df_confirm = pd.read_csv('05 确认付款 .csv') # 载入确认付款数据集
```

输出该电商网站的用户分布情况。

In
```
df_user # 显示用户数据集
```

Out

	用户ID	日期	客户端	性别
0	450007	11/28/2020	电脑	女
1	377150	1/13/2021	电脑	女
2	236201	12/12/2020	电脑	男
3	443293	12/17/2020	手机	男
4	435414	12/9/2020	手机	女
...	...	...	...	...
27069	492404	11/27/2020	电脑	男
27070	352574	11/23/2020	电脑	女
27071	307667	12/28/2020	电脑	女
27072	359779	12/21/2020	电脑	男
27073	438929	12/24/2020	手机	女

27074 rows × 4 columns

这个表中共有 27074 个用户的数据，除用户 ID 和用户访问促销页面的日期外，还包括登录的客户端和性别信息。

显示 df_homepage 对象（访问促销页面的用户表）和 df_confirm 对象（确认付款的用户表），从输出结果可以看出虽然有两万多个用户访问了促销页面，但只有 152 个用户最终确认付款，如下图所示。

	用户ID	步骤1			用户ID	步骤5
0	313593	促销页		0	407188	确认付款
1	468315	促销页		1	365738	确认付款
......	......	......		......	......	......
27073	337840	促销页		151	263707	确认付款

27074 rows × 2 columns   152 rows × 2 columns

两万多个访问了促销页面的用户中只有152个确认付款

下面的代码构建包含全部用户旅程信息的表 df_all，可以输出每一个用户最终走到了哪个环节。

```
# 构建用户旅程信息表
df_all = df_user.merge(df_homepage, how='outer', on='用户码').merge(
    df_search, how='outer', on='用户码').merge(
    df_lucky, how='outer', on='用户码').merge(
    df_payment, how='outer', on='用户码').merge(
    df_confirm, how='outer', on='用户码')
df_all[15:20] # 输出部分数据
```

	用户ID	日期	客户端	性别	步骤1	步骤2	步骤3	步骤4	步骤5
15	231324	11/22/2020	电脑	女	促销页	搜索页	幸运轮盘	NaN	NaN
16	457209	10/7/2020	电脑	女	促销页	搜索页	NaN	NaN	NaN
17	434895	10/7/2020	电脑	女	促销页	NaN	NaN	NaN	NaN
18	471874	11/17/2020	电脑	男	促销页	NaN	NaN	NaN	NaN
19	418014	11/22/2020	电脑	女	促销页	搜索页	NaN	NaN	NaN

5.4.3 基本漏斗图

现在创建一个 df_funnel 对象，用于对 5 个数据表中的用户人数进行统计，为绘制漏斗图做准备。

```
# 创建 df_funnel 对象
df_funnel = pd.DataFrame({"步骤":['促销页','搜索页','幸运轮盘','付款页','确认付款'],
        "人数":[df_homepage['用户码'].count(), df_search['用户码'].count(),
        df_lucky['用户码'].count(), df_payment['用户码'].count(), df_confirm['用户码'].count()]})
df_funnel # 输出数据
```

	步骤	人数
0	促销页	27074
1	搜索页	13645
2	幸运轮盘	1844
3	付款页	303
4	确认付款	152

基于 df_funnel 对象，通过 Plotly 包中 graph_objects 模块的 Funnel() API 绘制出基本漏斗图。

```
from plotly import graph_objects as go # 导入 Plotly 包中的 graph_objects 模块，并命名为 go
fig = go.Figure(go.Funnel( # 创建图形
    y = df_funnel['步骤'], # 步骤
    x = df_funnel['人数'])) # 人数
fig.update_layout(title={'text':"促销漏斗"}) # 图题
fig.show() # 绘图
```

Out

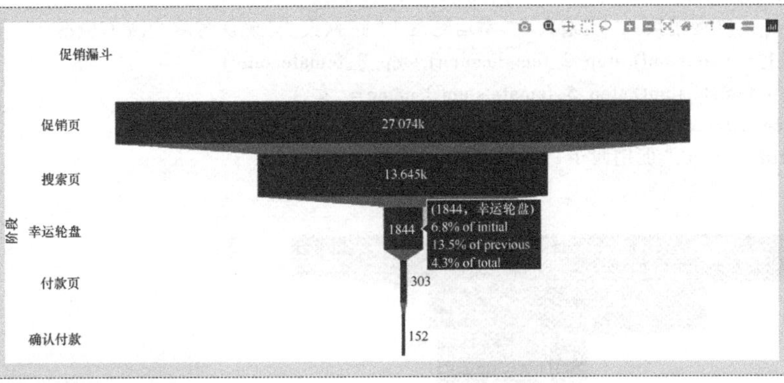

```
促销漏斗
                    27.074k
促销页
                 13.645k
搜索页
                      (1844, 幸运轮盘)
                      6.8% of initial
幸运轮盘        1844  13.5% of previous
                      4.3% of total
付款页            303

确认付款          152
```

把鼠标指针悬停在漏斗图的某处，可以看到转化率的具体信息。其中，在幸运轮盘这个环节中，留存下来的用户数是初始用户数的 6.8%，是上一个环节的 13.5%。

从上图中可以看出，从搜索页到幸运轮盘这个重要的促销环节，用户的流失反而相当严重。

5.4.4 细分漏斗图

咖哥鼓励道："小雪，你的漏斗图绘制得的确有模有样。能否再细致一些呢，如果我想知道从幸运轮盘到确认付款环节中，是女生流失得多，还是男生流失得多，该怎么看？"

小雪发现，在这个简单的漏斗图中，要找到咖哥这个问题的答案还不太容易："这个我不太会。"

这就是为什么我们还需要绘制复杂一点的**细分漏斗图**，以便对不同用户群体的转化率进行比较。

下面绘制根据性别细分的漏斗图。

In

```
#绘制细分漏斗图（性别）
step_1_male = (df_all['性别']==' 男 ') & (df_all['步骤 1']==' 促销页 ') # 步骤 1 中的男性
step_1_female = (df_all['性别']==' 女 ') & (df_all['步骤 1']==' 促销页 ')# 步骤 1 中的女性
step_2_male = (df_all['性别']==' 男 ') & (df_all['步骤 2']==' 搜索页 ') # 步骤 2 中的男性
step_2_female = (df_all['性别']==' 女 ') & (df_all['步骤 2']==' 搜索页 ')# 步骤 2 中的女性
step_3_male = (df_all['性别']==' 男 ') & (df_all['步骤 3']==' 幸运轮盘 ') # 步骤 3 中的男性
step_3_female = (df_all['性别']==' 女 ') & (df_all['步骤 3']==' 幸运轮盘 ')# 步骤 3 中的女性
step_4_male = (df_all['性别']==' 男 ') & (df_all['步骤 4']==' 付款页 ') # 步骤 4 中的男性
step_4_female = (df_all['性别']==' 女 ') & (df_all['步骤 4']==' 付款页 ')# 步骤 4 中的女性
step_5_male = (df_all['性别']==' 男 ') & (df_all['步骤 5']==' 确认付款 ') # 步骤 5 中的男性
step_5_female = (df_all['性别']==' 女 ') & (df_all['步骤 5']==' 确认付款 ')# 步骤 5 中的女性
trace_1 = go.Funnel(y = [" 促销页 "," 搜索页 "," 幸运轮盘 "," 付款页 "," 确认付款 "], # 左侧漏斗
        x = [step_1_male.sum(), step_2_male.sum(), step_3_male.sum(),
             step_4_male.sum(),step_5_male.sum()], name = ' 男 ')
```

```
trace_2 = go.Funnel(y = [" 促销页 "," 搜索页 "," 幸运轮盘 "," 付款页 "," 确认付款 "], # 右侧漏斗
    x = [step_1_female.sum(), step_2_female.sum(), step_3_female.sum(),
        step_4_female.sum(),step_5_female.sum()], name = ' 女 ')
fig = go.Figure([trace_1,trace_2]) # 创建图形
fig.update_layout(title={'text':" 促销漏斗 : 性别细分 "}) # 图题
fig.show() # 绘图
```

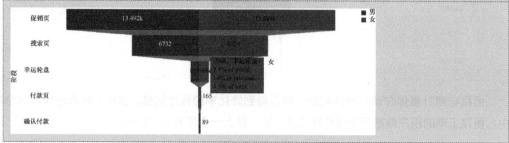

根据性别细分的漏斗图显示，14% 的女性用户在搜索某一商品之后，选择进入幸运轮盘环节，并进行抽奖；然而，与我们直觉不符的是只有 13.1% 的男性用户选择进入幸运轮盘环节（一般认为男性更喜欢博彩类的游戏）。

从数据上看，上述结果出现的原因要么是该电商平台的部分男性用户对抽奖这样的促销手段不感兴趣，要么就是该环节页面的设计风格并不太吸引男性用户。在下结论之前，需要对该环节对应的页面做进一步分析。这就是上面的细分漏斗图给我们带来的关键信息。

小雪说："好，那下面再来绘制根据客户端细分的漏斗图，看看有什么新发现。"

下面绘制根据客户端的细分漏斗图。

```
# 绘制细分漏斗（客户端）
step_1_computer = (df_all[' 客户端 '] == ' 电脑 ') & (df_all[' 步骤 1'] == ' 促销页 ') # 步骤 1 中的电脑用户
step_1_phone = (df_all[' 客户端 '] == ' 手机 ') & (df_all[' 步骤 1'] == ' 促销页 ')  # 步骤 1 中的手机用户
step_2_computer = (df_all[' 客户端 '] == ' 电脑 ') & (df_all[' 步骤 2'] == ' 搜索页 ') # 步骤 2 中的电脑用户
step_2_phone = (df_all[' 客户端 '] == ' 手机 ') & (df_all[' 步骤 2'] == ' 搜索页 ') # 步骤 2 中的手机用户
step_3_computer = (df_all[' 客户端 '] == ' 电脑 ') & (df_all[' 步骤 3'] == ' 幸运轮盘 ') # 步骤 3 中的电脑用户
step_3_phone = (df_all[' 客户端 '] == ' 手机 ') & (df_all[' 步骤 3'] == ' 幸运轮盘 ') # 步骤 3 中的手机用户
step_4_computer = (df_all[' 客户端 '] == ' 电脑 ') & (df_all[' 步骤 4'] == ' 付款页 ') # 步骤 4 中的电脑用户
step_4_phone = (df_all[' 客户端 '] == ' 手机 ') & (df_all[' 步骤 4'] == ' 付款页 ') # 步骤 4 中的手机用户
step_5_computer = (df_all[' 客户端 '] == ' 电脑 ') & (df_all[' 步骤 5'] == ' 确认付款 ') # 步骤 5 中的电脑用户
step_5_phone = (df_all[' 客户端 '] == ' 手机 ') & (df_all[' 步骤 5'] == ' 确认付款 ') # 步骤 5 中的手机用户
trace_1 = go.Funnel(y = [" 促销页 "," 搜索页 "," 幸运轮盘 "," 付款页 "," 确认付款 "], # 左侧漏斗
    x = [step_1_male.sum(), step_2_male.sum(), step_3_male.sum(),
        step_4_male.sum(),step_5_male.sum()], name = ' 电脑 ')
trace_2 = go.Funnel(y = [" 促销页 "," 搜索页 "," 幸运轮盘 "," 付款页 "," 确认付款 "], # 右侧漏斗
```

```
            x = [step_1_female.sum(), step_2_female.sum(), step_3_female.sum(),
                step_4_female.sum(),step_5_female.sum()], name = ' 手机 ')
fig = go.Figure([trace_1,trace_2]) # 创建图形
fig.update_layout(title={'text':" 促销漏斗 : 客户端细分 "}) # 图题
fig.show() # 绘图
```

Out

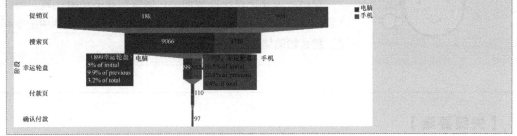

在根据客户端的细分漏斗图中,有一个更为显著的差异,即有 20.8% 的手机用户从搜索页进入了幸运轮盘这个环节;然而,只有 9.9% 的电脑用户进入了该环节。

看到这张漏斗图,咖哥说:"我可以大胆猜测,幸运轮盘这个促销页面在手机上的展现效果还可以,但是,其电脑版本可能存在某些问题,因此很多电脑用户不再进行下一步操作。"

5.5 结论

这次漏斗分析的实战过程虽然简单,但给我们带来了大量有价值的信息。

- 基本漏斗图显示出的幸运轮盘环节的转化率值得商榷;
- 细分漏斗图进一步显示出幸运轮盘的电脑页面可能存在问题。

此外,通过漏斗分析还可以发现其他细节,如已经有足够多的用户访问促销页面,但最终确认付款的人数很少,此时可以减少不必要的环节(包括幸运轮盘环节)。如果一定要保留某个环节,应简化其操作难度。如果用户多是忙碌的职场白领,他们其实并不太在意促销力度的大小,而更在意购物流程是否流畅。

还有一点是要降低付费操作的难度,如果访问了付款页面的人数和付款成功的人数存在比较大的差异,那么应该思考用户是不是没有找到方便的付款方式,可以调查这款 App 支持的付款方式是否全面,是否包括微信钱包、花呗、支付宝等。这些都是优化购物流程的重点考量内容。

"小雪,做完这个漏斗分析,你有什么比较深的感受吗?"

小雪回答:"我领悟到的是别担心工具简单,只要思路正确,简单的工具也能够带来重大发现。"

卷三 留存

用户总量就像蓄水池里的水,获客和激活是进水管,留存是出水管。在互联网运营的"下半场",各大互联网公司池中的水都不少了,那么如何堵住出水管是个重要问题。

【关键要素】

阶段	任务	关键数据指标
提高留存率	让用户反复使用产品并表现出黏性行为	用户参与度、距上次登录的时间、日/月活跃用户数,流失率和留存率

■ 提高留存率的方法之一是通过分析用户的行为判断用户行为和高流失率之间的潜在关系,然后刺激与高留存相关的行为,避免出现高流失的情况。

——参见第六话案例

■ 网站的流量与产品和内容的质量息息相关,通过对产品与内容的分析,能发现与用户留存相关的"秘密"。

——参见第七话案例

第六话

温故知新惜旧客：通过行为分析提升留存

题解　这里的"旧客"指老用户。"温故知新"出自《论语·为政》："温故而知新，可以为师矣。"其原意是在复习旧知识的基础上学到新知识。这里引申为：要把握好现有的用户，并在此基础上再拓展新用户。其实，用户流失的负面影响远比我们想象的严重，一定要把握住现有的用户，别让他们轻易流失。

每天早上8点半，小雪都会从地铁站往外走。这个地铁站出口处有一家生意很好的面馆叫"江里捞"。这天，她在江里捞店门口看见了咖哥的身影，他对面站着一个西装革履的男人，两人正认真地谈着什么，神情十分严肃。小雪不敢打扰，继续往公司走。

咖哥和赵闯正在谈生意

才走了几步，突然有人拍她的肩膀，小雪吓了一跳。回头一看，咖哥结束了和那个男人的谈话，赶了上来。好奇的小雪正要开口，咖哥便迫不及待地对小雪耳语："知道吗，刚才和我说话的就是江里捞的老板赵闯。"

"啊？！他就是赵闯。"小雪大吃一惊。江里捞大概是这些年最出风头的餐饮连锁店了，以优质的服务著称，在顾客排队时提供照顾孩子、辅导作业和美甲美发服务，还推出了咖啡拉面、泡泡茶拉面等"网红"拉面。目前江里捞连锁店铺达到了上千家，公司上市之后股价一路暴涨，老总赵闯也成了"百亿俱乐部"的成员。

"难道连赵闯这种级别的'大亨'也是咖哥数据讲习所的客户？"

"嗯，是的，我和他是前几年在创业者聚会中认识的。"咖哥好像猜出了小雪的心思，"告诉你吧，虽然新用户的增量还是很多，但最近江里捞有较多的老用户流失，这是他创业十年以来第一次出现的现象。"

"赵总让我们帮他想想办法。"咖哥说。

6.1 问题：如何留住江里捞的老用户

一到公司，咖哥马上开始向大家介绍江里捞的情况。

江里捞拉面馆凭借超优质服务迅速树立了良好形象，在餐饮业的"红海"中开出一条路，成功打造"网红"品牌，利用线上的口碑实现了线下业务的超速发展。

然而，该公司创建十年之后，仅靠"超优质服务"这一招牌似乎无法继续"发力"。新用户仍然不断增多，但是老用户的留存率（Customer retention rate）降低，流失率提高（如下图所示）。这就是我们前面案例中提过的现象——用户的 LTV 降低。

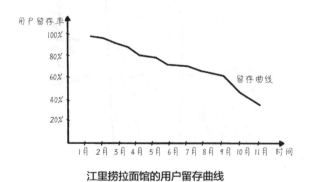

江里捞拉面馆的用户留存曲线

赵总认为除了继续做好服务，当务之急，还要利用公司多年积累的用户消费数据记录分析用户流失原因。这些数据中包含了很多老用户的行为信息。

首先，赵总希望我们找到流失的具体原因，什么类型的用户易流失，以及哪些行为预示用户有可能会流失。如果能在数据中发掘出增强老用户黏性的方法，就能够持续提升每一个用户的LTV。

其次，赵总还希望我们提供一个模型。在此模型中输入一个用户的数据，就能够预测出这个用户近期流失的可能性。

赵总发过来的数据资料如下图所示。

用户码	性别	家庭套餐	儿童餐优	特色菜套	酒水套餐	饮料套餐	甜品套餐	生日套餐	生日套餐	会员卡类	入会月数	会费支付	平均月消	总消费	已停付会费
1	女	是	是	是	是	是	是	否	是	年卡	9	手动转账	65.6	593.3	否
2	男	否	否	否	否	否	否	否	否	月卡	9	手动转账	59.9	542.4	否
3	女	否	否	否	否	否	否	否	否	月卡	4	就餐时付	73.9	280.85	是
4	男	是	否	否	是	是	否	否	否	月卡	13	就餐时付	98	1237.85	是
5	女	否	是	否	否	是	否	否	否	月卡	9	花呗付款	69.4	571.45	否
6	女	否	是	否	是	是	是	是	是	双年卡	71	微信自动	109.7	7904.25	否
7	女	否	否	否	否	否	否	否	否	月卡	3	手动转账	83.9	267.4	是
8	男	是	否	是	是	是	否	否	否	双年卡	63	花呗付款	84.65	5377.8	否
9	女	否	否	否	否	否	否	否	否	月卡	7	就餐时付	48.2	340.35	否
10										双年卡	65	手动转账	90.45	5957.9	否

江里捞用户的行为信息

这个数据集中详细地记录了每一个用户的会员卡详情及消费情况，尤其是最后一个字段"已停付会费"，它显示了当前用户续费状态（若已停付会费，则基本上预示了老用户的流失）。

6.2 概念：留存与流失

用户的留存和流失就像阴和阳两极，此消彼长。对用户行为数据的搜集和分析，有助于我们摸清用户"留""失"之间的微妙门道。

6.2.1 老用户的留存至关重要

贝恩公司曾经指出，对于普通的企业来说，获得新用户的成本可能比留住老用户的成本多700%。

这个令人吃惊的数字不仅告诉我们留住老用户的重要性，还意味着**如果将用户留存率提高5%，也将大幅度提高利润率**。

新兴移动互联网公司在留住用户方面所面对的挑战与传统互联网企业相比没有任何不同。即使一个用户已经观看过某App的在线课程，一旦他又注册了新的类似App的账号，尝试了新的课程，他就很有可能不再继续使用原来的App。因此，要持续地关注用户的黏性，提升用户的"忠诚度"。

观察留存曲线会发现在获客初期，留存率降低得比较快，而运营人员希望看到的是在用户注册一段时间之后，留存率保持稳定，而不是持续地降低。下图所示的留存曲线中，趋平型的留存曲线好过下滑型的留存曲线。

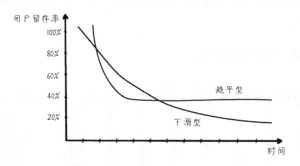

趋平型的留存曲线好过下滑型的留存曲线

GrowingIO的创始人张溪梦将常见的留存曲线分成了3个部分：第一部分是振荡期，第二部分是选择期，第三部分是平稳期，如下图所示。

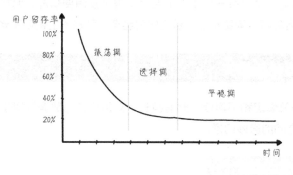

将留存曲线划分为3个部分

在振荡期，通过拉新、促销方式进入网站或下载App的用户在前几天极速流失，这是因为这些新用户大多并不是冲着产品本身而来的，很多人就是为了领到优惠券、礼品。这个时期的重点是让用户开始真正使用产品，即**激活用户**。

过了振荡期就是选择期，新用户在这个时期开始了解并使用产品，如果产品满足了用户的一些核心需求，用户就很有可能留存下来；如果没有满足，那用户就会流失掉。这个时期的重点是让用户反复使用产品，**形成习惯**。

过了选择期就是平稳期，用户留存率进入一个相对稳定的阶段。如果在振荡期和选择期应该关注新用户的留存，那么进入平稳期以后，应着重关注产品功能，**持续提升产品价值**。

6.2.2 流失率的定义与流失原因

提高用户的留存率也就是降低用户的流失率。不过，聚焦于留存或者流失，可能会给企业带来不同的业务关注点。

- 聚焦于留存将聚焦于如何提高用户的生命周期价值，如何开发出更优质的产品，如何提升企业的长期核心价值。

- 聚焦于流失将研究用户不再使用产品的原因，以及可能的挽回手段，其关注点在短期运营行为带来的数据优化。

因此，如果产品还在用户增长阶段，那么聚焦于留存可能是更好的选择。"三元方差"公众号的一篇文章《指标思维》指出，在产品的稳定期，产品形态已经非常固定，聚焦于流失是比较好的选择。

"咖哥，一个用户怎样才算是流失了呢？我3个月不用某个App，对这个App而言，就算流失了吗？"小雪问。

"怎样算是流失，多长时间，都视具体的行业和特定软件而定。"咖哥回答。

先下个定义：流失率（customer attrition）的计算公式如下。

流失率 = 特定时间段内流失的用户数量 ÷ 之前的总获客数量

流失与否有时是非常明确的，如银行或者电信公司的合同，用户明确表示终止合同，这叫绝对流失；在另一些常见的情况下，用户停止使用某产品或者服务，并不需要明确声明，如3个月不再登录某App，我们可以假定用户已经流失，也称这种用户处于"长期休眠"的状态。

休眠时间也因行业而异：微信、淘宝和携程旅行这3个分属于不同行业的产品，对用户休眠时间的定义可能差异很大，可能分别以天、月和年计算。因为一个用户一两年旅行一次是正常的，但是一两年才网购一次是不正常的。

而用户流失可大体分为"反应式"与"预期式"两种。

- 反应式流失指用户有时可能会对特定的负面事件或体验做出反应，突然停止之前使用的产品或服务。例如，持会员卡用户可能会因意外收费、不满意的服务体验（如投诉得不到解决），或者产品的负面新闻等决定停止使用会员卡。

- 预期式流失是渐进的、缓慢发生的、无特定触发因素驱动的流失。这种"预期"或"沉默"式的流失，因为没有过于明显的原因，所以更难管理与预测。

下图所示为通过问卷调查得到的用户流失原因统计图。

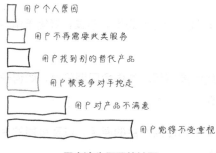

用户流失原因统计图

从上图中可以看到，重视用户的感受、和用户保持沟通、与用户维系好关系（这些都是用户思维）是降低流失率的方法。

6.2.3 数据驱动下的用户管理

像微信那样拥有超高用户黏性的产品凤毛麟角，绝大多数企业需要持续为留住用户而奋斗。不过，在数据分析普及之前，如何防止用户流失就像一种"玄学"。很多时候企业只能眼巴巴地看着用户流失率这一指标，能做的事情却很少。有时候企业拼命提高产品及售后服务的质量，期待留住老用户，但是结果仍然事与愿违。

现在情况就不一样了，新兴企业具有捕获用户生命周期内大量行为数据的能力，并通过数据分析模型有效解决用户流失问题。

流失管理的核心在于能够识别流失预警信号。如果尽早知道某个特定用户可能会离开我们的服务，那就可以采取积极的措施防止这种情况发生。这也是本次实战我们希望达成的目标之一。

这里有两个关键问题，一是搜集什么数据，二是如何分析这些数据。

1. 要搜集的数据

要搜集的流失数据包括日 / 月消费次数、日 / 月活跃人数、日 / 月消费人数、日 / 月消费人数占比、日 / 月人均消费次数等。相比于反映流失结果的指标，与行为相关的指标更为关键。

举例来说，根据电商用户的行为规律，发现复购率是老用户留存的强相关指标，因此"黄金法则"是刺激用户复购。大部分用户的复购发生在首次下单后的一个月之内，如果用户使用 App 后的一个月内没有发生复购行为，就预示着他有很大的流失可能。所以，要通过折扣、推广等方法引导新用户在首次下单后的 N 天内再次使用 App 进行复购，直到形成习惯。具体 N 等于几，则可以通过对用户购物行为的间隔分析得到。

下图所示为对新用户进行复购行为引导之后，留存率提高了。

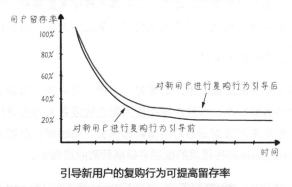

引导新用户的复购行为可提高留存率

与用户行为相关的数据埋点越多效果就越好。全方位记录与用户的互动，才能通过数据分析和机器学习的方法发现高留存、低流失的奥秘。

2. 基于数据分析流失

拥有了数据后，如何分析数据并降低流失率？

咖哥说："请大家根据自己的经验说一说自己的看法。"

一位比较有经验的同事介绍道："通常的思路是**采用机器学习的方法，根据历史数据预测一个用户的流失风险是高还是低**。机器学习的预测原理是将当前高流失风险用户与已经流失的用户进行映射，基于过去的流失数据建立模型预测出高流失风险用户。换句话说，如果一个用户表现出的行为与很多已经流失用户的历史行为有相似之处，他也有很大的可能流失。这些行为包括消费次数的减少、消费金额的减少、评论数量的减少，以及参与促销活动次数的减少等。"

另一个同事谈道："我做过的另外一个项目是**使用决策树或者聚类工具将用户群体按照不同的行为特征进行划分，从而识别出流失风险高的用户群体**，这有点类似于我们之前介绍过的用户细分。分出了低、中、高流失风险用户之后，就要对他们进行全方位评估。之前在做一个电信行业的项目时，对用户群体进行细分后我们发现，签合同一年以内的用户的流失率是平均流失率的5倍，也就是说，新用户很容易流失。另外一个发现是年龄小于25岁的用户的流失率显著高于年龄大于35岁的用户，年龄大的用户似乎不是很喜欢更换电信服务商。将用户群体细分后我们可以把某些类型的用户分到高风险组，适当区别对待，加强对其的管理。"

有人说道："**用户流失触发因素**的研究也比较重要，其中包含**内部触发因素和外部触发因素**。

外部触发因素通常包括竞争对手采取的措施，例如竞争对手大幅降价，通过拉新活动获取了原本属于我们的用户。而内部触发因素则与我们产品本身相关，通过研究与负面体验相关的历史数据及不同类型的用户对其做出怎样的反应，建立一个可靠的模型来预测被动的用户流失。通过该模型来跟踪当前用户，判断遇到类似触发因素时他们可能做出的反应，识别出有流失风险的用户。"

咖哥点头说："大家说的都非常好。"

这里补充一点，在鉴定高流失风险用户时要当心误报。用户流失预测模型中的误报率通常很高，而误报会增加用户的维系成本，导致企业花费大量金钱或者人力去留住其实并不会流失的用户。降低误报率的方法包括增加数据埋点的类型和数据量，同时提高数据质量；还有一种方法是优化机器学习模型，如通过集成各种优质的模型来提高预测的准确率。

6.3 工具：生存分析工具包和逻辑回归算法

说到用户流失的预测及分析工具，市面上可能有很多现成的产品。这里我给大家介绍两个有用的工具：一个是生存分析工具包——生命线库（Lifelines），这个工具可以给出与流失相关的关键信息；另一个是机器学习中的逻辑回归分类算法，它可以预测用户流失的概率是高还是低。

6.3.1 用生命线库进行留存分析

生命线库最早是由精算师和专业医疗人员开发的，用于根据病人的病情和其他特征来分析病人的生存可能性。后来数据分析师们发现，这个模型既然能够判断哪些因子会影响病人的存活率（或死亡率），那么，如果将这些因子换成用户行为特征、产品特征，就能够分析出用户的留存率（或流失率）。这种思路为用户的留存分析提供了一个有用角度。

生命线库中的事件原指病人的出生事件和死亡事件。而对于我们来说，它们的含义如下。

- 一次"出生"事件就是用户注册 App 或者和公司签订合同。
- 一次"死亡"事件就是用户停用 App 或者终止合同。

Lifelines 库通常需要先安装。

In
```
pip lifelines
```

Out
```
Collecting lifelinesNote: you may need to restart the kernel to use updated packages.
    Downloading lifelines-0.25.11-py3-none-any.whl (348 kB)
......
Successfully installed astor-0.8.1 autograd-1.3 autograd-gamma-0.5.0 formulaic-0.2.3 interface-meta-1.2.3 lifelines-0.25.11
```

生命线库中的 Cox 模型可以给出不同用户行为和产品特征对流失率的影响。该模型会给出该特征是"安全"还是"危险",也就是生存机会是增加还是减少(如病人"吸烟"这个行为可能会减少其寿命)。从用户流失的角度看,"危险"可能来自用户拥有的合同类型。签订长期合同的用户取消合同的概率可能比签订月度合同的用户取消合同的概率低;办理铂金卡的用户应该会比办理普通卡的用户生命周期长。

这样,我们就巧妙地利用了医疗行业的生命线库来辅助我们分析企业用户的流失原因,并延长用户的生命周期。

6.3.2 用逻辑回归算法预测用户流失

赵总给我们提出的第二个希望是提供一个模型预测某个用户近期流失的可能性。这是一个典型的分类问题。

小雪问:"咖哥,判断用户是否会流失怎么又变成了分类问题呢?"

咖哥回答:"这的确属于分类问题。判断一个用户近期是否会流失,不就是把一个用户群体分为'会流失'和'不会流失'两类吗?"

分类问题的覆盖范围很广:有二元分类,如用户近期是否会流失,根据消费记录判断用户是否存在欺诈行为等;有多元分类,如用户个人信用的评级,用户情感属性的归类等。

我们在之前的实战中,已经接触到了很多机器学习算法,如细分用户的 RFM 聚类算法、预测用户 LTV 的线性回归算法。这些算法有些属于监督学习的范畴,有些属于无监督学习的范畴,如下图所示。

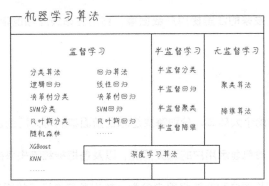

机器学习算法的类型和分类

这里介绍的机器学习分类算法叫逻辑回归(logistic regression),又叫 Logreg、对数几率回归或对率回归。它是基本的机器学习分类算法，适用于预测用户是否会流失。

逻辑回归算法的本质其实是回归，它通过调整参数找到线性函数来计算样本数据属于某一类的概率。例如在二元分类中，如果某一个样本有60%的概率属于A类，有40%的概率属于B类，该算法就会判断该样本属于A类。

在scikit-learn机器学习工具包的linear_model（线性模型）中，有LogisticRegression（逻辑回归）模型。下面的示例代码可以完成scikit-learn自带的鸢尾花数据集的分类[①]。

In
```
from sklearn.datasets import load_iris # 导入鸢尾花数据集
from sklearn.linear_model import LogisticRegression # 导入逻辑回归模型
X, y = load_iris(return_X_y=True) # 构建鸢尾花数据集
model = LogisticRegression(random_state=0) # 构建逻辑回归模型
model.fit(X, y) # 进行模型的拟合
model.predict(X[:2, :]) # 模型的预测结果
model.predict_proba(X[:2, :]) # 模型预测的概率值
model.score(X, y) # 模型的分数
```

Out
0.9733333333333334

从输出结果可知用scikit-learn中的逻辑回归模型对鸢尾花数据集进行分类后，模型得分约为0.97分（score() API返回模型分类的平均准确度）。这意味着逻辑回归模型能够根据鸢尾花的花瓣、花萼等特征，对鸢尾花的类别进行准确判断。但请注意这个示例中没有拆分训练集和测试集，用训练集拟合模型去预测训练集本身，模型分类的准确度当然高。

6.4 实战：分析用户的留存和流失

下面我们就针对赵总发来的江里捞用户数据集，利用生命线库和逻辑回归算法两个工具分析用户的留存和流失。

6.4.1 整体思路

这次实战整体上分为两个大环节，分别解决赵总目前面临的两大问题。

（1）通过生存分析工具包显示用户的流失情况，以及各指标和流失率的相关性。

（2）通过逻辑回归的机器学习方法将用户分类，找出高流失风险的用户。

[①] 逻辑回归的实现细节和示例中提及的鸢尾花数据集（这是机器学习分类算法中一个有名的教学数据集）的说明，读者可以参阅相关的机器学习入门书籍。

第一个环节，通过 Lifelines 库中的工具输出各指标（这个数据集中的主要指标是用户办的会员卡类型、消费金额，以及选择的促销模型）和流失率的相关性，以提示赵总应该优化哪些运营环节，以及哪些促销模型对保留老客户更有效，哪些可能会起反作用。

第二个环节，通过逻辑回归算法拟合各种数据指标、训练模型，预测某个特定用户是否有较高的流失风险。模型预测结果中流失概率越高的用户，赵总的运营团队就越应该对他们进行"特殊照顾"，从而留住这些用户。

6.4.2 数据导入和数据清洗

先要做的是数据集的导入、数据清洗，以及简单的可视化工作。

导入必需的库，并载入数据集。

```
import numpy as np # 导入 NumPy
import pandas as pd # 导入 Pandas
df_member = pd.read_csv(' 江里捞会员 .csv') # 载入数据集
df_member.head() # 输出前几行数据
```

用户码	性别	家庭套餐优惠	儿金套餐优惠	特色菜套餐	酒水套餐	饮料套餐	甜品套餐	生日套餐A	生日套餐B	会员卡类型	入会月数	会费支付方式	平均月消费	总消费	已停付会费
0	1	女	是	是	否	是	否	是	是	否	年卡	9	手动转账	65.6	593.3	否
1	2	男	否	否	否	否	否	否	是	否	月卡	9	手动转账	59.9	542.4	否
2	3	男	否	否	否	是	否	否	是	否	月卡	4	就餐时付费	73.9	280.85	是
3	4	男	是	否	是	否	是	是	是	否	月卡	13	就餐时付费	98.0	1237.85	是
4	5	女	否	否	否	否	是	是	是	否	月卡	9	花呗付款	69.4	571.45	否

最后一列"已停付会费"字段显示有一些用户已流失。目前这个字段是汉字，需要转换为数字 0、1 才能被 Lifelines 库读入。

```
df_member[' 已停付会费 '].replace(to_replace=' 是 ', value=1, inplace=True) # 流失为 1
df_member[' 已停付会费 '].replace(to_replace=' 否 ', value=0, inplace=True) # 未流失为 0
```

转换一些字段的数据类型，让数据集能够输入后面要用到的生存曲线和风险模型。

```
df_member[' 性别 '].replace(to_replace=' 女 ', value=0, inplace=True) # 女生 –0
df_member[' 性别 '].replace(to_replace=' 男 ', value=1, inplace=True) # 男生 –1
# 将字段中"是"和"否"转换成模型可以读取的数值（布尔类型数据也是数值数据）
binary_features = [' 玫瑰套餐 ',' 紫罗兰套餐 ',' 郁金香套餐 ',' 百合套餐 ',' 康乃馨套餐 ',' 胡姬花套餐 ',
    ' 生日套餐 ',' 情人节套餐 ']
for field in binary_features:
    df_member[field] = df_member[field] == ' 是 '
# 把"总消费"字段转换成数值类型的字段
```

```
df_member[' 总消费 '] = pd.to_numeric(df_member[' 总消费 '], errors='coerce')
df_member[' 总消费 '].fillna(0, inplace=True)
```

6.4.3 使用Kaplan-Meier生存模型输出留存曲线

咖哥问:"在这个数据集中,有两个指标与'存活时间'的关系很密切,小雪你能够把它们找出来吗?"

小雪说:"我觉得是最后一个字段'已停付会费',以及第三个字段'入会月数'。"

小雪的答案正确。有了这两个指标,就可以计算出用户的生命周期,也就是他们大概在什么时间入会和入会多长之后流失。

下面导入生命线库并通过其中的Kaplan-Meier模型来查看普通用户的生存率。这个模型可以拟合用户数据,并绘制出含置信区间[①]的用户留存曲线。

把"入会月数"和"已停付会费"两个字段输入该模型。

```
import lifelines # 导入 Lifelines
import matplotlib.pyplot as plt # 导入 pyplot 模块
kmf = lifelines.KaplanMeierFitter() # 创建 KaplanMeier 模型
kmf.fit(df_member[' 入会月数 '], event_observed=df_member[' 已停付会费 '], label=' 会员预期留存线 ') # 拟合模型
fig, ax = plt.subplots(figsize=(10,6)) # 创建图像和坐标系
kmf.plot(ax=ax) # 绘图
ax.set_title('Kaplan-Meier 留存曲线 – 所有用户 ') # 图题
ax.set_xlabel(' 入会月数 ') #x 轴
ax.set_ylabel(' 留存率 (%)') #y 轴
```

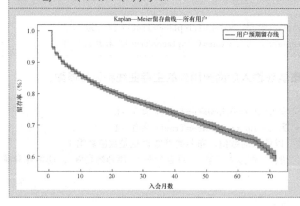

---
① 置信区间是统计学概念,输出图中的阴影部分显示了置信区间。在第九话中还会解释这个概念。

上页图中显示，在 20 个月后，老用户继续维持会员状态的概率超过 80%；而在 70 个月之后，也就是注册为会员 5 年之后，老用户的留存率仍然在 50% 以上。

由此看出江里捞在竞争如此激烈的餐饮行业中能够留住这么多的老客户，做得已经相当不错了。

6.4.4 通过留存曲线比较各因子对流失率的影响

小雪开口发问："咖哥，是否应根据用户的细分信息来查看流失率。也就是说，能不能通过留存曲线看出是男性用户更易流失，还是女性用户更易流失；是有小孩的用户留得更久，还是单身用户留得更久。"

咖哥笑答："问出好问题了。"

下面先创建一个函数，专门用于绘制用户具体特征（也就是留存分析中的因子）的**留存曲线**。

```
def life_by_cat(feature, t='入会月数', event='已停付会费', df=df_member, ax=None): # 定义分类留存曲线函数
    for cat in df[feature].unique(): # 遍历类别
        idx = df[feature] == cat # 当前类别
        kmf = lifelines.KaplanMeierFitter() # 创建 KaplanMeier 模型
        kmf.fit(df[idx][t], event_observed=df[idx][event], label=cat) # 拟合模型
        kmf.plot(ax=ax, label=cat) # 绘图
```

有了这个函数，就可以绘制不同用户细分类别的留存曲线，并进行对比。

先看看会费支付方式对留存的影响，具体做法是把这个字段传入刚才定义的函数。

```
fig_pmt, ax_pmt = plt.subplots(figsize=(10,6)) # 创建图像和坐标系
life_by_cat(feature='会费支付方式', ax=ax_pmt) # 调用函数
ax_pmt.set_title('会费支付方式对留存的影响') # 图题
ax_pmt.set_xlabel('入会月数') # x 轴
ax_pmt.set_ylabel('留存率 (%)') # y 轴
```

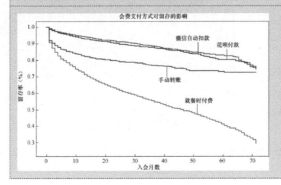

上页图中显示,如果用户选择在就餐时支付会费,那么流失率将大幅提高。有理由怀疑,如果要用户在下次就餐时支付会费,那会使很多用户干脆不再来就餐。另外一个对留存有负面影响的是手动支付会费。较好的会费支付方式有微信自动扣款或花呗付款。

再来看看会员卡的类型对留存有没有显著影响。

```
fig_contract, ax_contract = plt.subplots(figsize=(10,6)) # 创建图像和坐标系
life_by_cat(feature=' 会员卡类型 ', ax=ax_contract) # 调用函数
ax_contract.set_title(' 会员卡类型对留存的影响 ') # 图题
ax_contract.set_xlabel(' 入会月数 ') #x 轴
ax_contract.set_ylabel(' 留存率 (%)') #y 轴
```

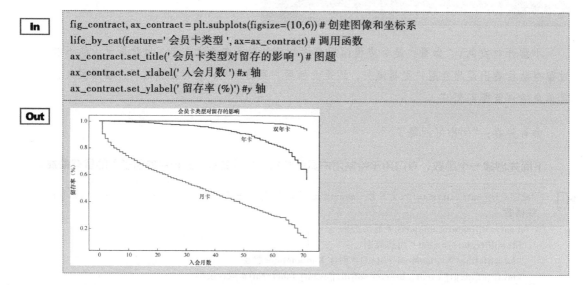

上图中显示,月卡用户的留存率降低得最快,其次是年卡用户,双年卡的用户的留存率最好。这说明要努力让用户办长期卡。

最后来看看性别对留存有没有显著影响。

```
fig_gender, ax_gender = plt.subplots(figsize=(10,6)) # 创建图像和坐标系
life_by_cat(feature=' 性别 ', ax=ax_gender) # 调用函数
ax_gender.set_title(' 性别对留存的影响 ') # 图题
ax_gender.set_xlabel(' 入会月数 ') #x 轴
ax_gender.set_ylabel(' 留存率 (%)') #y 轴
```

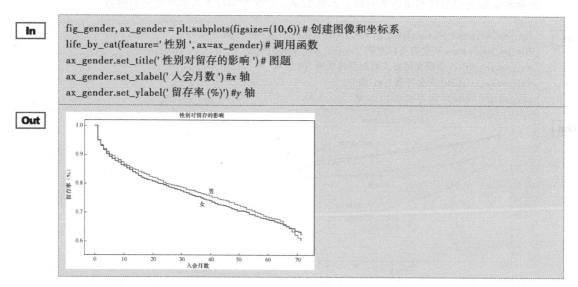

上页图中两条留存曲线几乎重合，表明性别对江里捞用户留存的影响并不是十分明显。这是因为男女对吃拉面这件事情的喜好程度没有太大的差别。

6.4.5 使用Cox危害系数模型分析流失影响因子

"现在我们大概了解了各类用户的留存情况，下一个关键问题是什么呢？"咖哥问道。

小雪回答："我最想知道的是不同的指标对用户的流失有多大影响。"

下面将使用生命线库中的Cox危害系数模型（proportional hazards model）分析每一个字段对留存的影响。所谓"危害"，其实就是该特征（或称为**因子**）会增加或减少生存机会。在这里就是指对用户流失的影响大小。

使用该模型之前，我们要进一步做数据的整理工作，把每个字段都规范成Cox危害系数模型可以读取的格式。其中的pd.get_dummies()方法把多类别字段分解为多个二元类别字段，这也叫作"哑变量"或"哑编码"的生成。如把"会员卡类型"字段拆分为"会员卡类型_年卡""会员卡类型_月卡""会员卡类型_双年卡"等。这样，输入Cox危害系数模型的所有字段都是二元类别字段，只有1、0（是、否）两个类别。

咖哥发言

此处要特别注意的是，将参数drop_first设置为True，哑变量的个数会比分类总个数少1，这是必要的。其目的是降低特征的冗余度，以避免回归拟合过程中的多重共线性问题。换句话说，会员卡类型有年卡、月卡和双年卡3种，如果月卡值为0，双年卡值为0，那么使用该模型可以推导出该用户持有年卡。

In

```
# 把分类字段转换为哑变量
category_features = ['会员卡类型', '会费支付方式'] # 要转换的分类字段
df_member = pd.get_dummies(df_member, # 哑变量的个数会比总类别的个数少1
            drop_first=True, # 这是因为drop_first=True 拟合过程
            columns=category_features) # 这能够避免回归中的多重共线性问题
df_member # 输出数据
```

Out

	用户码	性别	家庭套餐优惠	儿童套餐优惠	特色菜套餐	酒水套餐	饮料套餐	甜品套餐	生日套餐A	生日套餐B	入会月数	平均月消费	总消费	已停付会费	会员卡类型_双年卡	会员卡类型_月卡	会费支付方式_就额时付费	会费支付方式_微信自动扣款	会费支付方式_手工转账
0	1	0	True	True	False	True	False	True	True	False	9	65.60	593.30	0	0	0	0	0	1
1	2	1	False	False	False	False	False	True	False	True	9	59.90	542.40	0	0	1	0	0	1
2	3	1	False	False	False	True	False	False	True	False	4	73.90	280.85	1	0	1	1	0	0
3	4	1	True	False	False	True	False	True	True	False	13	98.00	1237.85	0	0	1	1	0	1
4	5	0	False	False	False	True	False	True	True	False	9	69.40	571.45	0	0	0	0	0	0
...	...	...	...	...	...	...	...	...	...	...	...	...	...	...	...	...	...	...	...
7038	7039	0	False	False	True	False	False	True	True	False	13	55.15	742.90	0	0	0	0	0	1
7039	7040	1	False	False	False	False	False	True	False	False	2	50.30	92.75	0	0	1	0	0	0
7040	7041	1	True	False	False	False	False	False	True	False	22	85.10	1873.70	1	0	0	0	0	1
7041	7042	1	True	False	True	True	False	True	True	False	67	67.85	4627.65	0	1	0	0	0	0
7042	7043	1	True	False	True	True	False	True	True	False	63	59.00	3707.60	0	1	0	0	0	0

7043 rows × 19 columns

下面创建并用数据拟合 CoxPH 模型以挖掘各个特征字段和用户留存（也就是生命周期）的关联程度。

In

cph = lifelines.CoxPHFitter() # 创建 CoxPH 模型
cph.fit(df_member,duration_col=' 入会月数 ',event_col=' 已停付会费 ',show_progress=False) # 拟合模型
cph.print_summary() # 输出结果

Out

	coef	exp(coef)	se(coef)	coef lower 95%	coef upper 95%	exp(coef) lower 95%	exp(coef) upper 95%	z	p	-log2(p)
用户码	-0.00	1.00	0.00	-0.00	0.00	1.00	1.00	-1.58	0.11	3.13
性别	-0.03	0.97	0.05	-0.12	0.06	0.89	1.06	-0.66	0.51	0.98
家庭套餐优惠	-0.20	0.82	0.05	-0.31	-0.09	0.74	0.91	-3.63	<0.005	11.79
儿童套餐优惠	-0.15	0.86	0.07	-0.28	-0.02	0.75	0.99	-2.18	0.03	5.09
特色菜套餐	-0.31	0.73	0.07	-0.44	-0.19	0.64	0.83	-4.78	<0.005	19.11
酒水套餐	-0.21	0.81	0.05	-0.31	-0.10	0.73	0.90	-3.81	<0.005	12.80
饮料套餐	-0.08	0.92	0.05	-0.19	0.03	0.83	1.03	-1.45	0.15	2.75
甜品套餐	-0.21	0.81	0.06	-0.34	-0.08	0.71	0.92	-3.27	<0.005	9.86
生日套餐A	-0.13	0.87	0.06	-0.25	-0.02	0.78	0.98	-2.33	0.02	5.68
生日套餐B	-0.13	0.87	0.06	-0.25	-0.02	0.78	0.98	-2.35	0.02	5.73
平均月消费	0.06	1.06	0.00	0.05	0.06	1.06	1.06	29.81	<0.005	646.17
总消费	-0.00	1.00	0.00	-0.00	-0.00	1.00	1.00	-40.67	<0.005	inf
会员卡类型_双年卡	-2.81	0.06	0.18	-3.17	-2.45	0.04	0.09	-15.47	<0.005	176.99
会员卡类型_月卡	1.59	4.90	0.10	1.39	1.79	4.03	5.96	15.87	<0.005	186.09
会费支付方式_就额时付费	0.39	1.48	0.08	0.24	0.54	1.27	1.71	5.17	<0.005	22.01
会费支付方式_微信自动扣款	-0.01	0.99	0.06	-0.12	0.10	0.83	1.16	-0.16	0.87	0.19
会费支付方式_手动转账	0.46	1.59	0.09	0.29	0.64	1.34	1.89	5.23	<0.005	22.48

在上面的拟合结果中，重点是 exp(coef)，它是每个特征变量的风险标度，是 coef 指数级放大的结果。其中 1 为中性，低于 1 意味着该特征对用户的留存有正面影响；反之，值越大，对应的负面影响越大。

例如,"会费支付方式_就餐时付费"这个特征的 exp(coef) 值为 1.48,这表示通过该方式支付会费后,用户流失的可能性为平均情况的 1.48 倍。

咖哥讲得很起劲,小雪却开始皱眉头了,说:"天天说数据可视化,这个表这么难看,能把它变得一目了然吗?"

为了将以上内容更好地可视化,我们可以绘制相关系数及其置信区间的图。

In

```
fig_coef, ax_coef = plt.subplots(figsize=(12,7)) # 创建图像和坐标系
ax_coef.set_title(' 相关系数和置信区间 ') # 图题
cph.plot(ax=ax_coef); # 绘图
```

Out

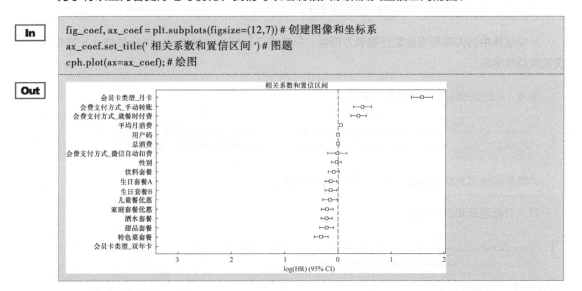

在上图中越排在前面的变量,危害系数越大,也越值得关注。**从上图中可以看出,月卡这种会员卡类型及手动支付会费的方式,都是潜在的流失原因。而各种优惠和套餐,尤其是家庭套餐、特色菜套餐等,似乎是江里捞多年来维系老客户的秘密,参与这些活动的用户的留存率会显著提高。**

6.4.6 通过机器学习方法预测用户流失率

上面的生存模型和危害系数模型让我们对哪些特征(也就是用户行为或产品特性)会影响用户生命周期的时间(也就是流失率)有了基本了解。生存分析工具包的使用就先告一段落。

下面,我们从不同的角度分析用户的流失。根据老用户的数据,创建并拟合机器学习模型对新用户是否会流失进行推测。

换句话说,刚才的生存分析工具包给出了**整体信息**,包括留存曲线及各个数据字段对流失的影响。下面的机器学习方法将告诉我们每一个用户的**具体风险情况**。机器学习模型能够准确判定

某用户是否具有高流失的风险,从而确定该用户是否需要被重点关注。这个用户的高风险性是多个特征组合产生的结果,而不是单纯取决于某个特征。

我们知道所有监督学习方法都要求先构建特征集和标签集。下面构建这两个集合,即集合 X(特征集)和集合 y(标签集)。

```
X = df_member.drop([' 用户码 ',' 已停付会费 '], axis = 1) # 构建特征集
y = df_member.已停付会费.values # 构建标签集
```

X 特征集中的内容与原始数据集极为相似,只是少了预测的结果字段;而标签集 y 正好相反,仅包含结果字段。

按 4∶1 的比例拆分训练集和测试集。

```
from sklearn.model_selection import train_test_split # 导入 train_test_split 模块
X_train, X_test, y_train, y_test = train_test_split(X,y,test_size = 0.2) # 拆分数据集
```

训练集和测试集结构完全一致,只是大小不同而已。

导入并创建逻辑回归模型。

```
from sklearn.linear_model import LogisticRegression # 导入逻辑回归模型
logreg = LogisticRegression() # 创建逻辑回归模型
```

通过 fit() 方法拟合模型。

```
logreg.fit(X_train,y_train) # 拟合模型
print("SK-learn 逻辑回归测试准确率为 {:.2f}%".format(logreg.score(X_test,y_test)*100)) # 评估分数
```

```
SK-learn 逻辑回归测试准确率为 80.70%
```

拟合模型后,输出模型的评估分数,输出结果中显示测试集的逻辑回归测试准确率为 80.70%。

最后,用这个逻辑回归模型预测用户是否会流失。

```
y_pred = logreg.predict(X_test) # 对测试集进行预测
print(" 测试集中第一个用户的预测结果为 ",y_pred[0]) # 第一个用户的预测结果
```

```
测试集中第一个用户的预测结果为 0
```

逻辑回归模型认为测试集中的第一个用户(索引为 0)并不会流失(预测值为 0)。

这样，赵总就可以把此模型应用于他的新老用户，然后找出被模型判定为高流失风险的用户（预测结果为 1 的用户）。

6.5 结论

如今市场竞争激烈，如何留住用户永远是个令企业管理者担心的问题。通过分析用户的行为，寻找增强用户黏性的方法，以提高留存率，是我们这次实战的目标。

我们通过 Lifelines 库，为赵总分析了目前江里捞用户留存的现状，以及未来需要注意的重点。而逻辑回归模型则告诉赵总，哪些客户是他们的运营团队急需关注的对象。

在进一步细化模型后，则需要详细分析老用户的留存原因，之后采取策略引导用户的行为习惯，以将用户价值最大化。

具体来说，可以采取以下 3 个引导策略。

第一，要尽可能说服用户购买长期会员卡。因为从会员卡类型来看，其年限越长，就越有利于留住老用户。

第二，对不同用户群体制订不同的留存策略。例如，对于有小孩的用户，可以增加儿童套餐，因为孩子的要求父母往往不会拒绝。另外，高收入的用户群体一般也不会轻易放弃会员资格。因为他们的时间成本很高，一般不会为会费而烦恼，可以为这类用户设计出更高端的会员类型。

第三，选择便捷的付款方式，要确保用户缴纳会费时的默认选项是"自动付款"。否则，对很多怕麻烦的人来说，烦琐的会费支付方式会成为一种负担。

上面的建议只是抛砖引玉，至于如何进行进一步行动，还可以有以下思路。

第一，进一步完善用户价值体系（参见第二话中的 RFM 细分）和留存模型。

第二，建立灵活的运营流程，制订不同的留存策略和关系维系体系。

第三，确保所有增加营收的项目都以提高用户忠诚度为基础。

第四，设计一个提前预警系统，用来指导运营团队通过快速行动留住即将流失的老用户。

第七话
千呼万唤求爆款：从内容分析发现价值

题解 这一话把目光从运营转移到产品和内容。在数据分析中，对产品（也包括内容和服务）的分析是一个基本课题，而提高用户留存率的核心就是持续输出更好的内容和更优秀的产品。

周日的早上下起了小雨，天很暗，是个适合睡觉的天气。小雪起床一看手机，有15个未接电话，都来自同一个朋友。

这个朋友叫子琪，本来是个程序员，因为受不了"996"的工作方式，所以自从抖音、快手这类短视频App流行之后，她就投身其中，当起了全职视频博主，经常发一些调侃程序员的视频，盼望着有朝一日成为"大V"（见下图）。

她马上打电话问朋友到底发生了什么事。

"小雪，我红啦！我终于红啦！我的视频昨天收到一百多万个赞，我增加了好几万个'粉丝'。你赶紧看看吧。"

小雪一愣，心想发生了什么事，子琪怎么就突然红了。

子琪是一个程序员出身的全职视频博主

原来，前两天子琪突发奇想去申请并当上了某外卖公司的临时外卖员，给原来公司的项目组送餐。在夜间为一个中年程序员送餐时，她貌似不经意地拿过对方的笔记本电脑，说："你这个程序质量不行啊，我给你改改吧。"当她录下这件事并将视频发布之后，这个"外卖小妹帮35岁程序员调试代码"的视频竟然在一天内得到了千万级的观看量和上百万的赞，这件事件也上了"热搜"。

7.1 问题：什么样的视频会成为爆款

小雪瞠目结舌——这样也可以？

在互联网时代，真的没什么不可以。

不过，小雪冷静下来分析发现子琪这次发布的视频能成为"爆款"，看似偶然，实非偶然。

首先，子琪是搞笑类视频博主。这类视频在她所入驻的平台里面是较讨喜的类型，很容易积累人气。

其次，子琪这两年的视频产出数量和质量都挺稳定的，为她积累了一定的人气，也为这个视频的转发量打下了基础（加上平台也会进行推荐）。

再次，这看似"无心插柳柳成荫"的随意之作实则隐含了很多流行因子："外卖小妹""35岁程序员"等。

最后，别管这个事件合不合逻辑，"荒谬"其实是幽默的本质之一。整个事件具备传播的"病毒"性。

在几个因素的叠加之下，一个热门话题就诞生了。

小雪突然想到一件事，再次拨通了朋友的电话。

她对子琪说："我现在工作的数据科学讲习所，正和你入驻的视频平台合作，为其进行内容分析。他们很想知道哪些类型的视频热度更高、更受欢迎。我觉得这些分析会对你未来的视频创作很有帮助。"

子琪回答说："太好了，小雪。在不泄露人家商业机密的前提下，好好给我指导指导，到底什么样的视频容易成为'爆款'。"

下图所示的数据集是某视频平台的视频流量数据[①]。

	A	B	C	D	E	F	G	H	I	J	K
1	视频ID	热榜日期	标题		频道	分类码	分类	访问量	点赞数	吐槽数	评论数	说明文字
2	2kyS6SvSY	21.11.14	长期12点以后睡觉到底带来多大危害？		健康博主	22	博客	748374	57527	2966	15954	经过长期的调研，我得出一
3	puqaWrEC	21.11.14	"你瞅啥"App上线即获千万元级天使轮融资		赵子琪	24	娱乐	343168	10172	666	2146	我在首蓿园这边，你在哪里
4	d380meDC	21.11.14	《谁都说》有哪些超级经典的句子？		谁都说	24	娱乐	2095731	132235	1989	17518	也许大家对这个节目并不了
5	gHZ1Qz0K	21.11.14	iOS 15 推出三测试版		手机快递	28	科技	119180	9763	511	1434	这些是值得关注的新变化，
6		21.11.14	世界首富贝先生合伙人自家火箭旅游上太空		一休世界	28	科技		15993	2445	1970	七月二十日，贝先生搭乘自

某平台的视频流量数据

[①] 本数据集需根据源码包中的说明进行下载。此外，本话中咖哥暂时休息，除特殊说明外，其余均为小雪的讲解内容。

该数据集中的重要信息包括视频ID、登上热榜的日期、视频类型、访问量和点赞数等。这个数据集中还有视频内容的说明文字,"说明文字"之后还有一个"评论"字段,它是视频的留言,内容过长,故未在上页图中显示。

7.2 概念:产品分析

在进行数据分析实战之前,先说说相关的数据运营概念和数据分析工具。对于概念方面,这里先介绍产品分析的基本知识,因为视频就是创作者本人的产品。

7.2.1 产品分析和拼多多的案例

传统的产品分析是出于产品的开发、营销、审查或购买目的而对产品进行的评估。这种评估可以由生产者、用户或者第三方进行。他们通过对产品进行测试,从用户和行业分析师等处搜集信息,基于用户的需求评估产品。产品分析也可能是将自己的产品与市场上的竞争产品做比较,这叫作竞品分析。

产品分析可做如下细分。

- 成本分析:如产品开发团队计算大规模生产某类产品的成本。

- 职能分析:分析产品要实现的功能。

- 功能分析:也叫特征分析,分析产品的功能如何实现,如分析抖音和快手对新注册用户的首页引流方式有何不同。

- 性能分析:如分析滑雪板的响应能力。

- 观感分析:不仅包括外观分析,还包括五感分析,如京东网站的红色给人一种喜庆感,而江小白的商标则给人一种俏皮的感觉。

- 用户体验分析:产品所提供的端到端的服务体验,如分析一个视频网站给博主提供的视频工具是否有美图、动画等功能。

- 安全与隐私分析:评估产品的安全性和隐私性,如家用电器是否安全,视频内容是否涉及他人隐私。

- 风险评估分析:与产品相关的风险,如视频作品是否侵权。

此外，传统的产品分析还包括耐用性、可靠性、可持续性、标准化与定制化等诸多方面。

子琪发问："那么产品分析对互联网企业来说有什么用呢？"

小雪回答："用处可大了，我的老师咖哥曾看到过数据分析师吴一在知乎上发表的文章《我们分析了 50 万条拼多多商品数据，得出了这样的结论》。这篇文章在几年之前就通过精准的产品分析，预见了拼多多在下沉市场中的优势及未来的成功。这是很了不起的。"

那篇文章在拼多多的早期阶段，就对拼多多的体量、商品分布和热销商品进行了细致分析，从中也可以看到拼多多超速增长的原因。

作者用 Python 搜集了约 50 万条数据，分析出成交额位于前 10 名的一级品类商品，包括食品、母婴、女装等。

什么是一级品类呢？一般来说，电商将商品分为 3 级，如图书类商品中的"图书－科技－程序设计"就是 3 个级别。当时拼多多一级品类商品中的前 3 名分别是食品、母婴、女装，成交额都是几十亿，体量非常大。

这篇文章也定位了销量位于前二十的商品，如抽纸、保健品和伞等。作者指出，拼多多给人的整体感觉有点像老家村口的小卖部，卖出的商品多为生活用品，方便，实惠。

接着，作者汇总了成交额排名较高的三级品类，发现第一名是坚果炒货，第二名是白酒，第三名是方便速食，它们的成交额都过亿元。

小雪问子琪："通过这样简洁的分析，你看出什么了？"

子琪说："拼多多里销量最高的商品是抽纸，这说明大家的生活水平提高了。"

的确，作者也认为这是消费升级的体现。而且这体现出来的并不仅是一二线城市居民的消费升级，还体现了从大城市到四五线城市，再到县城、乡镇的整体消费升级。

在这个年代，社交电商的出现在满足人们物美价廉的需求方面大获成功。可以说，这个产品分析的结果和拼多多后来几年超速增长的原因相当契合，因此这个产品分析就相当有前瞻性。

7.2.2 产品热度的时间序列曲线

另外一个常见的产品分析例子是通过产品热度（或销量）的时间序列（简称时序）曲线，分析产品的销售状态是受哪些因素影响而产生变化的，如下页图所示。

百度指数绘出了某产品的搜索热度时序曲线

上图中产品的搜索热度随时间的变化上升或下降。百度指数的趋势研究工具用于绘制时间序列曲线[①]，并标注相关的事件。我们发现每一次搜索热度上升或下降的背后都有其原因。如最近一次热度上升（图中标注 B 处）就是该产品得到网络名人推荐的结果。

而且，有了上面的时间序列曲线和企业内部销售数据，还可以通过机器学习中的回归算法或者 AR(自回归)、MA(滑动平均)、ARMA(自回归滑动平均)、ARIMA(差分自回归滑动平均) 等时序模型对产品未来的销量进行预测。

7.2.3 产品销售的总量和增速矩阵

此外，产品销售的总量和增速矩阵也是电商网站的相关分析中常用的工具，如下图所示。

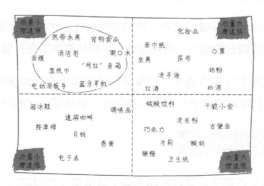

产品销售的总量和增速矩阵

[①] 百度指数工具可以帮助我们获得很多知名产品的搜索热度信息，上图所示的就是一个典型的时间序列曲线。

将上面的矩阵中总量小、增速快的产品定义为新型品类。这类产品往往是互联网电商公司需要关注的焦点，因为它们有潜力实现更多的增长。

7.2.4 与内容相关的典型流量指标

说到此处，子琪有点不耐烦了："小雪，你说的这些和我的视频有啥关系。"

小雪说："子琪，你也太没有耐心了，听几句理论有什么不行呢？将来你做直播带货的时候这些知识可用得上。不过说到视频，有一个指标——"

"流量！"小雪和子琪异口同声地说。

其实，无论是淘宝，抖音，还是公众号，它们的核心都是在比拼流量。与流量相关的指标包括 PV（页面浏览量）、UV（唯一访客）、BR（跳出率）、CVR（转化率）等，这些都是网站流量的相关指标。它们又可以分成以下几组。

第一组是流量数量指标。

- PV 是页面或内容的浏览量，是衡量和分析内容热度的基本指标。

- UV 是唯一访客，这个指标比 PV 更具辨识度。如果一个人连续访问某一特定内容 5 次，则 PV 为 10，UV 为 1。

- BR 是跳出率。如果用户登录 App，没有点击任何内容或观看任何视频就离开了，这便称为跳出。跳出率是按百分比计算的，如果跳出率高，说明该用户不是真的对内容感兴趣，或者平台的页面设计有些问题。

- CVR 是转化率，表示用户最终注册 App 或者购买服务的比值，这个值越高，说明 App 或服务越有吸引力，拉新活动做得越成功。

第二组是流量质量指标。

- 访问深度，即人均内容浏览量，记录用户每次访问时看的页面数量、视频数量的平均值。访问深度越高越好，不过访问深度高有时也可能是用户找不到他们想要的页面，这意味着网站的结构比较混乱。不过访问深度高恰恰是电商或视频网站希望看到的，就像有些商场想方设法让你找不到出口，只能转来转去，购买了更多的东西。

- 停留时间是用户在网站中停留的时间，如观看视频的时间。

- 点赞量代表内容或者视频的受欢迎程度。这个指标有时比点击量还重要。

- 转发量表示用户是否愿意帮你推广你的内容或者视频。

还有其他一些指标，如消费用户数占比、消费用户总访问量占比、消费用户人均访问量等，这些指标都与内容质量相关。

听到这里，子琪问："除了这些流量指标之外，其实我最关心的是怎么分析'粉丝'的留言和评论。你有没有什么招数？"

小雪说："我刚好要说语言文字的分析这部分内容。"

7.3 工具：自然语言处理

在这次实战中需要用到数据可视化工具、时间序列，以及自然语言处理工具。数据可视化工具和时间序列比较简单，会在实战过程中直接介绍。这里要单独讲讲自然语言处理工具的基本概念和应用方法，因为我们要用自然语言处理工具分析网站中视频评论等文字的情感属性，如每一类视频是好评多还是差评多。

7.3.1 自然语言处理中的基本概念

机器如何理解人类的语言，并尝试与人类交流？解决这一问题的计算机科学的分支被称为自然语言处理（NLP）。它广义上被定义为通过软件对自然语言（如语音和文本）进行自动处理。目前自然语言处理中比较强大的方法是机器学习方法。

人类的语言包含一个人类社区共享的、用于表达和交流他们思想的固定词汇集合。这些词汇作为人类成长过程的一部分被教给他们的下一代，并且基本固定，很少变更。精心制作的资源，如字典，会得到细心的维护。当遇到一个新词时，人们可以通过查字典理解它的含义，然后将其添加到个人词汇表中（也就是用大脑记住它），便于日后交流使用。

而计算机是在数学规则下工作的机器。它可以在几秒内完成复杂的计算，但它缺乏人类可以轻松完成复杂解释和理解的能力，这极大地限制了计算机可以使用的自然语言范围和领域。目前，机器在执行方面比较成功的是分类和翻译，分类是将一段文本归为一个类别，而翻译则是将该段文本转换为其他任何语言。还有很多需要深入理解自然语言才能够完成的任务，而这些任务机器还不能完成。

NLP 是一个很庞大的课题。在此我试着以很短的篇幅介绍其中的基本知识。

要让机器理解自然语言（人类使用的语言），首先需要建立机器能够读取的词汇表，然后把自然语言转换为某种可以建模的数学框架。下面是一些基本的概念和技术，可帮助我们实现这一目标。

标记化或**分词**是将文本分解为单词的过程。常见的标记化方法是对空格字符进行标记，把空格之间的内容划分为单词。但是这种通过空格标记单词的方法不大适用于中文。

词干提取是通过粗略的切词方法获取基本词，如去除派生词缀。通过派生词缀，一个词能形成多个新的派生词。派生词通常与原始词属于不同的词类。

词形还原是对单词进行词汇和形态分析，通常用于去除词尾，如加了 s 的英文复数单词，"孩子们"后面的"们"字。

One-hot 编码是一种常见的以数字形式表示单词的方式。词向量的长度等于词汇表的长度，每个文本用一个矩阵表示，行等于词汇表的长度，列等于观测文本的长度。如果文本中的词存在于词汇表中，则值为 1；如果不存在，则值为 0，如下图所示。

One-hot编码示意图

词袋是一种以表格形式表示数据的方法，列代表语料库中的总词汇量，行代表要分析的文本。单元格表示该文本中具体单词的计数。它帮助机器通过矩阵范式（机器易于解释）理解句子，从而使各种算法能够读入数据以构建预测模型。

这是一种实用的方法，能够完成一些常见的机器学习任务（如检测垃圾邮件、制作情感分类器等）。但是，它有两个主要缺点：一是它忽略了文本的顺序或语法，从而失去了单词的上下文；二是这种表示方法生成的矩阵非常稀疏，更偏向于分析常见的词。想想看，算法主要用于计算单词的数量，而在自然语言中，某单词的重要性实际上与出现频率成反比。出现频率较高的词是一般的词，如 the、is、an，它们不会显著地改变句子的含义。因此，适当地权衡单词对句子含义的影响变得很重要。为了解决此问题，引入了词嵌入和嵌入矩阵的概念。

词嵌入（word embedding）是语言模型与表征学习技术的统称。它是指把一个维数等于词总数的高维空间嵌入（可以理解为压缩）一个维数低得多的连续向量空间中，每个单词或词组被映射为实数域上的向量。在词嵌入的过程中，模型能够学习到词在上下文中的权重。

嵌入矩阵是词嵌入的一种表示方法。行代表词嵌入空间的维度，列代表词汇表中出现的词。

为了将样本转换为其嵌入形式，每个被 One-hot 编码的词都要乘以嵌入矩阵，以给出该样本的词嵌入形式。

上述内容就是工业领域中自然语言处理的基本思路[①]。下面介绍实用的自然语言处理工具包，它是宾夕法尼亚大学开发的 NLTK 工具包（中文中有类似的 jieba 分词工具包）。

7.3.2 自然语言工具包NLTK

NLTK(Natural Language Toolkit)提供了全面、易用的自然语言处理接口，涵盖了分词（tokenization）、分类（classification）、词干提取（stemming）、词性标注（tagging）、句法解析（syntactic parsing）和语义推理（semantic reasoning）等功能，其中还包括大量的自然语言数据集和语料库（corpus）。

在 Python 中，要用 pip 语句安装该包，并在运行时单击"Download"按钮下载该工具包中的内容，如下图所示。

In
```
pip install NLTK
```

Out

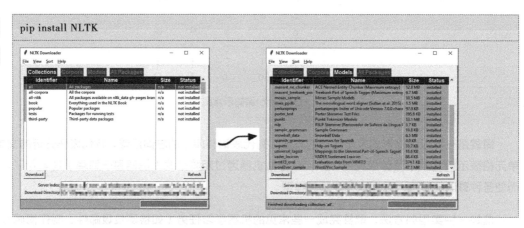

NLTK工具包的安装状态

安装并下载成功后，就可以开始使用该工具包。

下面是使用 NLTK 工具包进行分词的简单示例代码。

In
```
import nltk # 导入 NLTK
sentence = "Long long time ago, there was a poet, called LiBai" # 一个句子
tokens = nltk.word_tokenize(sentence) # 分词
tokens # 输出分词结果
```

[①] 本书并不过多涉及深度学习在自然语言处理中的应用。

Out
```
['Long',
 'long',
 'time',
 'ago',
 ',',
 'there',
 'was',
 'a',
 'poet',
 ',',
 'called',
 'LiBai']
```

这个示例用 word_tokenize API 为一个英文句子分词。

7.4 实战：某网站视频流量、热度和情感属性分析

现在我们用某网站视频数据集进行视频的流量、热度和情感属性分析。

7.4.1 整体思路

这次实战的整体思路如下。

- 导入视频数据集。
- 用可视化方法分析哪些类型的视频比较受欢迎。
- 分析视频类型和热度持续时间的关系。
- 用 NLTK 工具包分析各类视频评论文字的情感属性。

7.4.2 导入数据

先导入需要用到的库。

In
```
import pandas as pd # 导入 Pandas
import numpy as np # 导入 NumPy
import matplotlib.pyplot as plt # 导入 pyplot 模块
import seaborn as sns # 导入 Seaborn
```

然后导入视频数据集。

In
```
df_video = pd.read_csv(" 分类视频 .csv") # 载入数据集
df_video # 输出前几行数据
```

Out

	视频ID	热榜日期	标题	频道	分类码	分类	访问量	点赞数	吐槽数	评论数	说明文字
0	2kyS6SvSYSE	21.11.14	长期的12点以后睡觉到底带来多大危害？	健康博主	22	博客	748374	57527	2966	15954	经过长期的调研，我得出一个结论那就是
1	puqaWrEC7tY	21.11.14	"你骶啥"App上线即获千万元级天使轮融资	赵子琪	24	娱乐	343168	10172	666	2146	我在首蓉园这边，你在哪里啊？我在附近
2	d380meD0W0M	21.11.14	《谁都说》有哪些超级经典的句子？	谁都说	24	娱乐	2095731	132235	1989	17518	也许大家对这个节目并不了解，今天我为
3	gHZ1Qz0KiKM	21.11.14	iOS 15 推出三测试版	手机快递	28	科技	119180	9763	511	1434	这些是值得关注的新变化，屏幕不再是直
4	39idVpFF7NQ	21.11.14	世界首富贝先生今坐自家火箭邀游上太空	三体世界	28	科技	2103417	15993	2445	1970	七月二十日，贝先生搭乘自己公司研发的

7.4.3 浏览量高的视频类型

下面我们来分析哪个类别的视频有较高的浏览量。

先查看该平台中哪些类别视频的数量较多。

In
```
print(" 数量较多的视频类别 ")
print(df_video. 分类 .value_counts()[:5]) # 输出数量位于前 5 的视频类别
```

Out
```
数量较多的视频类型
娱乐     9955
音乐     6472
时尚     4146
搞笑     3456
博客     3210
```

也可以用柱状图展示各类视频的数量。

In
```
plt.figure(figsize = (14,6)) ## 设定画布大小
fig = sns.countplot(' 分类 ', data=df_video) # 创建柱状图
fig.set_title(" 各类别视频总数 ", fontsize=15) # 图题
fig.set_xlabel(" 视频类别 ", fontsize=14) #x 轴标题
fig.set_ylabel(" 数目 ", fontsize=14) #y 轴标题
plt.show() # 输出图像
```

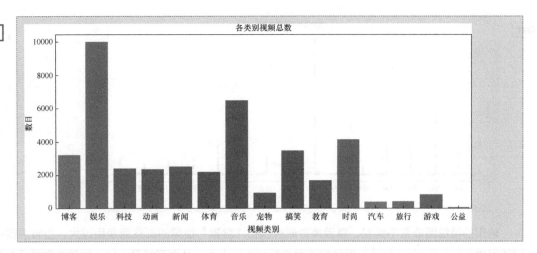

下面用箱线图显示所有类型视频的观看总数。箱线图由 5 个数值点（五数概括信息）组成，分别为最小值 (min)、下四分位数 (Q1)、中位数 (median)、上四分位数 (Q3)、最大值 (max)。下四分位数、中位数、上四分位数组成一个"带有隔间的盒子"。上四分位数到最大值之间有一条延伸线，这条延伸线称为"胡须"。

箱线图的作用之一是找出"脏"数据，即离群点。箱线图会将离群点单独绘制出来，而"胡须"的两极就是最小观测值与最大观测值。

```
plt.figure(figsize = (14,6)) # 设定画布大小
fig = sns.boxplot(x=' 分类 ', y=' 访问量 ', data=df_video) # 创建箱线图
fig.set_title(" 各类别视频观看总数 ", fontsize=15) # 图题
fig.set_xlabel(" 视频类别 ", fontsize=15) #x 轴标题
fig.set_ylabel(" 访问量 ", fontsize=15) #y 轴标题
plt.show() # 输出图像
```

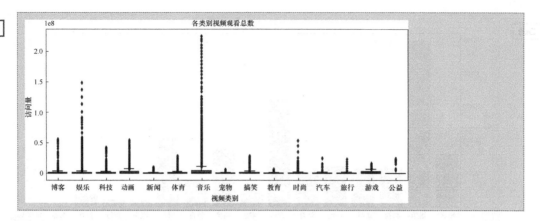

输出的箱线图非常不美观。原因是普通视频和"爆款"视频的浏览量差距过大,当普通视频的访问量只有几千时,"爆款"视频的访问量却可达几十万、几百万甚至上亿。用箱线图展示离群值过大的数据,不会得到太直观的效果。

有一个技巧是通过求对数的方法压缩浏览量的量纲,这是一种特征缩放方法,它把数值之间的差距以对数级别缩小到易于可视化的范围。

"等一等。"子琪说道,"在压缩之前,你先让我看看是哪 5 个视频播放量过亿了,让我'膜拜'一下。"

小雪说:"行啊。"

```
print(df_video.sort_values(by=['访问量'],ascending=False).标题.head(5)) # 播放量在前 5 名的视频
```

```
38522
38320
38121
37910
37705
```

这 5 个视频的热度较高。

对视频的访问量做对数转换处理,重新绘制箱线图。

```
df_video['访问量(对数)'] = np.log(df_video['访问量'] + 1) # 将访问量做对数转换处理
plt.figure(figsize=(14,6)) # 设定画布大小
fig = sns.boxplot(x='分类', y='访问量', data=df_video) # 绘制箱线图
fig.set_title("各类别视频观看总数", fontsize=15) # 图题
fig.set_xlabel("视频类别", fontsize=15) # x 轴标题
fig.set_ylabel("访问量(对数)", fontsize=15) # y 轴标题
plt.show() # 输出图像
```

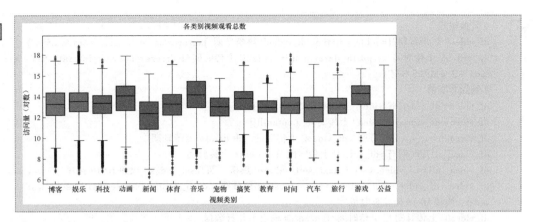

这样的图看起来就舒服多了。观察上图得到：浏览量高的视频通常出现在音乐、娱乐、动画几个类别。

小雪说："子琪，我是用'访问量'做的统计，你看这个数据集里面还有'点赞数'、'评论数'等字段，你可以试着对这些信息做类似的分析。"

7.4.4 热度持续趋势分析

刚才看到了比较受欢迎的视频类型，下面要看看视频热度的另一个指标：在热榜的天数。

子琪频频点头："这年头热度来得急去得快，上'热搜'、头条、推荐榜只是小目标，在热榜上坚持得够久，才是大目标"。

这个数据集中有一个重要信息是"热榜日期"（日期格式目前是"YY.DD.MM"，有待调整）。对于同一个视频来说，每上榜一天，就会多一条数据（见下图）。

视频ID	热榜日期
_0ovuLsnU1A	18.17.02
_0ovuLsnU1A	18.18.02
_0ovuLsnU1A	18.19.02
_0ovuLsnU1A	18.20.02
_0ovuLsnU1A	18.21.02

视频ID和上热榜的日期

下面就利用这个"热榜日期"字段，看一看各个类别的视频的热度持续时间。

首先，整理一下"热榜日期"字段的格式，并把上传时间字段拆分为"上传日期"和"上传时间"两个字段，以方便计算在热榜的天数。

In

```
# 转换格式
df_video[' 热榜日期 '] = pd.to_datetime(df_video[' 热榜日期 '],errors='coerce',format='%y.%d.%m')
df_video[' 上传时间 '] = pd.to_datetime(df_video[' 上传时间 '], errors='coerce',format='%Y-%m-%dT%H:%M:%S.%fZ')
# 删除非零值
df_video = df_video[df_video[' 热榜日期 '].notnull()]
df_video = df_video[df_video[' 上传时间 '].notnull()]
df_video.insert(4,' 上传日期 ',df_video[' 上传时间 '].dt.date) # 上传日期
df_video[' 上传时间 '] = df_video[' 上传时间 '].dt.time # 上传时间
df_video_full = df_video.reset_index().sort_values(' 热榜日期 ').set_index(' 视频 ID') # 排序
df_video = df_video.reset_index().sort_values(' 热榜日期 ').drop_duplicates(' 视频 ID',keep='last').set_index(' 视频 ID') # 删除重复值
df_video[[' 上传日期 ',' 上传时间 ']].head() # 输出前几行数据
```

Out

视频ID	上传日期	上传时间
5x1FAilq_pQ	2017-11-09	15:49:21
7fm7mll2qvg	2017-11-10	00:00:00

然后，计算在榜天数，具体的方法如下。

（1）视频上传日期为 A。

（2）视频在榜的第一天为 B。

（3）视频在榜最后一天为 C。

（4）视频从上传到登榜的天数 D = B － A。

（5）视频从上传到下榜的天数 E = C － A。

（6）在榜天数 F = E － D（这里不考虑下榜后又上榜的情况）。

上面 F 的计算方法稍微绕了个弯，直接用 C － B 也是一样的。不过，上面计算方法的好处是多算出了视频从上传到登榜的天数 D 及视频从上传到下榜的天数 E 这两个值。这两个值配合在榜天数，不仅可以从中看出一个视频的热度持续情况，还可以看出该视频是"快速型爆款"，还是"慢热型爆款"。

In

```
publish_to_trend = {} # 从上传到登榜天数的集合
df_video_first = df_video_full.reset_index().drop_duplicates(' 视频 ID',keep='first').set_index(' 视频 ID') # 登榜日期 B
diff_first = (df_video_first[' 热榜日期 ']).astype('datetime64[ns]')-df_video_first[' 上传日期 '].astype('datetime64[ns]') #B-A
diff_first = diff_first.reset_index() # 重置索引
```

```
diff_first.columns=[' 视频 ID',' 从上传到登榜天数 ']# 设置字段名
# 求从上传到登榜天数的集合
for i, row in diff_first.iterrows():
    publish_to_trend[row[' 视频 ID']] = row[' 从上传到登榜天数 '].days
df_video_last = df_video # 最后在榜日期
diff_last = df_video[' 热榜日期 '].astype('datetime64[ns]')–df_video[' 上传日期 '].astype('datetime64[ns]') #C–A
diff_last = diff_last.reset_index() # 重置索引
diff_last.columns = [' 视频 ID',' 从上传到下榜天数 ']# 设置字段名
df_video = df_video.reset_index() # 重置索引
df_video.insert(4,' 从上传到下榜天数 ', diff_last[' 从上传到下榜天数 '].astype('timedelta64[D]').astype(int)) # "从上传到下榜天数" 字段
df_video.insert(4,' 从上传到登榜天数 ', df_video[' 视频 ID'].map(publish_to_trend)) # 用 map() API 添加 "从上传到登榜天数" 字段
df_video.insert(4,' 在榜天数 ', 0) # "在榜天数" 字段
df_video[' 在榜天数 '] = (df_video[' 从上传到下榜天数 ']–df_video[' 从上传到登榜天数 '])+1 # 求在榜天数
df_video.set_index(' 视频 ID')[[' 从上传到登榜天数 ',' 在榜天数 ']].sort_values(' 在榜天数 ',ascending=False).head() # 排序
```

下面根据 "在榜天数" 字段绘制视频热度持续情况的统计图。

In
```
df_duration = df_video.groupby([' 在榜天数 ']).count()[' 视频 ID']# 构建 df_duration 对象
plt.plot(df_duration.index, df_duration) # 绘图
plt.xlabel(' 在榜天数 ') #x 轴
plt.ylabel(' 视频数 ') #y 轴
plt.title(' 视频热度持续天数统计 ') # 图题
```

Out

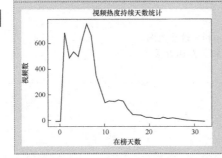

也可以绘制不同类别视频热度持续天数曲线,便于进行比较。

In
```
df_duration_tech = df_video.loc[df_video[' 分类 ']==' 科技 '].groupby([' 在榜天数 ']).count()[' 视频 ID']# 构建 df_duration_tech 对象
df_duration_pop = df_video.loc[df_video[' 分类 ']==' 娱乐 '].groupby([' 在榜天数 ']).count()[' 视频 ID']# 构建 df_duration_pop 对象
df_duration_news = df_video.loc[df_video[' 分类 ']==' 新闻 '].groupby([' 在榜天数 ']).count()[' 视频 ID']# 构建 df_duration_news 对象
```

```
plt.plot(df_duration_tech.index, df_duration_tech, label=' 科技 ') # 绘图
plt.plot(df_duration_pop.index, df_duration_pop, label=' 娱乐 ') # 绘图
plt.plot(df_duration_news.index, df_duration_news, label=' 新闻 ') # 绘图
plt.legend([' 科技 ',' 娱乐 ',' 新闻 ']) # 图例
plt.xlabel(' 在榜天数 ') #x 轴
plt.ylabel(' 视频数 ') #y 轴
plt.title('3 种类型视频热度持续天数比较 ') # 图题
```

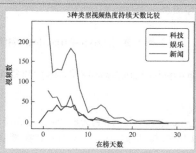

上图中显示，新闻类视频热度衰减得最快，因为新闻的时效性强，上榜 5 天之后就很难维持在热榜上了；科技类视频需要几天的预热时间，在发布后的 5～10 天热度达到峰值；而娱乐类视频的热度峰值出现在发布后的第 1～2 天，以及第 5～7 天。

绘制视频类别和在榜天数的相关性热力图。

```
cat_trend_duration = df_video.groupby([' 分类 ',' 在榜天数 ']).count()[' 视频 ID'].unstack().clip(upper=300)
# 对类别和在榜天数进行分组统计
plt.figure(figsize=(10,10)) # 设置图像大小
#sns.heatmap(cat_trend_duration, cmap='plasma_r') # 绘制相关性热力图
sns.heatmap(cat_trend_duration, cmap="YlGnBu") # 绘制相关性热力图
plt.title(" 类别与在榜天数 ") # 图题
```

上页图中颜色深的部分代表热度最有可能维持多少天。娱乐类视频在发布后的 5～7 天热度高，新闻类视频在发布 3～5 天之后热度就基本消失了，这和我们在热度持续天数曲线中的发现相符。上页图中出现了 -1 天的情况，这应该是异常数值，它表示视频的发布时间晚于上榜的时间，这是不符合逻辑的数据，应该删除。

7.4.5 视频情感属性分析

通过 NLTK 工具包可以进行简单的情感属性分析，包括哪类视频较容易受到喜爱、哪类视频较容易收获差评。

首先，导入相关的工具包。

```
import nltk # 导入 NLTK 工具包
from nltk.sentiment import SentimentIntensityAnalyzer # 导入情感分析工具
from nltk.corpus import stopwords # 导入停顿词工具
from nltk import sent_tokenize, word_tokenize # 导入分词工具
from wordcloud import WordCloud, STOPWORDS # 导入词云工具
import re # 导入正则表达式来匹配操作工具包
```

在工具介绍部分介绍了这些包的作用。corpus（语料库）模块中的 stopwords 等工具负责过滤掉在自然语言处理中对情感语义提示意义不大的单词，如定冠词（the）、不定冠词（a、an）、连接词（of、but）等。这些词的出现频率高，但是对于文本处理和情感分析来说价值低，因此通常要在分析之前把它们去除，以减少特征空间的维度。

下面的代码利用 NLTK 包中的 SentimentIntensityAnalyzer() API 为视频类型做用户喜好程度的排序。

```
MAX_N = 1000 # 词典大小
en_stopwords = list(stopwords.words('english')) # 停顿词列表
polarities = list() # 初始化受欢迎程度
category_list = df_video['分类'].unique() # 得到所有视频分类
for cate in category_list: # 遍历视频分类
    tags_word = df_video[df_video['分类']==cate]['标签'].str.lower().str.cat(sep=' ') # 评论文字
    tags_word = re.sub('[^A-Za-z]+',' ', tags_word) # 去除标点符号
    word_tokens = word_tokenize(tags_word) # 分词
    filtered_sentence = [w for w in word_tokens if not w in en_stopwords] # 去除停顿词
    without_single_chr = [word for word in filtered_sentence if len(word) > 2] # 去除单字符词
    cleaned_data_title = [word for word in without_single_chr if not word.isdigit()] # 去除数字
    # Calculate frequency distribution
    # 词频统计
    word_dist = nltk.FreqDist(cleaned_data_title)
    hnhk = pd.DataFrame(word_dist.most_common(MAX_N), columns=['Word', 'Frequency'])
```

```
# 分析情绪属性
compound = .0
for word in hnhk['Word'].head(MAX_N):
    compound += SentimentIntensityAnalyzer().polarity_scores(word)['compound']
# 确定该分类的受欢迎程度
polarities.append(compound)

category_list = pd.DataFrame(category_list) # 转换成 DataFrame 格式
polarities = pd.DataFrame(polarities) # 转换成 DataFrame 格式
tags_sentiment = pd.concat([category_list,polarities],axis=1) # 构建 tags_sentiment 对象
tags_sentiment.columns = ['category','polarity'] # 设置字段名
tags_sentiment=tags_sentiment.sort_values('polarity').reset_index() # 按情绪属性排序
```

确定了各类视频评论中的情绪属性之后,就可以绘制下面的排序图。

```
plt.figure(figsize=(16,10)) # 设定画布大小
sns.set(style="white",context="talk") # 设定风格
ax = sns.barplot(x=tags_sentiment['polarity'],y=tags_sentiment['category'],data=tags_sentiment,orient='h',
palette="RdBu") # 水平柱状图
plt.ylabel("Categories") # y 轴标题
plt.xlabel("Polarity") # x 轴标题
plt.title(" 各类视频受欢迎的程度 ( 情绪属性分值 )") # 图题
```

排序输出结果如下图所示。

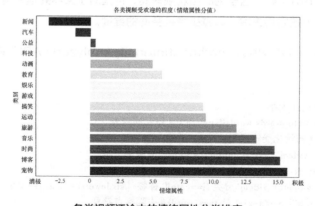

各类视频评论中的情绪属性分类排序

输出结果中显示,情绪属性分值分布范围为 −2.5 ~ 15.0,分值越低,负面情绪越重。新闻、汽车类视频较容易得到差评,宠物类视频获得的赞誉最多。

"所以,子琪你想继续保持热度的话,要在宠物这方面下功夫。"小雪说。

子琪连连点头。

7.5 结论

这个实战中介绍的知识比较零散，但它们都是常见且实用的数据分析工具。

其中，在产品热度的时间序列曲线中我们提到了百度趋势，这一工具非常值得子琪这类视频博主关注。因为它不仅能够提供一个产品的热度信息，还能够结合近期的热点话题给出营销建议。

在实战中，我们利用自己的数据绘制出时间序列曲线，也将各类视频的特点进行了比较。

实战的一个重点是通过 NLTK 自然语言处理工具包对视频的评论文字进行情感属性分析，从中能看出哪些类型的视频更受欢迎。

掌握了这些工具的用法，内容生成者（就是子琪这类视频博主）就可以拥有属于自己的数据洞察方法。

7.6 彩蛋：深度学习和循环神经网络RNN

除 NLTK 工具包之外，目前自然语言处理中较流行的工具是深度学习中的循环神经网络。

深度学习是机器学习的分支，简单来说就是以深度神经网络为模型的机器学习算法。当然这种神经网络不是我们平时所说的人脑中的神经网络，而是人工神经网络（Artificial Neural Network，ANN），它是由数据结构和算法形成的机器学习模型，由大量的人工神经元相互联结而成，这些人工神经元都具有可以调整的参数，可以实现监督学习或者无监督学习。初期的神经网络模型比较简单，后来人们发现网络层数越多，效果越好，就把层数较多、结构比较复杂的神经网络的机器学习技术叫作深度学习。

循环神经网络（RNN）是深度神经网络的一个非常重要的变体。

RNN 与 ANN 不同之处在于，RNN 是一类具有循内部环的神经网络。它处理数据的方式是遍历序列中的所有元素，并保存一个状态（state），这个状态中包含与上下文相关的信息。这相当于为神经网络增加了记忆功能，使得网络可以共享在不同的文本位置中所学习到的特征。因此，RNN 非常有利于处理自然语言类数据。

对于初学者来说，简单易用的深度学习工具是 Keras 框架。该框架建立在 Tensorflow 的基础之上，提供了容易调用的深度学习 API。Keras 框架中循环神经网络模块包括 simple RNN，以及经过进一步优化的循环神经网络模型 GRU 和 LSTM。读者可以尝试调用 LSTM 深度学习模型来实现数据集中的视频分类功能。

卷四 变现

追求收入的增长是运营的真正核心,这应该没有人会否认。拼尽全力地获客、激活和留存,其目标仍然是从用户身上获取收益,提高用户的终身价值。

【关键要素】

阶段	任务	关键数据指标
获取营收	商业活动的收益(如购买量、广告点击量、内容产生量、订阅量等)	用户终身价值、转化率、购物车大小、广告点击营收

- 推荐系统是一个非常实用的收入增长工具,我们将介绍如何从零开始为一家游戏销售公司搭建推荐系统。

——参见第八话案例

- 另一个常用工具是 A/B 测试,用 A/B 测试进行增长实验,如果实验设计得巧妙,小小的改变也能够为收入的增长做出很大的贡献,起到"四两拨千斤"的效果。

——参见第九话案例

第八话

劝君更尽一杯酒：通过推荐系统找到好物

题解 本话题目来自王维的《送元二使安西》[①]。增长的重点不仅在于获客、激活和留存，也要激发老用户的复购能力。而在推荐系统的作用之下，用户会买了又买，欲罢不能。

"怎么了小雪，又熬夜了吗？"咖哥看到走进公司的小雪蓬头垢面，还有大大的黑眼圈，精神状态与平时完全不一样。

"嗯，还说呢，看小说看的。前一阵子不是流行网剧《隐秘的角落》吗？我就把它的作者，叫紫……紫金……"

"紫金陈。"咖哥说。

"嗯，我就把紫金陈的小说都看完了。这一看不要紧，软件还给我推送了一堆书（如下图所示），周浩晖的《暗黑者》、雷米的《心理罪》、东野圭吾的《白夜行》……一本接着一本，看得我夜不能寐。本来我是不知道有这么多写推理的小说！你说，软件是怎么知道我爱看这种书的？"

推荐系统为小雪找到了很多推理小说

[①] 原诗：渭城朝雨浥轻尘，客舍青青柳色新。劝君更尽一杯酒，西出阳关无故人。

"哈哈哈。"咖哥大笑,"这也太简单了吧,AI 时代的 App 怎么可能连这都做不到。正巧,有个用户就是要让咱们给他的网站做推荐系统,今天咖哥就让你明白你是怎么被'套'住的。"

8.1 问题:如何从零搭建推荐系统

今天这位客户又是一家游戏公司的负责人,他们推广并代理国内外各大游戏公司的精品游戏。以前,他们公司的业务主要在线下门店和淘宝商店开展;最近,该公司开发了自己的网络销售平台和 App,为玩家提供个性化服务。

众所周知,游戏玩家的忠诚度特别重要,一款游戏随时可能会被通关或者被玩腻,因此玩家会不时地寻找新游戏,也会随时关注新产品和游戏升级版的发布。推荐系统在游戏销售环节特别重要。所以这个客户认为他们有必要利用已有的销售数据,建立一个简单可用的推荐系统,为老用户推荐他们所感兴趣的新游戏。

下图就是这家公司提供的销售数据。

	A	B	C	D
1	用户ID	游戏	行为	游戏时间
2	151603712	轩辕剑外传-天之痕	purchase	1
3	151603712	轩辕剑外传-天之痕	play	273
4	151603712	轩辕剑外传-枫之舞	purchase	1
5	151603712	轩辕剑外传-枫之舞	play	87
6	151603712	轩辕剑外传-穹之扉	purchase	1
7	151603712	轩辕剑外传-穹之扉	play	14.9

游戏公司的销售数据集

这个数据集非常简单,其中包括用户 ID、游戏名称、用户的游戏时间,及是否购买游戏。根据这个数据集,我们可以搭建一个简单而有效的推荐系统。

8.2 概念:相关性与推荐系统

对于推荐系统,我们不会感到陌生。不过在 20 世纪 90 年代初期,还没有这种东西。它起源于 20 世纪 90 年代末沃尔玛超市的"秘密武器"——购物篮分析,数据分析的经典案例"啤酒和尿布"就是从那儿来的。

8.2.1 关联规则

咖哥问道:"为什么两种看似风马牛不相及的产品会出现在同一个购物篮中?为什么把它们放在超市中的邻近位置会大大增加它们的销售量?"

"我知道。"小雪迫不及待地回答道,"这个段子'老掉牙'了。美国的超市一般离家远,有孩子的家庭一般都是妈妈带娃，爸爸采购生活用品。爸爸开车出去一次不容易，所以买尿布的同时就把啤酒也买了，犒劳自己。超市通过分析购物单据发现了这个秘密，就把啤酒与尿布相邻摆放，实现了让人意想不到的关联销售。"

"的确，将看似不相关的商品摆放在一起实现关联销售就是沃尔玛超市多年来的增长'秘密'。"

对于超市或者网店来说，销售额就是其北极星指标，这个指标可以简单拆解成如下形式。

$$销售额 = 客单价 \times 客流数$$

如果客流数主要由超市的地理位置、附近的居民人数，以及竞争对手的数目而定，那么销售额要增长，就要聚焦于实现客单价的增长。超市老板的策略是想方设法地让客人多买点东西再走。不单实体店如此，网店的"加价购""满减"等促销手段的基本原理也一样，要增加用户每一次消费的客单价。

要让用户多买，就需要推荐他们喜欢或者需要的产品。这就要寻找两个或者多个事物（商品）之间的**相关性**，也叫关联度。在数据分析中，寻找相关性的过程叫作**关联规则**（association rule）的挖掘。

相关性强的商品比比皆是，如退烧药和维生素泡腾片、麻辣香锅底料和午餐肉；而相关性也并不仅体现在两个商品之间，也会体现在商品和其他指标之间。如便利店会研究气温和不同类型饮料销量之间的关系，以此确定天热时，是不是要多摆放可乐和脉动；天冷时，是不是热腾腾的咖啡和奶茶会很受欢迎。

"照这么说，还有各个不同时段和商品销售量之间的关系。"小雪插嘴，"早晨8点到9点要把面包和牛奶摆在商店最显著的位置；下午三四点就多准备咖啡。"

此外，用户细分的思维告诉我们，用户群体对商品相关性的影响也不可忽视。例如刚才所说的"啤酒和尿布"，在我国的超市里将它们关联销售会有效吗？对此应存有疑问，因为我国和美国的情况不同。在我国给孩子买尿布的人很可能是孩子的奶奶或者带娃的阿姨，她们买啤酒的可能性微乎其微。而一个超市是开在CBD（中心商务区）的楼下，还是建筑工地附近，其商品之间的关联规则肯定也有差异。**因此没有一成不变的规则，具体场景的规则需要依据具体场景下的数据来制订。**

8.2.2　相关性的度量指标：相关系数

在关联规则的确定过程中，商品之间的相关性如何量化呢？有一个叫作**相关系数**（correlation coefficient）的统计指标，它用来反映变量之间的线性相关程度。相关系数最早由统计学家卡尔·皮尔逊提出，一般用字母 r 或 R 表示（R 是英文单词 relationship 首字母的大写），

实践篇　数据运营分析十话

因此它也叫 R 值。相关系数有多种定义方式，较为常用的是皮尔逊相关系数。

其计算公式如下所示。

$$R(X,Y) = \frac{Cov(X,Y)}{\sqrt{Var[X]Var[Y]}} = \frac{\Sigma(x_i - \bar{x})(y_i - \bar{y})}{\sqrt{\Sigma(x_i - \bar{x})^2(y_i - \bar{y})^2}}$$

该公式分子中的 $Cov(X，Y)$ 代表 X、Y 间的**协方差**。协方差本身可以度量两个变量之间的线性关系。它通常用来表示线性回归过程中各个变量在变化过程中是同方向变化还是反方向变化，以及同向或反向的变化程度如何。

协方差和相关系数的计算方法不同，二者的值也不同。相关系数是在协方差的基础上进一步计算得出的，其取值范围是 [-1,1]，而协方差的取值范围是负无穷大到正无穷大。

该公式的分母部分是两个变量方差乘积的开方。**方差**是每个样本值与全体样本值平均数之差的平方的平均数，用来度量随机变量或一组数据的离散程度。

用下面的代码可以计算矩阵中各个变量的协方差。

```
covariance_matrix = np.cov(df) # 计算协方差
print(covariance_matrix) # 输出协方差矩阵
```

对于 R 值我们也并不陌生。在之前的数据可视化过程中，曾经多次用 Pandas 中 DataFrame 类的方法 DataFrame.corr() 来输出相关系数矩阵，以及 Seaborn 中的 heatmap() 来输出相关性热力图。相关系数矩阵和相关性热力图都用于展示一组指标中两个指标之间的 R 值。

下面是计算相关系数的示例代码。

```
import pandas as pd # 导入 Pandas
import numpy as np # 导入 NumPy
# 创建一个 DataFrame 对象
df = pd.DataFrame({
```

```
"气温": [1.5, 25, 4.6, 33, 16],
"奶茶": [25, 6, 10, 4, 19],
"冰淇淋": [0, 18, 1, 28, 14],
"咖啡": [49, 79, 72, 58, 53], })
df_corr = df.corr() # 计算 R 值
df_corr # 输出 R 值
```

Out:

	气温	奶茶	冰淇淋	咖啡
气温	1.000000	-0.747704	0.990940	0.233862
奶茶	-0.747704	1.000000	-0.673561	-0.706513
冰淇淋	0.990940	-0.673561	1.000000	0.108584
咖啡	0.233862	-0.706513	0.108584	1.000000

用 Seaborn 中的 heatmap() 将上图中的数据可视化。

```
import matplotlib.pyplot as plt # 导入 pyplot 模块
import seaborn as sns # 导入 Seaborn
ax = sns.heatmap(df_corr, annot=True, cmap="YlGnBu") # 相关性热力图
bottom, top = ax.get_ylim() # 坐标
ax.set_ylim(bottom + 0.5, top - 0.5) # 微调坐标
plt.show() # 输出图片
```

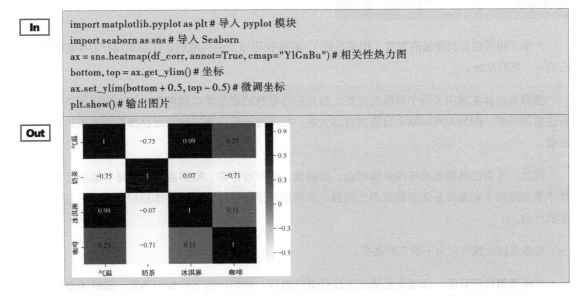

从上图中可以看出，气温与冰淇淋的销售量具有很强的相关性，与奶茶的销售量则具有较强的负相关性，而与咖啡的销售量没有很强的相关性。其他各个变量之间的相关性在矩阵中也都一一展示了出来。

通常来说，当 R 值的绝对值大于 0.7 时，可以认为二者具有相当强的相关性；小于 0.3 则二者具有弱相关关系；而在 0.3 到 0.7 之间，二者具有较强的相关性。

要注意弱相关往往才是最有商业价值的信息，因为强相关十分明显，很容易发现。如果做了半天数据分析之后告诉老板应该把奶瓶和奶粉放在邻近的货柜中，老板会觉得你在浪费时间。因为弱相关平时不容易被注意到，所以发现它们才是数据分析师的任务。啤酒和尿布之间其实就存

在弱相关的关系。

另外，有时相关性的出现是因外界的干扰因素而形成的，例如在某次促销活动中，A、B两种看似没有什么关系的商品被摆放在一起了，造成了一些购物篮中同时出现这两种商品的情况，此时如果进行数据分析，结果就有可能显示二者具有相关性。然而，一旦促销活动结束后，两种商品分开摆放，这种相关性就消失了。

最后，相关性是可能出现负值的，这说明两种商品具有互斥的关系。对于两种同类型的商品，这种互斥关系也具有意义。例如，我们往往习惯使用同一个品牌的牙膏，长期用高露洁牙膏的人通常不会同时购买黑人牙膏，这两种商品就具有负相关关系。类似地，可口可乐和百事可乐出现在同一个购物篮的可能性也低。

8.2.3 推荐系统及其所解决的问题

介绍了相关性及其衡量的方法（相关系数），现在就可以说说关联规则在互联网产品中的重要应用——推荐系统。

推荐系统其实解决了两个层面的问题，首先它帮助我们定位类似的商品；其次它还解决了信息过载的问题。因为电商网站中可选的商品太多，如何找到用户感兴趣的商品是推荐系统的核心价值。

因此，优秀的推荐系统不仅要推得全、推得像，还要推得精、推得准。精准推荐解决了用户找不着商品和不知道怎么选商品这两个问题，从而提升了用户体验。用户体验好，就会一直使用你的产品。

推荐系统大致可分为下面几种类型。

一是简单推荐系统，仅就商品受欢迎程度进行推荐。例如，当下什么书热销，就给读者推荐什么书；什么电影票房好，就给观众推荐什么电影。这是向大众提供的通用推荐系统，其实现技术非常简单。不过，因为受大众欢迎的商品通常是有热销基础的，所以这种推荐系统并不一定不好用。

二是基于内容的推荐系统，这种类型的推荐系统中包含特定商品的元数据。例如在一个视频网站中，每一个视频在上传的时候，都包含视频的类别、创作者、演员和风格描述等信息，根据这些元数据，视频网站就能进行推荐。例如，用户在 Youtube 看了《夜空中最亮的星》这个歌曲的视频之后，网站会给他推荐一个《平凡之路》歌曲的视频。从风格上说，这两首歌曲的确是相似的。

三是基于协同过滤算法的推荐系统，这也是目前使用得比较普遍的推荐系统。这种系统会将当前用户和其他用户对各种商品的评分和偏好作为主要信息源，并将其用来预测用户可能会感兴趣的商品。协同过滤算法对元数据的要求比较低，而推荐的智能性和信度却比较高。下面就介绍协同过滤算法的具体实现。

8.3 工具：协同过滤算法

在协同过滤算法中，有基于用户的协同过滤算法，还有基于商品的协同过滤算法。先说基于用户的协同过滤算法。

8.3.1 基于用户的协同过滤算法

咖哥说："所谓'人以群分'，假如说小雪你喜欢《夜空中最亮的星》《平凡之路》《大鱼》这几首歌，那么又来了一个和你年龄接近的人——你的姐姐小冰。恰好她也喜欢《平凡之路》，那么我们推给她类似的歌，效果应该好过推荐《把悲伤留给自己》《挪威的森林》《当爱已成往事》（咖哥暴露年龄了）。"

要为用户 A 推荐他所喜欢的商品，可以先找到和他兴趣相似的用户 B 或者用户 C（他们其实属于一个群体），然后把用户 B 或者用户 C 喜欢的，而且用户 A 还没有购买过的商品推荐给 A。这就是基于用户的协同过滤算法。

所以说基于用户的协同过滤算法的核心是寻找相似的"人"，如下图所示。

基于用户的协同过滤算法的核心是寻找相似的"人"

上图中，因为用户咖哥和小冰均购买了鸡和鸭，所以判断这两个用户的相似度较高，系统会把小冰购买过，而咖哥没有购买过的鱼推给咖哥。而小雪和咖哥、小冰这两个用户并不相似。

"只有我一个人喜欢吃猪肉?"小雪很诧异。

8.3.2 基于商品的协同过滤算法

这里所说的商品也包括文章、公众号、热点新闻、人物等。如何确定商品之间的相似性,其原理和上面是一样的。如果有一群人都喜欢听《夜空中最亮的星》《平凡之路》《大鱼》;而另一群人都喜欢听《把悲伤留给自己》《挪威的森林》《当爱已成往事》。那么系统就知道,《夜空中最亮的星》《平凡之路》《大鱼》这几首歌有某种相似性;而《把悲伤留给自己》《挪威的森林》《当爱已成往事》这几首歌有相似性。

所以说基于商品的协同过滤算法的核心是寻找相似的"物",如下图所示。

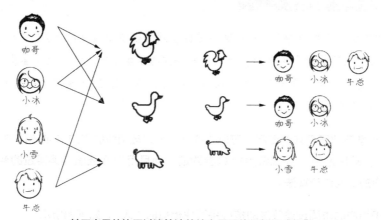

基于商品的协同过滤算法的核心是寻找相似的"物"

上图中,商品鸡被用户咖哥、小冰、牛总①购买过,而商品鸭被用户咖哥、小冰购买过,因此判断商品鸡和鸭有相似性,可以把鸭推荐给牛总。而商品猪肉被用户小雪和牛总购买过,则不能判断猪肉和鸭有相似性。

8.3.3 构建共现矩阵

协同过滤算法的第一步是根据用户的购买(或者浏览、点赞、评论等)历史行为构建共现矩阵。举例如下。

- 5个用户:咖哥、小冰、小雪、牛总、马总。

---

① 牛总:马总的助手,将在后续的实战案例中登场。

- 4 种商品：鸡、鸭、鱼、猪肉。

共现的意思是根据购买记录，列举出某两个商品同时被一个用户购买的次数，如下图所示。

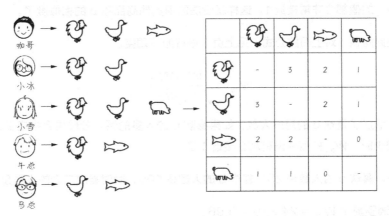

构建共现矩阵

上面的共现矩阵中显示商品鸡和鸭同时被 3 个用户购买，商品鸡和鱼同时被两个用户购买，而商品鸡和猪肉同时被 1 个用户购买。

8.3.4 相似性的确定

如何进一步确定两个商品之间的相似性？根据商品被同一个用户喜欢的频率，如某两个商品曾经被许多用户同时认定为"心头好物"，说明它们是相似的。因此，共现矩阵中的"3""2""1"其实已经可以标识相似程度。不过，这并不是很精细。

从数学和拓扑学的角度讲，如何确定两个商体的相关或者相似程度呢？其实有很多种方法。举例来说，在一个三维空间中，A 点的坐标是（0，3，3），B 点的坐标是（4，5，2），则可以求出它们之间的余弦值，这个值越接近 1，表示它们越相似。除余弦值外，还有欧式距离、R 值、Jaccard 系数等相似性的度量方式。

这里用一个简单的公式计算相似性。假设喜欢商品 a 的用户人数为 N_b，喜欢商品 b 的用户人数为 N_b，那么 a 与 b 的相似度 W_{ab} 的计算公式如下。

$$W_{ab} = \frac{|N_a \cap N_b|}{N_a}$$

公式中"∩"的意思是取交集，因此分子是同时喜欢 a 和 b 的用户的集合；分母是喜欢 a 的用户。W_{ab} 可以理解为在喜欢 a 的用户中，同时也喜欢 b 的用户所占的比例。这个比例越高、越接近 1（即 100%），则 a 与 b 的相似度越高。

不过，这里有个问题：如果 b 是一个很热销的商品，几乎所有用户都喜欢它，这样对于其他任何商品，W_{ab} 的值都会非常接近 1。这样就没法区别其他商品和 b 的相似度了。

为了解决此问题，对上面的公式（见上页）进行如下调整。

$$W_{ab} = \frac{|N_a \cap N_b|}{\sqrt{|N_a||N_b|}}$$

分母部分增加了喜欢 b 的用户人数，如果喜欢 b 的人多的话，分母也会相应变大，当同时喜欢 a 的人数较少时，W_{ab} 的值就没有那么接近 1 了。

举个例子，喜欢 a 的人数是 25，喜欢 b 的人数是 100，同时喜欢二者的人数是 24。

公式 1（调整前）: $W_{ab} = 24 \div 25 = 0.96$

公式 2（调整后）: $W_{ab} = 24 \div \sqrt{25 \times 100} = 24 \div 50 = 0.48$

这个例子中，调整后的公式计算出的 a、b 的相似度会比较符合实际情况。

下面用图展示上述示例中相似度矩阵的生成过程。

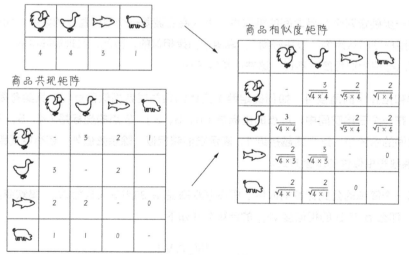

商品的相似度矩阵的生成过程

从上图中可以看出各商品之间的相似度，如鸡、鸭间的相似度为 3/4，鸭、猪肉间的相似度为 1/2。

有了各商品间的相似度（同理也可以求得用户之间的相似度），就可以为其排序并进行商品推荐了。当然，真实推荐系统的实现过程远比上面所描述的复杂得多。

咖哥发言

一般的推荐系统还会有一个步骤：基于商品间的相似度来计算用户对特定商品的感兴趣程度，然后根据这个感兴趣程度对推荐列表进行排序。为什么要加入"兴趣"这个元素，因为一个用户购买了某个商品之后，并不意味着他就一定非常喜欢该商品，也就是说"购买"和"喜欢"之间有相关性，但并不等价。除了用户是否购买过某商品，还可以根据用户对该商品的评分，以及搜索该商品的频率来确定用户对该商品的感兴趣程度。

此时，小雪开口发问："咖哥，上面这个过程属于基于商品的协同过滤，对吧？"

咖哥回答说："对。在电商网站和 App 中，用户人数是远远大于商品数量的，很多商品是常销的，因此商品间的相似度相对于用户的兴趣来说比较稳定。这个时候基于商品进行协同过滤是比较好的选择。"

"哦，是这样啊。"小雪说，"也就是说，应该选择相似度相对稳定的因素进行协同过滤，对吧？对于公众号和博客推文来说，是不是用户的喜好比较稳定，而文章的变化比较快？"

"你说对了，对于公众号和博客来说，其文章的时效性很强，一个热点几天就消失了，而用户却一直在，每个用户喜欢阅读的文章类型也很少改变，这种情况下应该选择基于用户的协同过滤算法建立推荐系统。"

8.4 实战：简单的游戏推荐系统实现

下面就基于协同过滤算法为该游戏营销公司创建推荐系统。

8.4.1 整体思路

这次实战的整体思路如下。

- 导入用户试玩和购买游戏的数据。

- 根据用户试玩和购买游戏的情况，构建相关矩阵。

- 计算用户之间的相似度，基于用户相似度创建推荐列表。
- 计算游戏之间的相似度，基于游戏相似度创建推荐列表。

这两个推荐列表中所推荐的游戏应该存在共性。

8.4.2 导入数据

先导入并输出游戏数据。

```
import pandas as pd # 导入 Pandas
import numpy as np # 导入 NumPy
df_games = pd.read_csv(" 游戏 .csv") # 导入数据
df_games # 输出数据
```

	用户ID	游戏	行为	游戏时间
0	151603712	游戏4367	purchase	1.0
1	151603712	游戏4367	play	273.0
2	151603712	游戏1648	purchase	1.0
3	151603712	游戏1648	play	87.0
4	151603712	游戏4014	purchase	1.0
...	...	...	...	...
199995	128470551	游戏4611	play	1.5
199996	128470551	游戏1975	purchase	1.0
199997	128470551	游戏1975	play	1.5
199998	128470551	游戏3635	purchase	1.0
199999	128470551	游戏3635	play	1.4

200000 rows × 4 columns

这个数据集中有 20 万行数据。用户有两类行为，如果行为是"play"，则"游戏时间"字段为用户试玩游戏的时间；如果行为是"purchase"，则"游戏时间"字段的值固定为 1.0，它表示该用户购买了这个游戏。

输出游戏的数量及每一个游戏的试玩和购买总数。

```
df_games[' 游戏 '].value_counts() # 游戏计数
```

游戏 1333	9682
游戏 4255	4646
游戏 971	2789
游戏 4820	2632
游戏 2474	1752
......	
游戏 3947	1
游戏 765	1
游戏 1528	1

游戏 4598	1	
游戏 3598	1	
Name: 游戏, Length: 5101, dtype: int64		

输出结果中显示共有 5101 个游戏，排在较前面的是游戏 1333 和游戏 4255 等，游戏名称后面的数字是用户试玩和购买该游戏的总数。

再输出用户的情况。

In
```
df_games['用户ID'].value_counts() # 用户计数
```

Out
```
62990992    1573
33865373     949
             ……
64689644       1
51044834       1
Name: 用户ID, Length: 12393, dtype: int64
```

输出结果中显示共有 12393 个用户，排在第一的玩家有 1573 条试玩和购买游戏的记录。

8.4.3 构建用户/游戏相关矩阵

下面我们利用 Pandas 中的数据透视表 pivot_table() 工具构建用户与游戏的相关矩阵。

In
```
user_game_matrix = df_games.pivot_table(index='用户ID', columns='游戏',
                    values='游戏时间', aggfunc='sum') # 用 pivot_table 构建相关矩阵
user_game_matrix # 输出相关矩阵
```

Out

游戏	游戏10	游戏100	游戏1000	游戏1001	游戏1002	游戏1003	游戏1004	游戏1005	游戏1006	游戏1007	...	游戏990	游戏991	游戏992	游戏993	游戏994	游戏995	游戏996	游戏997	游戏998	游戏999
用户ID																					
5250	NaN	NaN	NaN	NaN	NaN	NaN	NaN	NaN	NaN	NaN	...	NaN	NaN	NaN	NaN	NaN	NaN	NaN	NaN	NaN	NaN
76767	NaN	NaN	NaN	NaN	NaN	NaN	NaN	NaN	NaN	NaN	...	NaN	NaN	NaN	NaN	NaN	NaN	NaN	NaN	NaN	NaN
86540	NaN	NaN	NaN	NaN	NaN	NaN	NaN	NaN	NaN	NaN	...	NaN	NaN	NaN	NaN	NaN	NaN	NaN	NaN	NaN	NaN
103360	NaN	NaN	NaN	NaN	NaN	NaN	NaN	NaN	NaN	NaN	...	NaN	NaN	NaN	NaN	NaN	NaN	NaN	NaN	NaN	NaN
144736	NaN	NaN	NaN	NaN	NaN	NaN	NaN	NaN	NaN	NaN	...	NaN	NaN	NaN	NaN	NaN	NaN	NaN	NaN	NaN	NaN
...	...	...	...	...	...	...	...	...	...	...	...	...	...	...	...	...	...	...	...	...	...
309554670	NaN	NaN	NaN	NaN	NaN	NaN	NaN	NaN	NaN	NaN	...	NaN	NaN	NaN	NaN	NaN	NaN	NaN	NaN	NaN	NaN
309626088	NaN	NaN	NaN	NaN	NaN	NaN	NaN	NaN	NaN	NaN	...	NaN	NaN	NaN	NaN	NaN	NaN	NaN	NaN	NaN	NaN
309812026	NaN	NaN	NaN	NaN	NaN	NaN	NaN	NaN	NaN	NaN	...	NaN	NaN	NaN	NaN	NaN	NaN	NaN	NaN	NaN	NaN
309824202	NaN	NaN	NaN	NaN	NaN	NaN	NaN	NaN	NaN	NaN	...	NaN	NaN	NaN	NaN	NaN	NaN	NaN	NaN	NaN	NaN
309903146	NaN	NaN	NaN	NaN	NaN	NaN	NaN	NaN	NaN	NaN	...	NaN	NaN	NaN	NaN	NaN	NaN	NaN	NaN	NaN	NaN

12380 rows × 5101 columns

因为用户人数和游戏数量都非常多，每一个用户玩过的游戏数量有限，所以输出结果中出现了大量的 NaN 值（无法处理的数值）。这个值表示该用户没有对应的游戏记录。如果输出数据集中的全部数据，还会发现有非 0 值，它表示该用户试玩过或者购买了某游戏。

下面的代码把矩阵中无法被处理的"NaN"转换为"0"。这里我们使用了 Python 内置的 lambda 操作符创建一次性的匿名函数进行值的转换,并通过 Applymap()API 调用该匿名函数完成值的转换操作。

```
user_game_matrix = user_game_matrix.applymap(lambda x: 1 if x > 0 else 0) # 把"NaN"转换为"0"
user_game_matrix # 输出相关矩阵
```

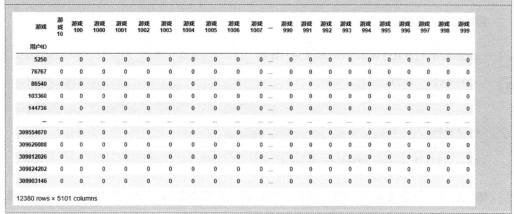

无论用户是曾经试玩过游戏,还是购买过游戏,均可以认为用户对该游戏有兴趣。而"0"则意味着用户对该游戏没有兴趣。

咖哥发言

这里做的是简单的划分,实际上用户试玩的时间越长,兴趣的权重应越高,而"购买游戏"则应该被分配更高的权重。

这个数据集中有几十万行数据,用 Excel 处理绝非易事,Python 速度上的优势在这里有所体现。

8.4.4 基于玩家相似度的协同过滤系统

下面通过 scikit-learn 工具包中的 cosine_similarity() API 来完成相似性的计算。

先导入 cosine_similarity 模块。

In
```
from sklearn.metrics.pairwise import cosine_similarity # 导入 cosine_similarity 模块
```

8.4.5 构建相似度矩阵

下面构建用户相似度矩阵。

In
```
user_user_sim_matrix = pd.DataFrame(cosine_similarity(user_game_matrix)) # 构建用户相似度矩阵
user_user_sim_matrix # 输出用户相似度矩阵
```

Out

	0	1	2	3	4	5	6	7	8	9	...	12383	12384	12385	12386	12387
0	1.000000	0.400066	0.313276	0.552052	0.617213	0.755929	0.671937	0.284747	0.699854	0.552052	...	0.125988	0.0	0.0	0.097590	0.218218
1	0.400066	1.000000	0.239268	0.421637	0.471405	0.433013	0.416975	0.217479	0.400892	0.421637	...	0.000000	0.0	0.0	0.000000	0.000000
2	0.313276	0.239268	1.000000	0.279372	0.312348	0.286910	0.233778	0.226442	0.265627	0.279372	...	0.000000	0.0	0.0	0.000000	0.000000
3	0.552052	0.421637	0.279372	1.000000	0.894283	0.730297	0.608581	0.157195	0.845154	1.000000	...	0.000000	0.0	0.0	0.000000	0.000000
4	0.617213	0.471405	0.312348	0.894427	1.000000	0.816497	0.544331	0.175750	0.755929	0.894427	...	0.000000	0.0	0.0	0.000000	0.000000
...	...	...	...	...	...	...	...	...	...	...	...	...	...	...	...	...
12388	0.000000	0.000000	0.000000	0.000000	0.000000	0.000000	0.000000	0.000000	0.000000	0.000000	...	0.000000	0.0	0.0	0.447214	0.000000
12389	0.000000	0.166667	0.110432	0.000000	0.000000	0.000000	0.000000	0.062137	0.000000	0.000000	...	0.000000	0.0	0.0	0.000000	0.000000
12390	0.000000	0.000000	0.000000	0.000000	0.000000	0.000000	0.000000	0.000000	0.000000	0.000000	...	0.000000	0.0	0.0	0.000000	0.000000
12391	0.218218	0.000000	0.000000	0.000000	0.000000	0.000000	0.000000	0.062137	0.000000	0.000000	...	0.000000	0.0	0.0	0.000000	1.000000
12392	0.218218	0.000000	0.000000	0.000000	0.000000	0.000000	0.000000	0.062137	0.000000	0.000000	...	0.000000	0.0	0.0	0.000000	1.000000

12393 rows × 12393 columns

为此矩阵设置行名和列名，使其成为行索引名和列字段名都是用户 ID 的相似度矩阵（程序输出结果的左上角显示的是 DataFrame 索引）。

In
```
user_user_sim_matrix.columns = user_game_matrix.index # 将索引（"用户 ID"）赋给列名
user_user_sim_matrix['用户 ID'] = user_game_matrix.index # 将索引（"用户 ID"）赋给"用户 ID"列
user_user_sim_matrix = user_user_sim_matrix.set_index('用户 ID') # 设置"用户 ID"为行名（DataFrame 的索引）
user_user_sim_matrix # 输出用户相似度矩阵
```

Out

用户 ID	5250	76767	86540	103360	144736	181212	229911	298950	299153	381543	...	309262440	309265377	309375103	309404241
用户 ID															
5250	1.000000	0.400066	0.313276	0.552052	0.617213	0.755929	0.671937	0.285299	0.699854	0.552052	...	0.125988	0.0	0.0	0.09759
76767	0.400066	1.000000	0.239268	0.421637	0.471405	0.433013	0.416975	0.217900	0.400892	0.421637	...	0.000000	0.0	0.0	0.00000
86540	0.313276	0.239268	1.000000	0.279372	0.312348	0.286910	0.233778	0.226880	0.265627	0.279372	...	0.000000	0.0	0.0	0.00000
103360	0.552052	0.421637	0.279372	1.000000	0.894427	0.730297	0.608581	0.157500	0.845154	1.000000	...	0.000000	0.0	0.0	0.00000
144736	0.617213	0.471405	0.312348	0.894427	1.000000	0.816497	0.544331	0.176090	0.755929	0.894427	...	0.000000	0.0	0.0	0.00000
...	...	...	...	...	...	...	...	...	...	...	...	...	...	...	...
309554670	0.000000	0.000000	0.000000	0.000000	0.000000	0.000000	0.000000	0.000000	0.000000	0.000000	...	0.000000	0.0	0.0	0.44721
309626088	0.000000	0.166667	0.110432	0.000000	0.000000	0.000000	0.000000	0.062257	0.000000	0.000000	...	0.000000	0.0	0.0	0.00000
309812026	0.000000	0.000000	0.000000	0.000000	0.000000	0.000000	0.000000	0.000000	0.000000	0.000000	...	0.000000	0.0	0.0	0.00000
309824202	0.218218	0.000000	0.000000	0.000000	0.000000	0.000000	0.000000	0.062257	0.000000	0.000000	...	0.000000	0.0	0.0	0.00000
309903146	0.218218	0.000000	0.000000	0.000000	0.000000	0.000000	0.000000	0.062257	0.000000	0.000000	...	0.000000	0.0	0.0	0.00000

12380 rows × 12380 columns

在这个矩阵中，数值的大小就代表这两个用户的相似程度（最大值为 1，表明比较的是同一个用户）。

用户 5250 和 144736 的相似度约为 0.617，用户 86540 的相似度约为 0.313，说明应该向用户 5250 推荐用户 144736 玩过的游戏，而不是用户 86540 玩过的游戏。

8.4.6 找到推荐列表

根据上述相似度矩阵，就可以得到推荐给某个玩家的游戏列表——以用户 86540 为例，先看一看和他兴趣相似的用户。

下面的代码把用户相似度从大到小排序。

In
```
user_user_sim_matrix.loc[86540].sort_values(ascending=False) # 对用户 86540 的相似度列表进行降序排列
```

Out
```
用户 ID
86540        1.000000
54637394     0.416516
30440303     0.413350
58931437     0.406329
24721232     0.349176
  ……           ……
199806970    0.000000
199805188    0.000000
199779448    0.000000
199768117    0.000000
164939568    0.000000
Name: 86540, Length: 12393, dtype: float64
```

由输出结果发现和用户 86540 最相似的用户的 ID 是 54637394。

下一步要做的是分别找到用户 86540 和用户 54637394 各自喜欢的游戏的集合。

先列出用户 86540 玩过的游戏。在 user_a_list 这个 Series 对象中 0 值很多，我们需要在其中找到非 0 的索引值，那些才是用户 86540 玩过的游戏。

In
```
user_a_list = user_game_matrix.loc[86540] # 用户 86540 的游戏列表
user_a_games = user_a_list.to_numpy().nonzero() ## 用户 86540 玩过或购买过的游戏
user_a_games # 输出数据
```

```
Out  (array([ 174, 175, 206, 207, 322, 326, 327, 379, 426, 427, 428, 429, 430, 619, 978, 1131, 1179, 1247, 12
       48, 1250, 1251, 1266, 1267, 1269, 1635, 1691, 2069, 2070, 2072, 2076, 2078, 2120, 2121, 2122, 2372, 2432,
       2475, 2668, 3023, 3024, 3057, 3059, 3060, 3211, 3222, 3223, 3312, 3313, 3531, 3546, 3684, 3685, 3686, 3
       687, 3688, 3742, 3743, 3744, 3745, 3746, 3747, 3748, 3751, 3871, 4258, 4364, 4365, 4366, 4367, 4516, 4596,
       4597, 4599, 4642, 4658, 4719, 4777, 4878, 4879, 4880, 4881, 5053], dtype=int64),)
```

NumPy 数组 user_a_game 列出了用户 86540 玩过或者购买过的游戏。

下面还需要进行一次转换，才能得到用户 86540 玩过的游戏的集合，把数字索引转换成具体的游戏名称。

```
In   user_a_gameset = set(user_a_list.iloc[user_a_games].index) # 游戏名称的集合
     user_a_gameset # 输出数据
```

```
Out  {' 游戏 1117',
      ' 游戏 1167',
      ---
      ' 游戏 414',
      ' 游戏 415',
      ' 游戏 416',
      ' 游戏 417',
      ' 游戏 418'
      ---
      ' 游戏 620',
      ' 游戏 968'}
```

按照同样的步骤得到用户 54637394 喜欢的游戏的集合。

```
In   user_b_list = user_game_matrix.loc[54637394] # 用户 54637394 的游戏列表
     user_b_games = user_game_matrix.loc[54637394].to_numpy().nonzero() # 用户 86540 玩过或购买过的游戏
     user_b_gameset = set(user_a_list.iloc[user_b_games].index) # 游戏名称的集合
     user_b_gameset # 输出数据
```

```
Out  {' 游戏 1031',
      ' 游戏 1098',
      ---
      ' 游戏 414',
      ' 游戏 415',
      ' 游戏 416',
      ' 游戏 417',
      ' 游戏 418'
      ---
      ' 游戏 971',
      ' 游戏 974'}
```

如果两个用户有很多共同喜欢的游戏，则把用户 86540 玩过而用户 54637394 没有玩过的游戏推荐给用户 54637394，或者把用户 54637394 玩过而用户 86540 没有玩过的游戏推荐给用户 86540，都合理。

下面我们通过集合运算找到用户 54637394 玩过而用户 86540 没有玩过的游戏。

In
```
user_a_recommend_games = user_b_gameset – user_a_gameset # 找到给用户 86540 推荐的游戏
user_a_recommend_games # 输出推荐的游戏
```

Out
```
{' 游戏 1031',
 ' 游戏 1098',
 ' 游戏 1118',
 ---
 ' 游戏 970',
 ' 游戏 971',
 ' 游戏 974'}
```

集合间的减法是将用户 54637394 的游戏集合中的元素减去用户 54637394 和用户 86540 的游戏集合交集后的游戏集合。计算的结果就是推荐给用户 86540 的游戏列表（这些游戏用户 86540 都还没有玩过）。

那么给用户 54637394 推荐什么游戏呢，反过来做集合间的减法就可以了。

In
```
user_b_recommend_games = user_a_gameset – user_b_gameset # 找到给用户 54637394 推荐的游戏
user_b_recommend_games # 输出所推荐的游戏
```

Out
```
{' 游戏 1117',
 ' 游戏 1167',
 ' 游戏 1243',
 ---
 ' 游戏 4811',
 ' 游戏 5086',
 ' 游戏 620'}
```

计算的结果就是推荐给用户 54637394 的游戏列表（这些游戏用户 54637394 都还没有玩过）。

8.4.7 基于游戏相似度的协同过滤系统

类似地，我们可以建立基于商品（游戏）相似度的协同过滤系统。

首先，我们把刚才的 user_game 矩阵进行转置，得到如下的矩阵。

```
In  game_user_matrix = user_game_matrix.T # 求转置矩阵
    game_user_matrix # 输出矩阵
```

Out

用户ID	5250	76767	86540	103360	144736	181212	229911	298950	299153	381543	...	309262440	309265377	309375103	309404240	309434439	309554670
游戏																	
游戏10	0	0	0	0	0	0	0	0	0	0	...	0	0	0	0	0	0
游戏100	0	0	0	0	0	0	0	0	0	0	...	0	0	0	0	0	0
游戏1000	0	0	0	0	0	0	0	0	0	0	...	0	0	0	0	0	0
游戏1001	0	0	0	0	0	0	0	0	0	0	...	0	0	0	0	0	0
游戏1002	0	0	0	0	0	0	0	0	0	0	...	0	0	0	0	0	0
...	...	...	...	...	...	...	...	...	...	...	...	...	...	...	...	...	...
游戏995	0	0	0	0	0	0	0	0	0	0	...	0	0	0	0	0	0
游戏996	0	0	0	0	0	0	0	0	0	0	...	0	0	0	0	0	0
游戏997	0	0	0	0	0	0	0	0	0	0	...	0	0	0	0	0	0
游戏998	0	0	0	0	0	0	0	0	0	0	...	0	0	0	0	0	0
游戏999	0	0	0	0	0	0	0	0	0	0	...	1	0	0	0	0	0

5101 rows × 12380 columns

然后求出游戏相似度矩阵。

```
In  item_item_sim_matrix = pd.DataFrame(cosine_similarity(game_user_matrix)) # 构建游戏相似度矩阵
    item_item_sim_matrix # 输出矩阵
```

Out

	0	1	2	3	4	5	6	7	8	9	...	5091	5092	5093	5094	5095	5096	5097	5098	5099
0	1.0	0.0	0.000000	0.000000	0.0	0.0	0.0	0.000000	0.000000	0.288675	...	0.000000	0.0	0.00000	0.066227	0.054554	0.0	0.000000	0.0	0.0
1	0.0	1.0	0.000000	0.000000	0.0	0.0	0.0	0.000000	0.000000	0.000000	...	0.000000	0.0	0.57735	0.000000	0.188982	0.0	0.000000	0.0	0.0
2	0.0	0.0	1.000000	0.223607	0.0	0.0	0.0	0.000000	0.000000	0.000000	...	0.000000	0.0	0.00000	0.114708	0.000000	0.0	0.000000	0.0	0.0
3	0.0	0.0	0.223607	1.000000	0.0	0.0	0.0	0.000000	0.000000	0.000000	...	0.000000	0.0	0.00000	0.205196	0.084515	0.0	0.223607	0.0	0.0
4	0.0	0.0	0.000000	0.000000	1.0	0.0	0.0	0.000000	0.000000	0.288675	...	0.000000	0.0	0.00000	0.000000	0.000000	0.0	0.000000	0.0	0.0
...	...	...	...	...	...	...	...	...	...	...	...	...	...	...	...	...	...	...	...	...
5096	0.0	0.0	0.000000	0.000000	0.0	0.0	0.0	0.000000	0.000000	0.000000	...	0.000000	0.0	0.00000	0.000000	0.000000	1.0	0.000000	0.0	0.0
5097	0.0	0.0	0.000000	0.223607	0.0	0.0	0.0	0.000000	0.000000	0.000000	...	0.000000	0.0	0.00000	0.094491	0.000000	0.0	1.000000	0.0	0.0
5098	0.0	0.0	0.000000	0.000000	0.0	0.0	0.0	0.000000	0.000000	0.000000	...	0.000000	0.0	0.00000	0.000000	0.000000	0.0	0.000000	1.0	0.0
5099	0.0	0.0	0.000000	0.000000	0.0	0.0	0.0	0.000000	0.000000	0.000000	...	0.000000	0.0	0.00000	0.000000	0.000000	0.0	0.000000	0.0	1.0
5100	0.0	0.0	0.000000	0.000000	0.0	0.0	0.0	0.146254	0.150756	0.000000	...	0.000000	0.0	0.00000	0.000000	0.028490	0.0	0.000000	0.0	0.0

5101 rows × 5101 columns

同样给该矩阵设定行、列索引。

```
In  item_item_sim_matrix.columns = user_game_matrix.T.index # 将索引（游戏名）赋给列名
    item_item_sim_matrix[' 游戏 '] = user_game_matrix.T.index # 将索引（游戏名）赋给"用户 ID"列
    item_item_sim_matrix = item_item_sim_matrix.set_index(' 游戏 ') # 设置游戏名为行名（DataFrame 的
                                                                    索引）
    item_item_sim_matrix.head() # 输出游戏相似度矩阵
```

Out

	游戏10	游戏100	游戏1000	游戏1001	游戏1002	游戏1003	游戏1004	游戏1005	游戏1006	游戏1007	...	游戏990	游戏991	游戏992	游戏993	游戏994	游戏995	游戏996	游戏997	游戏998	游戏999
游戏																					
游戏10	1.0	0.0	0.000000	0.000000	0.0	0.0	0.0	0.0	0.0	0.288675	...	0.000000	0.0	0.00000	0.066227	0.054554	0.0	0.000000	0.0	0.0	0.0
游戏100	0.0	1.0	0.000000	0.000000	0.0	0.0	0.0	0.0	0.0	0.000000	...	0.000000	0.0	0.57735	0.000000	0.188982	0.0	0.000000	0.0	0.0	0.0
游戏1000	0.0	0.0	1.000000	0.223607	0.0	0.0	0.0	0.0	0.0	0.000000	...	0.000000	0.0	0.00000	0.114708	0.000000	0.0	0.000000	0.0	0.0	0.0
游戏1001	0.0	0.0	0.223607	1.000000	0.0	0.0	0.0	0.0	0.0	0.000000	...	0.000000	0.0	0.00000	0.205196	0.084515	0.0	0.223607	0.0	0.0	0.0
游戏1002	0.0	0.0	0.000000	0.000000	1.0	0.0	0.0	0.0	0.0	0.288675	...	0.000000	0.0	0.00000	0.000000	0.000000	0.0	0.000000	0.0	0.0	0.0

5 rows × 5101 columns

还记得用户 86540 玩过的游戏的列表吧，从中选取一个游戏"游戏 163"，看一看什么游戏与之类似。

In
```
similar_game_a_recommend_games = item_item_sim_matrix.loc['游戏 163'].sort_values(ascending=False)
# 对某游戏的相似度列表进行降序排列
similar_game_a_recommend_games # 输出列表
```

Out
```
游戏
游戏 163    1.000000
游戏 164    0.695121
游戏 165    0.377755
游戏 168    0.280223
游戏 917    0.261968
            ...
游戏 3325   0.000000
```

该游戏除了与自己的相关性为 1 之外，排在前面的其他游戏也和它具有很强的相关性，列表末尾的游戏与它的相关性接近 0 或者等于 0。

选取游戏列表中的前 5 个游戏并将它们构建成一个集合。

In
```
similar_game_a_top5 = similar_game_a_recommend_games.iloc[:5] # 前 5 个推荐游戏
similar_game_a_top5_set = set(similar_game_a_top5.index) # 构建集合
similar_game_a_top5_set # 输出集合
```

Out
```
{'游戏 163', '游戏 164', '游戏 165', '游戏 168', '游戏 917'}
```

最后，我们从这个推荐集合中减去用户 86540 已经玩过的游戏，就得到了游戏推荐列表。

In
```
game_a_recommend_games = similar_game_a_top4_set - user_a_gameset # 找到给用户 86540 推荐的游戏
game_a_recommend_games # 输出所推荐的游戏
```

| Out | {' 游戏 165', ' 游戏 168', ' 游戏 917'} |

这就是根据"游戏163"这款游戏给出的推荐结果。其中"游戏163"用户已经玩过了,推荐表中删除了这一款;而剩下的3款游戏"游戏165""游戏168""游戏917",用户86540很可能会试玩或购买。

"虽然实现起来不是很复杂,但我们的推荐系统看起来是不是还挺给力的?"咖哥洋洋得意地说。

8.5 结论

推荐系统解决的两个核心问题:一是在信息过载的环境中,帮助用户获得自己需要的信息;二是通过好的推荐增强用户的黏性并提高用户的消费频率,从而驱动增长。

因此推荐系统的核心价值在于**精而准**。

在这一话中,我们主要使用了相似度矩阵这一工具,生成了基于用户相似度和基于游戏相似度的两个游戏推荐列表。

在优秀推荐系统的实现过程中还有很多的细节,如数据的实时提取和特征工程、召回层和排序层的设计、推荐系统模型和算法的选择等。这些内容超出了本书所涵盖的范围。

不过,无论是简单还是复杂的推荐系统,其核心思路都是基于人或物的内在相关性为用户推荐其需要的内容。拥有的内容(或商品)和用户越多,就越需要深入挖掘内容之间、用户之间,以及内容和用户之间的相关性。

第九话

君向潇湘我向秦：用 A/B 测试助力促销

题解　本话的标题是一句唐诗[①]，借用郑谷和友人前路的两个方向，暗喻 A/B 测试的两个实验方案。当然，郑谷和友人一个向南，一个向北，方向不同；而我们这里要讲的 A/B 测试通常用于比较两个有细微差异的方案的优劣。

小雪进门时，咖哥正耐着性子安慰一位着急看结果的客户："行，牛总你别急。你的事我已经听明白了，就是这款新品目前有两个促销推广方案，一个是老方案，另一个是略有创新的新方案，创新方案有没有达到预期效果还不知道。目前你对促销推广方案的选择举棋不定，对吗？"

牛总连连点头。牛总是马总的副手，马总休假，把公司运营交给牛总负责。人以群分，他俩的性格都挺急的。

"不过牛总你不是常说嘛，**一切以数据为抓手**。"咖哥说，"即使我现在看了这两个页面，也没法下结论，没有数据分析的结果，我们帮不上忙。"

"没事，没事，先看一下。"牛总说。

9.1　问题：两个页面，哪个更好

也不等咖哥答复，牛总已经掏出手机展示这两个推广页面。此时，大家也纷纷围到他身边，看到底是什么事让他这么头疼。

牛总说："大家看一下，这是我们新品上市时一贯使用的策略，前 1000 名下单的用户可领取双倍积分。这个没有问题，问题在下面。我们想让用户推荐这款咖啡壶给朋友，如果朋友下单成功，该用户获得 25 元优惠券。"

"但是，问题来了，有一个员工建议不要写'分享领 25 元'，可以将它改成'送朋友 25 元'。不这样做的话，很少有人愿意给朋友发这种促销广告。"

[①]　原诗《淮上与友人别》：扬子江头杨柳春，杨花愁煞渡江人，数声风笛离亭晚，君向潇湘我向秦。

"我觉得他的建议有点道理,但又有些怀疑。如果是我的话,我是愿意自己拿25元呢,还是会把25元作为人情给朋友呢?我有点拿不定主意。"

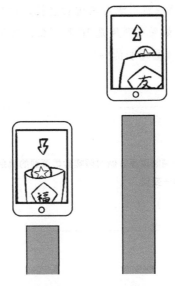

两个备选促销推广方案

大家听了牛总的难题,觉得的确很有意思,纷纷发言。有的说,当然是自己拿钱才会转发,不然不是白忙活一场。有的人说,的确是"送朋友25元"这个法子略胜一筹。

小雪说:"牛总,你大方一点,给帮忙转发的老用户25元,也给他的朋友优惠25元,不行吗?"

牛总怒了,说:"那可不行。我这个咖啡壶的利润太低了,卖它也就是赚赚人气,根本不赚钱,每个老用户再给25元我就赔了。"

咖哥终于开口:"牛总,到底哪个方案更合适,我也不知道。不过,我可以给你个建议。两个促销方案都用。"

"两个都用?"牛总问,"我不是说了最多优惠25元吗?"

"我的意思是把产品促销页做成两个版本,同时将它们随机引流到相同数量的用户群体。监控两周后,把数据拿来让我们分析一下。"

"明白了,明白了。这是通过对照实验的方法比较二者的效果。"牛总说。

小雪突然插嘴问:"为什么要同时激活两个版本的促销页呢?实现起来多麻烦呀。将一个页面监控两周之后换另一个页面再监控两周,不是更简单吗?"

"嗯,你想一想,如果不同期随机引流对其进行监控,而是将每个页面分别监控两周,是否有其他因素可能影响结果呢?如果前两周是10月下旬,后两周有'双11'促销活动,难道这样能够确定是后一个促销页让流量增长的吗?"

咖哥发言

这就是科学实验的变量控制原理。做对照实验最重要的就是消除实验中的无关变量,保证我们想要测试的东西是唯一变量。

牛总十分认可咖哥的建议。几周之后,他带回来了两个促销页面的具体销售数据集,如下图所示。

	A	B	C	D	E	F
1	用户码	性别	累计消费	价值组别	页面版本	是否购买
2	1	男	3	高	旧页面	否
3	2	女	38	高	旧页面	是
4	3	女	165	高	新页面	否
5	4	男	1	高	新页面	否
6	5	女	179	高	新页面	否
7	6	女	187	高	新页面	否

牛总带回来的两个促销页面的销售数据集

9.2 概念:A/B测试

牛总给我们带来的这个案例是一个典型的A/B测试案例。

A/B测试也可以叫作A/B实验,在数据分析和运营领域可谓是"大名鼎鼎"。什么是A/B测试?举个例子说明,同样都是引导用户购买的按钮,上面的文字就可以有所不同,如下页图所示。

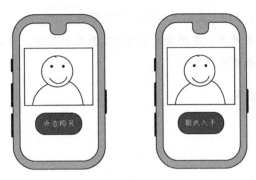

A/B测试示意图

这细微的不同之处很可能会大大地影响流量。不过，流量最后是增加还是减少，还要看你的受众是哪类人。年轻人喜欢新鲜的东西，但若是针对中老年用户，"戳此入手"这4个字不一定是好方案。

下面给出A/B测试的定义。它是评估一种变体（称为**实验**）是否比当前状况（称为**对照**）好的科学方法。对于产品、运营人员来说，A/B测试从构建假设开始，假设的来源可以是主观判断、用户反馈或团队讨论结果。其目的在于通过科学的实验设计、控制样本的代表性，以流量分割与小流量测试等方式获得具有代表性的结论，并将结论应用到全部流量。

A/B测试可以应用在产品交互设计、产品功能迭代、推荐算法、广告投放和商品运营等诸多领域，如下图所示，它可以简单有效地评估两种方案之间的ROI差异。

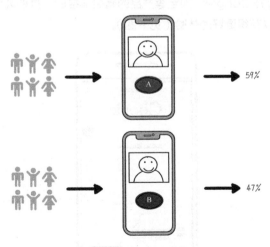

用A/B测试评估两种方案的ROI

小雪此时又发问："那么，可不可以做A／B／C测试？就是从很多个方案中，选择一个最佳方案。"

咖哥回答："其实是可以的。我们可以设计出任意数目的实验，不过 A/B 测试通常力求保持简单的改变。实验的次数越多，每种情况下的样本数量就越少，得出具有统计意义的结论就越难，有时候反而得不到想要的结论。"

A/B 测试的具体步骤如下。

（1）确认实验目标；

（2）设计实验方案；

（3）上线实验与过程监控；

（4）结果复盘。

下面以 Google 推广 Google+ 这款产品为例介绍 A/B 测试的流程。

9.2.1 确认实验目标

大家知道，一个移动互联网应用有两种呈现形式：一是在手机上安装的 App，二是直接访问的移动端网站。为了增强用户黏性，移动互联网公司都希望用户能够下载 App，这样使用起来比较方便，移动端的功能也更全面。

因此，你在手机中打开 Google、淘宝等产品的网站链接时，这些公司都会推荐你下载 App，并在移动端登录 App，以获得更好的体验（见下图）。

Google 网站的转化方式

看得出来，在移动版网站上用横幅推广自己的 App 时，一般该横幅只会占据页面上方或者下方的少量空间。

然而当时业务团队在推广 Google+ 时，觉得上面这种小幅插页式广告的下载转化率不高，因此决定进行 A/B 测试，希望大幅提升手机 App 的安装率，同时也要保持移动版网站的使用率。

因此实验目标就是在现有的页面上做出改进，找出更好的方案，将移动版网站的访问转化为移动端 App 的下载。

9.2.2 设计实验

当时业务团队决定这样设计实验：将原有的普通移动版网站整体转化为全屏式广告，其中下载 App 的按钮非常醒目。这种全屏式广告将强迫访问 Google+ 移动版网站的用户下载 App，而想要坚持访问 Google+ 移动版网站的用户则只能点击屏幕下方一个不起眼的链接（见下图）。

而对照组使用一个比较小的横幅来鼓励用户下载移动端 App。

与此同时，在设计实验时，也明确了目标用户、实验周期、最小样本量、用户分组比例和分组策略等。

9.2.3 实验上线与监控

之后就是实验上线后的数据搜集环节，需要通过数据来确定原始的转化率（方案 A，对照组)、方案优化后的转化率(方案 B,实验组)及显著性水平。此时也要监控实验是否按照预先设定的规则进行,如每个用户是否仅属于某一个组,以及分流比例是否和预先设定的分流比例一致等。

在本例中,数据搜集人员发现,对于实验组,也就是采取了较为激进推广方案的一组,实验结果如下。

- 69% 的用户看到这个页面后直接离开——他们既不会去应用商店下载 Google+ 的 App,也没有继续访问 Google+ 的移动版网站。
- 9% 的用户看到这个页面后点击了"Get the app"(获取 App)按钮。不过,点击之后也不代表这些用户肯定会下载相应 App。

虽然 9% 的点击率对于广告来说已经很高了,但 69% 的用户因此流失,不再访问 Google+ 移动版网站。

对照组(小区域横幅广告)的情况如何呢?结果如下。

- 移动版网站的点击率远远高于实验组。
- Google+ 的点击率和实验组相比几乎没有受影响,只有 2% 的差异。

为了提升 2% 的 App 点击率,而牺牲大量的移动版网站的点击率和用户体验,显然是不太明智的做法。

9.2.4 结果复盘

因此,全屏推广移动端 App 的这种做法是否有效,Google 经过对实验结果进行复盘后给出的答案是:不用全屏式广告推广移动端 App 或许更好。

9.3 工具:统计学知识

咖哥说:"我还给另一个客户做过一次 A/B 测试,那是一个在线培训网站,叫 CourseUni。这个网站典型的用户行为链是'查看主页→探索课程→查看课程概述页面→注册课程→完成课程'。长期以来,他们觉得这个行为链的转化率偏低,然而,问题很可能出现在哪一个环节呢?"

小雪迅速插嘴:"漏斗分析做了吗?"

咖哥说:"说得对。漏斗分析结果表示,很可能是主页出现了问题,从主页到下一步的课程探索页面,流失了很多流量。"

因此为了提高用户的参与度，CourseUni 要用 A/B 测试的方法对主页进行一些更改（把按钮上的文字从"注册课程"改成"戳我吧"），以提高转化率。他们希望用更新颖的设计来激发用户的兴趣。

实验过程中要比较的指标很简单，就是点击率。

$$点击率 = 唯一身份用户的点击次数 \div 唯一身份用户的观看次数$$

有了指标之后，我们要建立 A/B 测试的原假设和备择假设。

- 原假设（H_0）：新点击率 ≤ 旧点击率。
- 备择假设（H_1）：新点击率 > 旧点击率。

备择假设也叫替代假设，就是我们想要证明是正确的假设，在这个假设下，新页面的点击率比旧的更高。而原假设，也称零假设，就是我们希望被证明为错误的假设，即新页面的点击率小于或等于旧页面的点击率，也就是修改页面设计对提高点击率无效。

"打住，咖哥，请打住。"小雪说，"原假设和备择假设我第一次听说，还有刚才你提到的显著性水平，我也不大了解。不就是要证明新页面的点击率比旧的高吗？讲这么多陌生的知识做什么？"

"哎哟，看来我的讲解过于跳跃了。"咖哥说，"看来这里要给你补充介绍一下 A/B 测试中的统计学知识了。"

9.3.1　对照实验

"先说什么是对照试验。"咖哥说，"小雪你听听这样一句话科学不科学，某厂生产的去痘产品效果显著，用户试用 7 天后脸上痘痘不复发的概率高达 75%。"

小雪说："科学。"

"嗯。"咖哥说，"数据科学不是数据'玄学'。科学和'玄学'之所以不同，是因为科学建立在实验的基础之上"。

对照实验是现代科学的基础工具之一。在对照实验中，实验者会将实验组和对照组放在同一个环境下进行试验，也就是除了要验证的新方法，其他的影响因素尽量相同。实验者把需要验证的新方法放在实验组中使用，而不在对照组中使用。

- **实验组**是接受实验变量处理的对象组。如我们要看新按钮文字的效果，被导流到新按钮页面的用户就是实验组。

- **对照组**是不接受实验变量处理的对象组。如上述实验中没有被导流到新按钮页面的用户就是对照组。它在需要进行对比的科学实验中，起辅助、对比作用，以突出并有力支持从实验组得出的结论。对照组也常常被称为**控制组**。

至于实验组和对照组受众的选择，一般是随机的。这样，从理论上说，由于实验组与对照组受无关变量的影响是相等的，被平衡了的，因此实验组与对照组的结果差异可认定为是来自实验变量的，而消除了其他无关变量的影响，这样的实验结果才是可信的。

所以回头看刚才这句话："病人使用7天后脸上痘痘不复发的概率高达75%。"严格来讲，它缺乏对照实验。使用7天后不复发的概率为75%，那不使用此药，使用其他药物（也就是对照组）不复发的概率是多少？也许也是75%，或者更高。也许长了痘痘，不使用任何药物7天后的不复发的概率也是75%。

"那实验组和对照组只能有一个吗？"小雪问。

"原则上来说是这样的，但是也有用多个实验组验证不同方案的情况。"咖哥回答。

在进行对照实验时，要尽可能消除无关变量，即让除要形成对比变量（称作"实验变量"）之外的变量都尽可能地减少。一般情况下，如果测试A和B两个页面，我们会同时激活两个站点并随机将用户定向到另一个站点，来控制其他所有变量。

"刚才你问为什么不先测A页面，再测B页面。这当然不行。这样的话就是在增加无关的因素，可能得出错误的结论。"

9.3.2 假设检验

了解了对照实验的原理和思路之后，就要介绍A/B测试中需要用到的另外一个重要的统计学工具：假设检验。

假设检验（hypothesis testing）是推论统计中用于检验假设的一种方法。它先对总体参数提出一个假设，然后用样本数据判断这一假设是否成立。换句话说，就是先对结果进行假设，然后用样本数据去验证这个假设。

1. 两个假设和两类错误

这里我们要了解假设检验中的两个假设。

（1）**原假设（H_0）**：实验中想反对的假设。

（2）**备择假设（H_1）**：实验中想支持的假设。

举例来说，牛总认为"送朋友25元"这个新推广方案能提高点击率，那么这就是备择假设H_1。而原假设H_0则认为相较于原来的推广方案，"送朋友25元"这个新推广方案并不能提高点击率。

在Google+的测试中，Google在一开始期望全屏式广告的导流效果比小的广告横幅更好，这是备择假设H_1。而原假设H_0则认为全屏式广告的导流效果不会比小的广告横幅更好。

在在线培训网站CourseUni主页"注册课程"按钮点击率的测试中，认为新按钮"戳我吧"的点击率高，这就是备择假设H_1；而认为原始按钮"注册课程"的点击率并不低，这就是原假设H_0。

与这两个假设对应的假设检验过程中还存在两类错误。

- 第一类错误是**拒真错误**，当原假设为真时拒绝原假设，也就是已知较小的广告横幅效果比较好，但营销人员坚持选择全屏式广告，这就犯了拒真错误；
- 第二类错误是**受伪错误**，当原假设为假时没有拒绝原假设，也就是已知"戳我吧"这个按钮的点击率更高，但是仍然使用"注册课程"按钮，这就犯了受伪错误。

咖哥问："还以Google+为例，如果新按钮的点击率的确有提高，但是只提高了0.01%，这是否就可以说明备择假设成立，从而得出结论应该用新的按钮呢？"

小雪说："只有这么小的增幅，似乎也不能太早得出结论。"

咖哥说："你的考量是对的，所以下面要探讨的问题是如何确定假设的有效性。"

2. P值、置信区间和置信水平

这里要引入假设检验中的重要指标**P值**，P值也就是概率，它反映了某一事件发生的可能性。那么在A/B测试的假设检验过程中，P值就代表在原假设为真的条件下，**样本数据拒绝原假设这个事件发生的概率**。

小雪问："能不能这样理解，其实原假设是为真还是为假，这是一个客观事实。然而，我们进行实验之后得出来的数字是一个结论，这个结论可能与客观事实相符，但是，也存在一定和客观事实相反的概率。是这样吧？"

咖哥说："对。"

实验后得出的结论会受到很多因素的影响，如样本的差异程度、样本的数量、实验的方法等。所以总是存在一定的可能性，虽然事实是原假设，但是实验结果却支持备择假设。例如，实验数据显示新的按钮点击率高，将其投放到市场之后，却发现得不到与实验结果相同的反馈。实验结果在事实是原假设的时候支持备择假设的概率（P值）越高，那么实验的结果就越不可信。**从统计学的角度来说，要求 A/B 测试的结果有显著性差异，如果 P 值太高，我们就认为实验结果的差异显著性不够，因此不能得出接受备择假设的结论。**

小雪又发问："那在一次测试中，假设检验结果显示 P=0.05。这就意味着，如果我们抽样检测，在得到原假设为真的情况下拒绝原假设的可能性只有 5%。也就是说，如果原假设为真，那么在 100 次实验中只有 5 次实验结果支持拒绝原假设。这个实验结果的差异性显著吗？可不可以得出这个实验结果支持'拒绝原假设，接受备择假设'这个结论？"

咖哥说："要回答这个问题，我们再来了解一下另外两个统计学概念——'置信水平'和'置信区间'。"

置信区间是一个范围，如一批学生的考试成绩是 0 到 100 分，如果我们给出一个分数区间 [55分−95分]，然后说"该区间的置信水平为 95%"，这就代表学生们的考试成绩落在这个范围内的概率是 95%。也就是说，在所有学生中有 95% 的人分数都在这个区间内，分数低于 55 分或者高于 95 分的学生占 5%。这里 **[55分−95分] 就被称作置信水平为 95% 的学生考试成绩的置信区间**。因此，**置信水平**代表了估计学生考试成绩置信区间的可靠度。一般来说，我们使用 95% 的置信水平进行置信区间的估计，如下图所示。

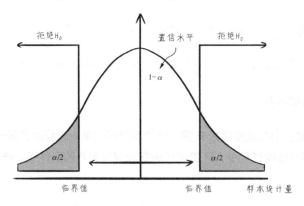

有95%的学生考试成绩在 [55分−95分] 这个区间

小雪问："上图中的 α 又代表了什么？"

咖哥回答说："α 指的是显著性水平。"

3. 显著性水平 α

显著性水平 α 是估计总体参数落在某一区间内可能犯错误的概率。它也是假设检验中的一个概念，是指当原假设为真时人们却拒绝原假设的概率或风险。它是公认的小概率事件的概率值，必须在每一次进行统计检验之前确定，通常 α=0.05 或 α=0.01。对于 A/B 测试来说，这表明当根据实验结果作出拒绝原假设的决定时，其正确的可能性（概率）为 95% 或 99%；这个决定出错的概率则为 5% 或 1%。

小雪说："我知道了，**显著性水平就是变量落在置信区间以外的可能性**，'显著'的意思就是与设想的置信区间不一样。"

咖哥说："对。1-α 就是刚才说的置信水平，显著性水平与置信水平的和为 1。"

对于 A/B 测试来说：

- 第一类（Ⅰ型）错误概率的小概率标准定义为 α，也就是原假设为真时，还拒绝原假设的概率；
- 第二类（Ⅱ型）错误概率的小概率标准定义为 β，也就是原假设为假，却未拒绝原假设的概率。

在假设检验中，如果计算出来的 P 值小于等于显著性水平 α，则拒绝原假设，否则接受原假设。在这个决策的过程中容易犯两类错误：第一类错误叫作弃真错误，通俗一点就是"漏诊"，即本来生病了（新方案更好），但是你没有检测出来，所以拒绝了假设（新方案）；第二类错误是取伪错误，通俗一点就是"误诊"，即本来没病（新方案并不比原始方案好），结果诊断出生病了，所以接受了假设（新方案）。

表 9-1 所示的内容说明了上述两类错误。

表 9-1　A/B 测试的结果判断

结果判断	原假设（H_0）本来正确	原假设（H_0）本来错误
拒绝原假设	犯了第一类（Ⅰ型）错误	正确
接受原假设	正确	犯了第二类（Ⅱ型）错误

在这两类错误中，更常见的错误是第一类错误，所以这里聚焦于 α 和 P 值的关系。

- 如果 P<α，那么拒绝原假设。

- 如果 P≥α，那么不能拒绝原假设。

根据显著性检验方法所得到的 P 值，一般以 P<0.05 为有统计学差异。举例来说，如果将显著性水平 α 设定为 0.05，那么在 P 值等于 0.04 的情况下，我们接受备择假设。

换句话说，如果将 α 设定为 0.05，而 P=0.04，则基本上原假设为真可以被称为小概率事件。既然是小概率事件，我们可以确定实验结果得出的结论可信。

咖哥说："所以回答刚才的问题，如果用 95% 的置信水平进行置信区间的估计，α 等于 0.05，则 P=0.05 这个假设检验结果刚好处在显著性差异的临界点，原则上不能拒绝原假设，说明实验结论可信。"

小雪说："谢谢咖哥，感觉这部分内容没有统计学基础还是挺难懂的，我的理解是 P 值越小，说明实验得出错误结果的可能性越低。不过，A/B 测试中的 P 值是如何求出来的呢？"

咖哥说："有 t 检验、Z 检验等检验方法。"

4. 检验方法

统计学中有 t 检验、Z 检验、卡方检验等检验方法。如何选择检验方法主要和样本的分布状态有关。

正态分布（normal distribution）也叫"常态分布"，又名高斯分布（gaussian distribution），其曲线呈钟形，两头低，中间高，左右对称。t 分布（也叫学生 t 分布，因为最早提出这个方法的人以"学生"为笔名发布了相关论文）用于根据小样本估计呈正态分布且方差未知的总体平均值。如果总体方差已知（假设在样本数量足够多时），则应该用正态分布来估计总体平均值。t 分布曲线与正态分布曲线类似，如下图所示。

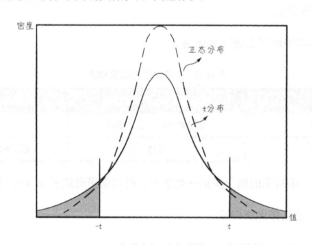

正态分布和t分布曲线

而卡方分布①与前两种分布就大不相同了，这里不展开讲，大家看下图了解一下即可。

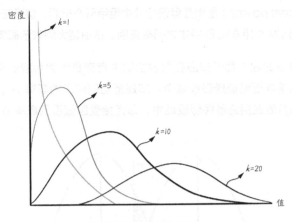

不同自由度的卡方分布

在 A/B 测试中主要使用 t 检验和 Z 检验。

- t 检验一般用于总体方差未知或样本数量比较小的情况，用 t 分布理论推断差异发生的概率，从而比较两个平均数的差异是否显著。

- Z 检验一般用于方差已知或样本数量比较大的情况，用标准正态分布的理论推断差异发生的概率，从而比较两个平均数的差异是否显著。

我们此次实战假定样本总体呈正态分布，用对照版本和测试版本两个样本的数据对总体转化率是否存在差异进行检验，所以可以使用 t 检验方法中的独立双样本检验。

咖哥发言

单样本 t 检验用来检验一组样本的平均值 A 与一个已知的平均值 B 之间是否有差异。独立双样本检验是用来检验两组样本的平均值之间是否有差异。

---

① 若 k 个随机变量 Z_1、Z_2……Z_k 是相互独立、符合标准正态分布的随机变量，则随机变量 Z 的平方和被称为服从自由度为 k 的卡方分布。

5. 统计功效

统计功效（statistical power）是指在假设检验中拒绝原假设后，接受正确替择假设的概率。可以理解为有多少的把握认为 A 版本和 B 版本之间有差别。该值越大则表示概率越大，统计功效越大。

统计功效是如何求得的呢？我们知道在假设检验中有弃真错误和取伪错误。弃真错误是原假设为真时，样本观测值落在拒绝备择假设域中，却还拒绝原假设的概率 α；取伪错误是指原假设为假时，样本观测值没有落在拒绝备择假设域中，却还接受原假设的概率 β。我们用下图来解释。

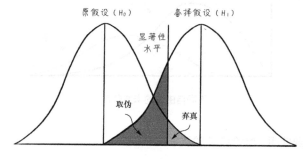

统计功效示意图

上图中左边的分布图为原假设（H_0）对应的分布图，右边的分布图为备择假设（H_1）对应的分布图，α 为 I 型错误的概率（一般为 0.05），β 为 II 型错误的概率（一般为 0.1 或 0.2）。统计功效等于 1−β，表示在备择假设分布下判断正确的把握是多少，即有多大把握能够正确拒绝掉原假设。

在统计推论中，既要控制 α，又要控制 β，满足双重控制条件下的样本量才是更有效的样本量。统计功效的大小取决于多种因素，包括检验的类型、样本的容量、α、单侧验证或双侧验证，以及抽样误差的状况等。

一般来说，统计功效的值不应低于 80%。

9.3.3 样本的数量

除上一小节中介绍的统计学概念外，A/B 测试中还有一个重要的问题——我们如何确定需要多大的样本数量，才能说明实验是有效的。

就拿牛总这个 A/B 测试来说，他想知道两个不同版本按钮的点击率，哪个比较高。他找了 1000 个用户做测试样本，其中 500 个定向到 A 版"自己领 25 元"，500 个定向到 B 版"送朋友 25 元"。在 A 版"送朋友 25 元"中，转化了 48 个用户；在 B 版"送朋友 25 元"中，有 56 位用户进行了转化。

从表面上看，的确是 B 版"送朋友 25 元"按钮的点击率更高。

"不过，可以说这是具有统计意义的结果吗？"咖哥问道。

"这还真不好说。"小雪答道，"样本数量够不够？"

的确，这里样本数量也同样是决定测试结果有没有显著差异，也就是结果是否可信的因素之一。

一个简单的确定样本数量的方法是利用网上的 A/B 测试样本数量计算工具。

如果已知原始版本的转化率为 20% 左右，而优化版本的转化率为 25% 左右。那么，我们看一看对于这样的结果来说，需要多大的样本数量才能说结果有效。

咖哥发言　搜索"A/B 测试"和"样本数量"等关键词，就能够得到很多免费 A/B 测试样本数量计算工具。

下图是云眼公司提供的 A/B 测试样本数量计算器工具，只需要给出原始版本和优化版本的转化率，以及要求的统计显著性（下图中的"95%"其实是置信区间，也就是 1− α），该工具就可以计算出我们的测试所需的最小样本数量。

A/B 测试样本数量计算器

上页图中的工具计算出每个版本至少需要670个测试样本，这样才能达到5%的显著性水平。在有些版本的样本数量计算工具中，需要同时指定统计功效（如80%）和显著性水平（如5%）。

9.4 实战：通过A/B测试找到最佳页面

根据样本计算工具得出的结果得知牛总带来的数据量是足够的，下面就开始数据分析实战。

9.4.1 整体思路

这个实验是随机选择1500个用户并将他们导流到A页面，选择1500个用户并将他们导流到B页面，然后将两者的转化率做比较。

具体实战步骤如下。

（1）数据的导入与数据可视化。

（2）比较A、B两个版本带来的转化率增量。

（3）用Scipy的stats模块（统计学工具）中的ttest_ind()方法，也就是t检验方法求出P值，看实验结果是否可信。

9.4.2 数据导入与数据可视化

导入相关的包。

In
```
import pandas as pd # 导入 Pandas
import numpy as np # 导入 NumPy
import matplotlib.pyplot as plt # 导入 pyplot 模块
```

导入数据并显示数据集中的部分数据。

In
```
df_AB = pd.read_csv('AB测试.csv') # 载入数据
print('用户数:', df_AB.count()['用户码']) # 数据条目
df_AB.head() # 输出前几行数据
```

Out

用户数：3000

	用户码	性别	累计消费次数	价值组别	页面版本	是否购买
0	1	男	3	高	旧页面	否
1	2	女	38	高	旧页面	是
2	3	女	165	高	新页面	否
3	4	男	1	高	新页面	否
4	5	女	179	高	新页面	否

该数据集中共有3000个用户的记录，输出结果中显示了用户访问的是旧页面（自己领25元）还是新页面（送朋友25元），以及收到推荐链接的新用户最终是否购买了该咖啡壶。

如果我们用饼图展示用户导流至旧页面（A）和新页面（B）的比例，会发现二者各占50%。这符合A/B测试的设计原则。

In
```
ax = df_AB.groupby(' 页面版本 ').count()[' 用户码 '].plot.pie(autopct='%1.0f%%') # 饼图
plt.show() # 输出饼图
```

Out
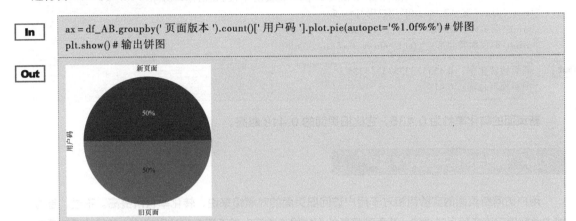

9.4.3 查看转化率的增量

下面分析一下当促销页面从"分享得25元"变成"分享送朋友25元"之后，最终的转化率有何改变。

In
```
ax = df_AB.groupby([' 页面版本 ',' 是否购买 ']).count()[' 用户码 '].unstack(' 是否购买 ').plot(kind='bar') # 分组的转化条形图
plt.show() # 输出条形图
```

Out
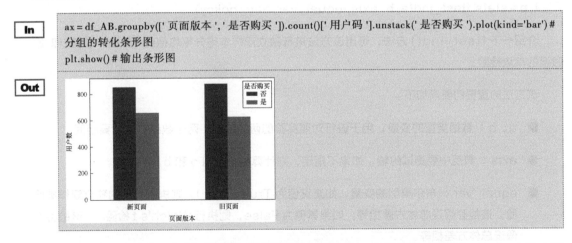

从上图中可以看出，新页面的转化数量与旧页面相比有一定的增加。代码中unstack() API的作用是把在新、旧页面中用户是否购买咖啡壶的矩形组合在一起显示，如果不使用unstack() API两者将分开显示。

实践篇 数据运营分析十话

计算一下新、旧页面的转化率。

In
```
new_conversion = df_AB.loc[(df_AB['是否购买'] == '是') &
                    (df_AB['页面版本'] == '新页面')].count()['用户码']
old_conversion = df_AB.loc[(df_AB['是否购买'] == '是') &
                    (df_AB['页面版本'] == '旧页面')].count()['用户码']
user_count = df_AB.count()['用户码'] * 0.5
print('新页面转化率：', (new_conversion / user_count))
print('旧页面转化率：', (old_conversion / user_count))
```

Out
新页面转化率： 0.43533333333333335
旧页面转化率： 0.418

新页面的转化率约为 0.435，它比旧页面的 0.418 略高。

9.4.4 检验测试结果的统计学意义

用户访问新页面的实验组相对于用户访问旧页面的对照组来说，转化率有所提高。不过，是否能由此就确定该实验是成功的，从而选择新的促销推广方案？是否还有其他影响这一差异的因素呢？

要回答这些问题，我们需要检查实验组中的上升趋势是否具有统计学意义。好在前面介绍的那些公式并不需要我们手动编写代码来实现，利用 Scipy 的 stats 模块（统计学工具）中的 ttest_ind() 方法可以轻松算出需要的 P 值，用来检验实验结果的有效性。

t, p = stats.ttest_ind(a, b, axis, equal_var, nan_policy)

介绍一下 ttest_ind() 方法，可用该方法进行独立双样本得分平均值的 t 检验，这是针对原假设的单边检验。

该方法的重要的要素如下。

- a、b：数组类型的变量，用于进行对照实验的两组数据，两个数组的形状要相同。

- axis：数组中要测试的轴，如果不指定，则计算整个数组 a 和 b。

- equal_var：布尔类型的变量，如果其值为 True（默认），则执行标准的独立双样本检验，该检验假设总体方差相等；如果其值为 False，则执行 Welch's t 检验[①]，该检验不假设总体方差相等。

- nan_policy：指定当输入内容包含"NaN"（Not a Number）时如何处理。

---

① Welch's t test，又名Welch's unequal variances t-test，两组数据方差不等时选用。

该方法返回两个值。

- t 值：代表实验组和对照组平均值之间的差异，以标准误差为单位；t 值越大，意味着差异越大（支持备择假设）。

- P 值：原假设为真的概率。

我们曾经说过，如果观察到 P 值大于 0.05 这一显著性水平阈值，那么将无法拒绝原假设；如果 P 值小于阈值，则拒绝原假设，支持备择假设。

咖哥发言：在标准情况下，认为 P 值小于 5% 就表示结果具有统计学意义。不过，在某些情况下，人们也会使用 10% 或 1% 作为阈值，该值的选择与具体业务场景有关。

"等一下，咖哥，我忘记了。"小雪问，"咱们这里的原假设是什么？"

咖哥说："如果原假设成立，则表示实验组和对照组之间并没有显著差异。"

在这个案例中：

- 原假设表示 A 页面和 B 页面对点击率不构成影响；

- 备择假设则表示 B 页面的确对点击率的提升有所影响。

先导入 Scipy 中的 stats 模块。

In
```
from scipy import stats # 导入 Scipy 中的 stats 模块
```

接着定义一个函数。在这个函数内部，使用 stats 模块中的 ttest_ind() 方法验证假设是否具有统计学意义。

In
```
def eval_AB_test(test_group, control_group): # 定义函数
    AB_test_result = stats.ttest_ind(test_group, control_group) # 返回 P 值、t 值
    print('P 值：', AB_test_result[1]) # P 值
```

```
print('t 值：', AB_test_result[0]) #t 值
if AB_test_result[1] < 0.05: # 以 0.05 为阈值返回结果是否可信
    print(' 结果可信 ')
else:
    print(' 结果不可信 ')
```

下面构建两个数组，一个存储旧页面的转化数据，另一个存储新页面的转化数据。

```
df_AB[' 是否购买 '].replace(to_replace=' 是 ', value=1, inplace=True) # 用 "1" 替换 "是"
df_AB[' 是否购买 '].replace(to_replace=' 否 ', value=0, inplace=True) # 用 "0" 替换 "否"
df_test = df_AB.loc[(df_AB[' 页面版本 '] == ' 新页面 '), ' 是否购买 '] # 实验组数组
df_control = df_AB.loc[(df_AB[' 页面版本 '] == ' 旧页面 '), ' 是否购买 '] # 对照组数组
```

调用函数进行假设检验。

```
eval_AB_test(df_test, df_control) # 调用函数
```

```
P 值： 0.3373379549205895
t 值： 0.9595920452298816
结果不可信
```

输出结果中显示，P 值过大，因此不能够证明测试的有效性。

9.4.5 细分样本后重新检验

小雪看到这个结果，突然向咖哥发问："咖哥，你经常强调用户细分的思维方法。在这个数据集中我看到用户有高价值和低价值的区别，可不可以分组进行假设检验？"

咖哥说："我们可以试试看。"

下面就构建两个只含有低价值用户数据的数组，一个存储旧页面的转化数据，另一个存储新页面的转化数据。

```
df_test = df_AB.loc[(df_AB[' 页面版本 '] == ' 新页面 ')&(df_AB[' 价值组别 '] == ' 低 '), ' 是否购买 '] # 实验组数组 ( 低价值客户 )
df_control = df_AB.loc[(df_AB[' 页面版本 '] == ' 旧页面 ')&(df_AB[' 价值组别 '] == ' 低 '), ' 是否购买 ']
# 实验组数组 ( 高价值客户 )
```

再次调用 eval_AB_test() 函数进行假设检验。

```
eval_AB_test(df_test, df_control) # 调用函数
```

```
Out  Plain Text
     P 值：0.038482218252095635
     t 值：2.0714847558201037
     结果可信
```

输出结果中显示，P 值在阈值之下，测试有效。

如何理解上面的结果呢？从整体上看，A/B 测试的 P 值并不具有可信度；但是对低价值组的用户而言，结果又是可信的。

一种解释是对于这个页面而言，它对低价值组的用户更有效，也许这组用户比高价值组用户更具有"利他"精神，因此他们更愿意把 25 元送给朋友。

不过，尽管结果在统计学上是有意义的，但还需要检查在选择实验组时是否有偏见。如果我们将更多的高价值用户分配给实验组，将更多的低价值用户分配给对照组，那么实验从一开始就失败了（已经人为控制了测试条件）。因此，设置无偏见的用户组是生成有意义的 A/B 测试结果的前提。

9.5 结论

A/B 测试的应用范围非常广，可以在产品设计、市场营销等环节中发挥作用，常用于验证与用户体验相关的改动。

在应用 A/B 测试时，有下面几点需要注意。

第一，样本的数量要足够多。

第二，样本需要随机分配，保证两个组类似。

第三，消除其他变量的影响，例如两个组不能一个先测试，另一个后测试。

第四，即便 B 方案的转化率比 A 方案略高，但是如果 B 方案会对其他运营环节造成不利影响，那么不一定选择 B 方案。

第五，要保证结果具有统计学上的显著性差异。

第六，从多个角度对结果进行解释，找出 B 方案优于 A 方案或者 A 方案优于 B 方案的根本原因。

卷五 自传播循环

在知名 App 的诞生过程中，都曾出现"自传播"现象，如支付宝的"集五福"，这些产品的功能都旨在让每一个用户都变为产品的"推销员"。

【关键要素】

阶段	任务	关键数据指标
良性的自传播循环	已有用户对潜在用户的"病毒"式传播及口碑传播	邀请发送量、转发率、裂变数、"病毒"传播周期

■ 我们将通过实战来探讨如何进行裂变和增长实验，建立用户的专属增长模型，用数据发掘自传播过程中的奥秘。

——参见第十话案例

第十话
一二三生千万物：裂变驱动增长循环

题解 "道生一，一生二，二生三，三生万物"是老子的宇宙生成论，它描述了万物由"道"而生，从少到多，从简单到复杂的过程。这里借用此语句形容营销过程中的裂变。裂变是一种现有用户自发推广产品或内容给新用户的过程，达到一传十，十传百，百传千千万的效果。

上午，小雪收到牛总发来的邮件。

你好小雪，

上次的数据分析结果对我们的帮助很大。新页面的确给我们带来了用户增量，它很受年轻用户群体的欢迎。十分感谢！

下个月将入销售的黄金周期，包括"双11""双12"、圣诞节和新年。我们希望进行一波大规模的推广，在促销产品的同时，尽可能增加App的用户数量。目前我的想法是通过裂变的手段，以老用户带动新用户，让现有用户把App推荐给身边还没有使用过该App的朋友。现在有两种裂变方案，需要通过数据的支持来确定最佳的选择。

这两种裂变方案是这样的。方案一是选择一批热销商品，让老用户邀请朋友扫码下载App并成功注册，扫码并注册的朋友越多，商品折扣越大。这个方案名为**"助力砍价"**，走的是友情路线。方案二叫**"拼团狂买"**，老用户不仅要找到足够数量的朋友，还要求朋友和老用户一起团购该商品，成团的人数越多，商品折扣越大。这个方案希望实现在收获新用户的同时收获较强的用户黏性。

这两种方案各有利弊。方案一，老用户为了折扣会热衷于邀请朋友助力，但是朋友下载App后可能不再使用了；方案二，朋友们需要一起完成购物行为才能得到折扣，这会得到较高的新用户留存率。然而，这种裂变的实施难度大，有些人会因为怕麻烦而放弃团购。

对于不同的用户细分群体，选择哪种裂变方案才是更合适的呢？希望你们给出具体的建议。

谢谢，祝好。

Jacky Niu

10.1 问题：哪种裂变方案更有效

小雪收到邮件之后，扭头看向咖哥，说："这个案例和刚做过的 A/B 测试有点相似。我们完全可以把两种方案当作 A/B 两个实验组，让牛总开始试运营，搜集一段时间的数据之后，就可以判断出哪个是更好的推广方式。"

咖哥回答："相似中略有不同。在 A/B 测试中，只有新、旧两个版本做比较，一个是对照组，另一个是实验组。而牛总的两个促销方案都是实验组，我们可以再人为添加一个对照组，也就是无促销活动的用户组。将两个实验组数据和对照组数据分别进行比较，就可以得出两种促销方案各自带来的用户增量。可以这样说，**上一个案例聚焦于 A/B 两种方案的优劣，而这个案例则聚焦于两种促销方案相对于无促销活动时的用户增量变化。**

牛总的邮件中提到了两个裂变思路。什么是裂变？它就是依赖已有用户的推荐，有效利用微博、微信等社交媒体和市场的杠杆力量，让用户一个变两个，两个变四个，激发连锁反应（见下图），使 App 的下载量、海报转发量、商品的销量良性增长。拼多多通过社交电商模式在短短两年内就迅速积累了两亿用户，实现了百亿销售额；"秋天的第一杯奶茶"只用了几天就在很多人的朋友圈"刷屏"了；将"微信读书"链接分享给朋友后自己就能得到"无限卡"。这些都是通过裂变迅速扩大影响的例子。

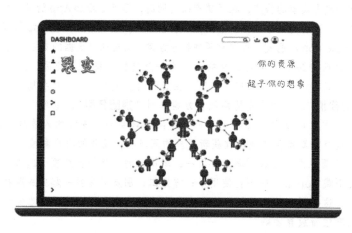

裂变示意图

牛总希望我们找到以下问题的答案。

（1）裂变会提高转化率吗？

(2)如果会,哪种方案效果更好?是"助力砍价"还是"拼团狂买"?

(3)每种裂变方案带来的用户增量有多少?

通过对照实验,可以求出实际的转化率,然后计算出每种促销方案带来的用户增量,这样就能知道哪种方案更好,如下图所示。

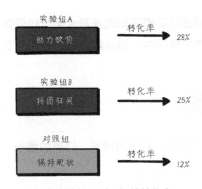

两个实验组和对照组的转化率

"明白了,咖哥。"小雪回答道,"现在我就给牛总发邮件,让他开始为期一个月的促销测试,搜集数据。"

下图即为在后台搜集的这一个月内的销售数据。

	A	B	C	D	E	F	G	H	I	J
1	用户码	曾助力	曾拼团	曾推荐	设备	城市类型	R值	M值	裂变类型	是否转化
2	1	0	1	0	电脑	中小	10	138	助力砍价	0
3	2	0	1	0	电脑	一线	4	105.59	拼团狂买	0
4	3	0	1	0	电脑	一线	1	494.13	拼团狂买	1
5	4	0	1	1	手机	二线	10	148.45	无裂变页	0
6	5	1	0	0	手机	二线	2	337.18	拼团狂买	0
7	6	0	1	1	电脑	二线	10	56.48	助力砍价	0
8	7	1	1	1	其他	一线	2	551.98	助力砍价	0

裂变数据集

该数据集中的关键字段是"裂变类型"和"是否转化"。

- 其中"裂变类型"字段有"助力砍价""拼团狂买"和"无裂变页"3种情况,它们分别对应两个实验组和一个对照组。

- 在"是否转化"字段中,"0"代表未转化(没有购买商品),"1"代表转化(购买商品)。

此外，该数据集中还有一些用户分组信息，如用户是否曾参与过"助力砍价"活动，是否参与过拼团活动，是否曾把 App 推荐给朋友，以及用户设备、城市类型、用户的 R 值、M 值等。

10.2 概念：增长黑客和裂变

当下，企业的目标是将营销活动的增量和增速最大化。如何做到？试错速度要快，市场动作要快，响应速度要快。在当下的大环境中，增长黑客方法论和裂变式营销技术几乎成为各大公司推广新品时的重要手段。

10.2.1 增长黑客的本质

这里所说的增长包括收入的增长、利润的增长、订单的增长、流量的增长……而所有增长的前提都是**活跃用户数量的增长**。

肖恩·埃利斯（Sean Ellis）的《增长黑客》一书从众多硅谷科技公司的高速增长案例中，提炼出实现用户数量增长的方法论和实战技巧，为新兴互联网公司扩展并留住用户提供了颇具实际操作性的思路。

什么是增长黑客（Growth Hacker）？

增长黑客是一个方法论。

增长黑客的核心是对增长的不懈关注，而增长是唯一重要的指标。肖恩在《增长黑客》一书中把增长黑客的精髓概括为**"低成本、高效率的精准营销"**，即通过设计新方法寻找、获得新用户并从用户身上学习，以优化用户定位、扩大用户群体并增加营销投入的效益。

增长黑客方法论可以概括为下面 4 句话。

- 搭建增长团队——部门间要通力协作，团队中要有战略目标和方向的把握者，有数据分析师、产品经理、运营专家。
- 打造好的产品——这是增长的前提，要尊重数据，尊重用户体验，根据用户行为数据反馈的信息不断地优化产品。
- 确定增长杠杆——选定北极星指标，整合数据资源。
- 快节奏的增长实验——快速实验，测试增长策略的有效性，打磨出更好的方案。

用 8 个字总括这个方法论的本质："**数据分析**"和"**增长实验**"。

增长黑客也是一系列实战步骤。

《增长黑客》中将运营分为 5 个阶段。

- 获客：尽可能扩大受众的范围，让更多人知道你的产品。
- 激活：让接触到产品的用户真正使用你的产品。
- 留存：留住开始使用产品的用户，唤醒"休眠"的老用户。
- 变现：将每位活跃用户带来的收益最大化。
- 自传播循环：通过裂变、老带新等方式，保持加速增长。

其实，我们这次学习之旅中遵循的实战框架，正与上述阶段完美契合。

增长黑客非常注重在高杠杆率的增长过程中引入数据分析技术和手段。甚至可以说，数据分析往往就是杠杆的重要组成部分，或者就是杠杆本身。增长黑客也是市场营销、产品工程、数据分析的聚合，它对企业的运营能力和整合资源能力有极高的要求。

增长黑客同时也指一类人。

范冰在其著作《增长黑客》中对增长黑客这一群体进行了介绍。增长黑客是资源丰富、富有创造力且用增长方法论"武装"自己的营销专家。他们是市场营销人员、产品工程师、数据分析师等多种角色的聚合，专注于高杠杆率的增长。他们是介于技术和市场之间的新型团队角色，主要依靠技术和数据的力量达成各种营销目标。他们业务熟练、技术过硬、对产品了解、对数据敏感，能通盘考虑各种因素，提出产品开发和改造策略、运营优化策略，以切实的依据、低廉的成本、可控的风险达成用户增长、活跃度上升、收入额增加等目的。简单来说，就是利用"技术"和"见识"低成本地获得有效增长。

可以说用增长黑客理论及实践经验武装自己的数据分析师，是能为高速发展的企业带来更多战略指导的专家。他们在现代企业中的地位打破了数据分析部门的限制，和市场部门、财务部门、COO、CTO、CEO 一起为企业的发展提供战略性的指导。增长黑客的经历也可视作未来 CEO 或创业者成长之路上的"预演"。

10.2.2 各种各样的裂变

增长黑客中的一个重要增长手段就是裂变。裂变是自循环、自传播的核心工具之一。

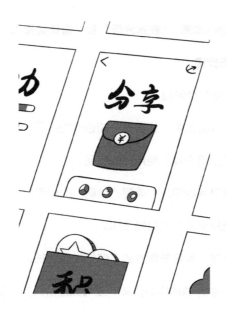

几年前,支付宝就通过集"五福"的方式,实现了一次超级成功的全民大裂变(见上图)。很多人为了拿到"敬业福",专门下载了支付宝。

现在有更多的裂变形态。邀请新人得红包、分享 App 领优惠券、友情助力拿赠品、朋友圈打卡退学费、拼多多的"成团即减"……裂变的"玩法"和"花样"太多了。

究其本质,我们不难发现,所有裂变的根源都是利益的分享,没有利益,用户是不会积极行动的,因此**"利益"是裂变的源动力**。

利益可以是有形或无形的,因此有两种裂变的驱动模型。

一是实际利益裂变,用户分享后获得红包、虚拟商品、服务等。

二是虚拟利益裂变,用户分享后获得成就感、关注度、情感共鸣等。

小雪质疑道:"虚拟的利益裂变也行?"

咖哥说:"怎么不行呢。要知道,金钱只是马斯洛需求金字塔中的底层需求,而在虚拟利益裂变中,用户的诉求本质是身份的塑造和认同,这是更高层次的需求。当你的朋友转发某类推文、某一首歌曲或某个公益广告的时候,其实是为了塑造自己的形象。前些年曾有一个'刷屏'朋友圈的一元购画活动,其目的是对公益项目进行捐赠。它其实就是利用了虚拟利益裂变。因为通过购画并把自己的行为分享给朋友,既凸显了自己的爱心,又塑造了个人形象,从而获得了其他人的关注。"

小雪又问:"具体的裂变如何进行呢?"

咖哥回答说:"其实所有的裂变活动都基本遵循同一个套路。"

首先要有一个好的产品,无论是课程、商品还是赠品,要有用,能够戳中市场的痛点或解决问题,或者非常诱人,十分有趣,这样才会吸引用户转发。

其次要有一张精美的海报,用大标题着重说明你的产品能解决的问题、所传递的价值观(如打卡学英语是为了提升自我),或者限时享受超低价服务等。

最后要有一套流畅的流程,各个环节要精心设计,同时流程还要简单,流程中一定要包含分享给好友的环节,积累一定数量的好友后才能完成任务、得到优惠或者奖品。

除这个套路之外,还需要一定数量的种子用户,将其总结成公式如下所示。

裂变 = 奖品 + 海报 + 分享流程 + 种子用户

下图所示为一个海报裂变的流程示例[①]。

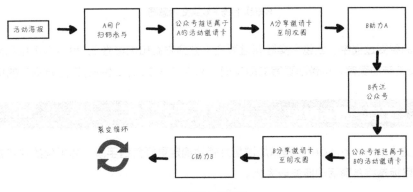

海报裂变的流程

裂变不仅可在线上进行,也可以在线下进行。这里介绍一个真实的将线上线下结合的裂变项目。

K米是我国大型的KTV行业互联网增值服务运营提供商,首次将社交裂变运营方式带到KTV,把员工、顾客朋友圈的流量利用起来,帮助KTV构建自己的私域流量。他们的社交裂变引流方式已在全国20家门店试点,短短数月就实现了10%~20%的收入增长,单店月均引流批次为150次/月,单店带动营收超过2万元/月,裂变引流收入占比超过10%。

怎么做到的呢?其实过程也不是很复杂。

---

① 本图及裂变套路经引自@swimming发布于人人都是产品经理的文章《裂变套路看似多,总结起来就一个》。

首先生成KTV员工专属的二维码，通过激励方案驱动员工（如KTV的服务员、销售人员和其他工作人员）自发分享KTV的推广活动，然后员工把活动二维码分享给朋友和KTV店内的顾客，只要顾客将活动二维码通过转发微信群或朋友圈等方式分享给自己的亲朋好友，就可以获得现场优惠，同时积分高的顾客冠以"歌手""歌王""歌神"等头衔。因为KTV的活动是一种强社交纽带的活动，收到活动信息的人一旦发现亲人、朋友在附近玩耍，且刚好自己有空，就可能参与其中，这样裂变引流就轻松完成了（见下图）。

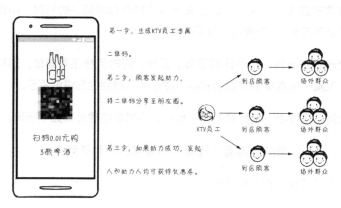

K米线上线下双裂变示意图

在上面的裂变过程中，既包含实际利益裂变（激励方案和优惠券），也包含虚拟利益因素（头衔）。通过员工带动顾客，再带动顾客的朋友们，有点"一生二，二生三，三生万物"的意思。

10.3 工具：增长模型

增长模型（uplift model）是增加增量并辅助确定更好营销手段（如更优的裂变方案）的有效工具，其目标是将营销活动增量最大化。

我们从增长模型和机器学习模型的区别来说明增长模型的特点。

通常来说，机器学习模型能预测人们购买某产品或对某促销活动进行响应的可能性。例如有两种备选促销方案——"买一送一"和"5折优惠"，通过机器学习模型可以预测出一个50岁左右的、已经使用我们产品3年的女性用户，选择"买一送一"的可能性更大。这是机器学习基于历史数据训练出的模型根据年龄、性别、使用产品年限这些用户特征预测出来的。

上面的机器学习模型对每一个用户可能选择的促销方案进行了普遍性的预测。然而，该模型没有解决的一个问题是如何判断哪些是促销的目标用户。如果50岁左右的、已经使用我们产品3年的某女性用户是我们产品的"忠粉"，她大概率会购买该产品，无论做不做推广、做何种推广，都不会对她的最终购买决策产生影响。换句话说，假设不做任何促销活动，她也会购买这个产品，那我们不必花费力气把促销海报发给她,也不需要过多考虑她更喜欢哪种促销方案。

同理,如果一个 20 多岁的男性用户并不是某一类产品的潜在用户,那么把他的数据引入建模过程也是白费力气。

然而,如果一个 20 多岁的男性用户工作繁忙,很少意识到周末应该给女朋友买束鲜花,这时我们的鲜花促销海报正好提醒了他应该买份礼物给女朋友以增进一下感情,这就是精准营销。

因此,增长模型的策略是**只定位那些购买意愿会被促销活动影响的用户。而有没有促销活动都打算购买的用户,或者无论我们做什么促销活动都不会购买的用户,都不是关注重点。**

咖哥发言：增长模型也称为增量模型、真实增长模型或净提升模型,是一种预测建模技术,它主要关注干预方案(如营销活动)对个人行为的增量影响,用于识别可能会对某些干预做出响应的个体。增长模型在销售、用户关系管理及个性化医疗中均有应用。增长模型与传统建模方法的区别在于它主动探索变量之间的交互作用,更关注那些可能对市场活动或治疗等有积极响应的个体。

增长模型把某促销方案潜在的用户群体分为下图中的 4 类。

某促销方案潜在的4类用户群体

让我们从右上角看起，然后向下，再向左，最后到左上角。

1. 完全不睬者（第一类人）

右上角的这类人很容易理解，英文叫 Lost Causes。不管你怎么打广告，给什么样的优惠，他们都不会买这个产品。这类用户对当前促销产品没有兴趣，可以把他们忽略掉。

2. 促销响应者（第二类人）

右下角的这类人是我们关注的重点，英文叫 Persuadable。他们是只有在了解到我们的促销活动后才购买产品的用户，这类人对价格和折扣非常敏感，要等到有合适的促销活动时才肯花钱。例如去京东买书，一看，9折，折扣不大，好吧，等"618"或者"双11"的时候再买吧。离开网站之前，还为想买的产品设置一个降价提醒。

3. 肯定会买者（第三类人）

左下角的这类人是我们产品的忠实用户，英文叫 Sure Things。他们很满意当前产品，即使没有特别的促销活动也会购买产品。

4. 别来烦我者（第四类人）

左上角的这类人比较奇怪，英文叫 Do-Not-Disturb。这是一群有促销活动反而不会购买产品的用户（最讨厌广告，你越是想让我买，我越不买；你不来烦我，我才买）。

小雪笑道："这第四类人是什么心态？你看'无促销-买'的答案为'是'，'有促销-买'的答案竟然是'否'。"

咖哥笑答："你别吃惊，我就是第四类人。我看到红包、返现之类的就觉得里面有猫腻，我宁可平时买。便宜给你占吧，我不占。第四类人就是不喜欢被打扰。你看看牛总这两种裂变方案，什么朋友助力，什么拼团，多麻烦！我可没时间做这些。"

增长模型可以帮我们定位**促销响应者和别来烦我者**。促销活动是 A 好还是 B 好，不是第一类人和第三类人说了算的，而是由第二类人和第四类人决定的。因为促销活动会影响他们的决定。

对于第二类人（促销响应者），不打折他们就不会购买，所以促销活动就应该针对这个群体开展。

与此同时，促销活动应该尽量避免开展到第四类人那里，因为促销会令他们反感。

而第一类人和第三类人，促销不促销对他们的影响不大。

增长模型在技术上有多种实现方式。一种常见的方法就是通过机器学习算法对用户（受众）进行分类，每一个用户都得到范围为 0 到 1 的概率值，可以选择一个阈值（可为 0.5 或更大）作为接收（或不接收）促销用户的临界值。

例如，对于用户 A 来说，其落入第一类人的概率为 0.1，落入第二类人的概率为 0.5，落入第三类人的概率为 0.2，落入第四类人的概率为 0.2，就可以认为 A 是促销响应者，属于"可以改造的对象"，应重点关注。

有多种机器学习方法可以基于用户数据集实现上述分类，如逻辑回归、深度神经网络、集成学习等。

在这次实战中，并不为每个用户做具体分类，而是通过机器学习方法求出每个用户对促销响应的概率，然后通过增量公式计算出该促销（即裂变）方案能够带来多大的增量。

10.4 实战：用增长实验确定最佳折扣方案

在这次实战中，我们将通过 XGBoost 算法[①] 配合增长模型来实现最佳裂变方案的选择。

10.4.1 整体思路

本次实战的整体思路如下。

第一步，进行数据的导入和简单的可视化分析。

第二步，比较两种裂变方案带来的转化率增长，同时看看各用户分组对裂变转化率的影响。

第三步，这次实战的核心内容：根据机器学习模型来辅助判断每个用户是否适合推送当前裂变方案。

第三步中有几个子步骤。

- 先调整数据集，只保留一种裂变类型（"助力砍价"）的用户组和无裂变用户组（另一种裂变类型"拼团狂买"，用类似步骤单独做）。
- 根据裂变类型以及是否转化这两个字段，为数据集中的每一个用户"贴"标签。
  - 0 代表**裂变购买者 TR**（treatment responsive，促销有应答），收到裂变页购买产品的用户。

---

① XGBoost算法是有名且实用的一种集成学习方法。集成学习(ensemble learning)将构建出多个模型(这些模型可以是比较弱的模型)，然后将它们组合起来完成任务。集成学习的核心策略是通过模型的集成减少机器学习中的方差(variance)和偏差(bias)。

- 1代表**裂变未购买者 TN**（treatment non-responsive，促销无应答），收到裂变页未购买产品的用户。

- 2代表**无裂变购买者 CR**（control responsive，控制有应答），无裂变页面购买产品的用户。

- 3代表**无裂变未购买者 CN**（control non-responsive，控制无应答），无裂变页面未购买产品的用户。

■ 然后构建机器学习的训练集和预测集。

■ 创建机器学习模型，并根据训练集的特征和标签拟合模型。

■ 拟合好的模型可以在测试集中对其他用户进行预测，得出新用户落于上述 4 种群体的可能性，即 P_{TR}、P_{TN}、P_{CR}、P_{CN} 4 个概率。

需要注意的是，**这里为用户贴的标签 0、1、2、3，并不直接对应增长模型中的 4 类人**。上面的标签与 4 类人的关系如下。

■ TR 中包括肯定会买者和**促销响应者**，其中促销响应者是我们应关注的、要发送裂变页的，因此这个指标是正面指标（对肯定会买者发不发裂变页不重要）。

■ TN 中包括完全不睬者和**别来烦我者**，其中别来烦我者是我们应关注的、要避免发送裂变页的，因此这个指标是负面指标（对完全不睬者发不发裂变页不重要）。

■ CN 中包括完全不睬者和**促销响应者**，其中促销响应者是我们应关注的、要发送裂变页的，因此这个指标是正面指标（对完全不睬者发不发裂变页不重要）。

■ CR 中包括肯定会买者和**别来烦我者**，其中别来烦我者是我们应关注的、要避免发送裂变页的，因此这个指标是负面指标（对肯定会买者发不发裂变页不重要）。

第四步，计算裂变带来的增量。机器学习模型已根据数据对每一个用户的购物特点做出了预测。那么，对于每一种裂变方案，应该如何算出增量呢？可以通过 Generalized Weighed Uplift（LGWUM）公式来计算增量分数。

$$增量分数 = P_{TR} \div P_T + P_{CN} \div P_C - P_{TN} \div P_T - P_{CR} \div P_C$$

其中 P 表示概率值，T 表示促销人群（TR 和 TN），C 表示无促销人群（CR 和 CN）。

在这次实战的数据分配中，对照组和裂变组的人数是相等的，所以 P_T 和 P_C 都是一个定值，都是 50%。所以这个公式也可以简化为如下形式。

$$增量分数 = (P_{TR} + P_{CN}) - (P_{TN} + P_{CR})$$

公式的前半部分（$P_{TR} + P_{CN}$）**就包含促销响应者**，虽然也有肯定会买者和完全不睬者，但无需关注。后半部分（$P_{TN} + P_{CR}$）则代表**别来烦我者，所以要取负值**，这类人越少越好，其中也有肯定会买者和完全不睬者，但也无需关注。

我们的裂变策略是要定位**促销响应者**和**别来烦我者**这两种人，所以可以这样理解。

增量分数 =（促销响应可能性的提升）+（别来烦我可能性的减少）

因此，实战的最后一个步骤是根据上面的增量分数公式，求出每个用户增量，其平均值就可以用来比较两种裂变方案的促销效果。即对于该 App 的用户来说，哪种裂变方案能够带来更多的增量。

10.4.2 数据导入及数据可视化

导入相关的包，读入数据。

In
```
import pandas as pd # 导入 Pandas
import numpy as np # 导入 NumPy
df_fission = pd.read_csv(' 裂变 .csv') # 载入数据
print(' 用户数 :', df_fission.count()[' 用户码 ']) # 查看数据条目数
df_fission.head() # 显示前几行数据
```

Out

用户数 : 64000

	用户码	助力	拼团	推荐	设备	城市分类	R值	M值	裂变类型	是否转化
0	1	0	1	0	电脑	中小	10	138.00	助力砍价	0
1	2	0	1	0	电脑	一线	4	105.59	拼团狂买	0
2	3	0	1	0	电脑	一线	1	494.13	拼团狂买	1
3	4	0	1	1	手机	二线	10	148.45	无裂变页面	0
4	5	1	0	0	手机	二线	2	337.18	拼团狂买	0

对象 df_fission 中的英文 "fission" 是裂变的意思。

除 "用户码" 之外的各个字段的说明如下。

- "助力""拼团""推荐" 字段用于说明用户是否参与过类似的促销或者推荐活动。

- "设备""城市分类""R 值""M 值" 字段提供用户的特征和行为数据。R 值即新近度，这里是上次消费时间距今有几个月。

- "裂变类型" 字段表明该用户是处于实验组还是验证组，以及处于哪一个实验组（是看到 "助力砍价"，还是 "拼团狂买"）。同一个用户只能属于以上 3 个组的其中之一，而且是随机的。

- "是否转化" 字段**是我们用来预测转化率的标签**。

下面我们将数据可视化，观察并简单分析一下各用户群体对促销活动的响应程度。

先输出导流至"助力砍价""拼团狂买"和无裂变页面的用户人数,看它们是否大致相等。

In

```
import matplotlib.pyplot as plt # 导入 pyplot 模块
import seaborn as sns # 导入 Seaborn
fig = sns.countplot(' 裂变类型 ',data=df_fission) # 创建柱状计数图
fig.set_xticklabels(fig.get_xticklabels(),rotation=25) #x 轴标签倾斜
fig.set_ylabel(" 数目 ") #y 轴标题
plt.show() # 输出图像
```

Out

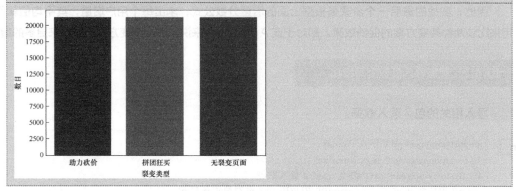

输出结果中显示导流至"助力砍价""拼团狂买"和无裂变页面的用户人数是基本相同的。

下面看一下不同城市类型的转化率差异。

In

```
df_plot = df_fission.groupby(' 城市类型 '). 是否转化 .mean().reset_index() # 城市类型分组的转化率平均值
plt.bar(df_plot[' 城市类型 '],df_plot[' 是否转化 ']) # 不同城市类型"是否转化"的平均值柱状图
```

Out

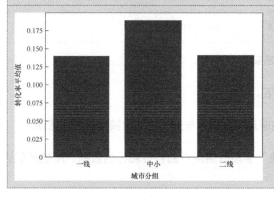

上图中显示中小城市的促销转化率比较高,这说明城市越小,该城市的用户对促销活动越敏感。

然后看一下 R 值对转化率的影响。

In

```
df_plot = df_fission.groupby('R 值 '). 是否转化 .mean().reset_index() #R 值分组的转化率平均值
plt.bar(df_plot['R 值 '],df_plot[' 是否转化 ']) # 不同 R 值"是否转化"的平均值柱状图
```

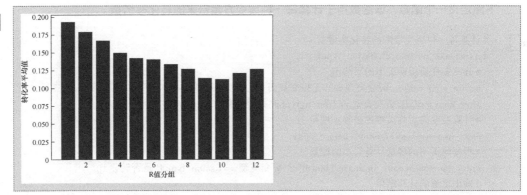

总体来说新近度越高（R值越低），用户越有可能参与促销活动。不过，一个有趣的现象是"休眠"了11个月或12个月的老用户对促销活动似乎做出了比较好的应答，可能是促销活动"唤醒"了他们，也可能和他们的消费周期相关，这需要进一步分析。

给大家留一个任务，可以根据我们之前讲过的方法，对数据集中的M值（消费金额）做聚类分析，分出层级，然后看一看M值层级和转化率有何关联。

10.4.3 比较两种裂变方案带来的转化率增量

因为每一个用户是否成功转化的数据都已被记录，所以可以通过这些数据计算出两种裂变方案带来的转化率增量。

先输出各个用户群体的转化率。

```
df_plot = df_fission.groupby(' 裂变类型 '). 是否转化 .mean().reset_index() # 促销分组的转化率平均值
plt.bar(df_plot[' 裂变类型 '],df_plot[' 是否转化 ']) # 不同促销"是否转化"的平均值柱状图
```

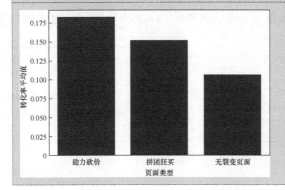

从上图中可以看出，"助力砍价"和"拼团狂买"这两种裂变方案都能带来转化率的显著提升，但提升的效果是有差异的。

下面定义一个函数，该函数用于计算每一种裂变方案带来的转化率增量。

In
```
#计算每一种裂变带来的转化率增量
def increase_number(df, fission_type):
    #计算裂变前后购买率的平均值
    before_conv = df[df.裂变类型 == '无裂变页面'][' 是否转化 '].mean()
    after_conv = df[df.裂变类型 == fission_type][' 是否转化 '].mean()
    #计算裂变前后购买率的差异（增量）
    conv_increase = after_conv - before_conv
    #根据购买率的增量计算订单的增量
    order_increase = conv_increase * len(df[df.裂变类型 == fission_type][' 是否转化 '])
    #输出增量的计算结果
    print(' 实际订单增量 : {0}'.format(np.round(order_increase,2)))
    print(' 订单增长比例 : {0}%'.format(np.round(conv_increase*100,2)))
```

调用该函数计算出两种裂变方案带来的转化率增量。

In
```
increase_number(df_fission,' 助力砍价 ')
```

Out
实际订单增量 : 1631.89
订单增长比例 : 7.66%

In
```
increase_number(df_fission,' 拼团狂买 ')
```

Out
实际订单增量 : 967.4
订单增长比例 : 4.52%

整体而言，如果想获得更多的转化，折扣似乎是一个更好的选择。与没有收到任何折扣的用户相比，"助力砍价"组的转化率增幅约为 7.6%，而"拼团狂买"组的增幅约为 4.5%。

继续深入分析，我们看一看增长和哪些因素相关。例如，以前使用过"助力砍价"和"拼团狂买"这两种促销方式的用户，会不会倾向于再次使用同样促销方式。

In
```
df_fission.groupby([' 助力 ',' 拼团 ',' 裂变类型 ']).agg({' 是否转化 ':'mean'}) #按用户曾用过的促销方式分组显示"是否转化"的平均值
```

Out

助力	拼团	裂变类型	是否转化
0	1	助力砍价	0.166388
		拼团狂买	0.169794
		无裂变页面	0.095808
1	0	助力砍价	0.168968
		拼团狂买	0.110892
		无裂变页面	0.099813
	1	助力砍价	0.314993
		拼团狂买	0.251653
		无裂变页面	0.180549

输出结果中有些值得注意的信息。首先，当一个用户既用过"助力砍价"，又用过"拼团狂买"时（两个"1"值），收到新促销页面后转化的可能性非常高。其次，"助力砍价"页面的转化率整体上要高过"拼团狂买"页面。以前只使用过"拼团狂买"促销方式而没有用过"助力砍价"促销方式的用户，收到"助力砍价"页面后转化率约为 0.17，不比"拼团狂买"页面的转化率低多少。另外，从输出结果中还能看出这个数据集中的所有用户至少参与过某一种促销活动（没有"助力砍价"和"拼团狂买"均为 0 的组合），看得出牛总对参与这次实验的用户是经过了选择的。

此时小雪开口了："看得出用户的行为习惯对促销类型的选择有影响，那么选择促销类型时也要考虑产品类型对吧？有些产品适合打折，如手机；有些则适合买一送一，如牙刷和鸡蛋。"

咖哥说："思路是正确的，我们不仅要针对不同用户设计不同的促销方案，还应该针对不同类型的产品设计不同的促销方式。"

10.4.4 用XGBoost判断特定用户的分类概率

从整体上看，"助力砍价"这种裂变形式有较高的转化率，但是对于某个特定的用户来说，他的朋友较多而且都喜欢团购，那他可能就会更喜欢"拼团狂买"。那么，如何预测哪些用户适合哪种具体的方案，从而把最合适的促销方案发给需要它的用户？

要回答这个问题，还是需要从机器学习算法中寻找思路。通过机器学习分类模型，可以求出用户对具体促销方案做出响应的概率。这个概率能够告诉我们每个用户比较适合哪一种类型的裂变。

在这里将基于同样的方法对两种裂变类型分别建立预测模型，并进行比较。

先为 df_fission 中的多类别变量构建二分类哑变量，以便输入机器学习模型。因为机器学习模型只能读取数值或布尔类型的数据，像"二三线"这样的字符串，机器学习模型是无法处理的。

In
```
df_dummies = df_fission.drop([' 裂变类型 '],axis=1) # 在拆分哑变量前，先移除"裂变类型"
df_dummies = pd.get_dummies(df_dummies) # 为分类变量拆分哑变量
df_dummies[' 裂变类型 '] = df_fission[' 裂变类型 '] # 把"裂变类型"重新加入
df_fission = df_dummies.copy() # 把哑变量数据集复制给元数据集
df_fission.head() # 输出数据
```

Out

	用户码	曾助力	曾拼团	曾推荐	R值	M值	是否转化	设备_其它	设备_手机	设备_电脑	城市类型_一线	城市类型_中小	城市类型_二线	裂变类型
0	1	0	1	0	10	138.00	0	0	0	1	0	1	0	助力砍价
1	2	0	1	0	4	105.59	0	0	0	1	1	0	0	拼团狂买
2	3	0	1	0	1	494.13	1	0	0	1	1	0	0	拼团狂买
3	4	0	1	1	10	148.45	0	0	1	0	0	0	1	无裂变页面
4	5	0	1	0	2	337.18	0	0	1	0	0	0	1	拼团狂买

输出结果中显示一线、中小、二线等分类已经被拆解成多个特征字段，每一个字段都是二分类字段（机器学习模型擅长读入 0、1 等二分类值）。

基于 df_fission，分别构建 df_discount（"助力砍价"）和 df_groupbuy（"拼团狂买"）两个机器学习数据集，对照组的用户也要包含在这两个数据集内。这样才能对每一种裂变类型和对照组进行独立建模。

In
```
df_discount = df_fission.query(" 裂变类型 == ' 助力砍价 '| 裂变类型 == ' 无裂变页面 '")
df_discount[' 用户码 '].count()
```

Out
```
42613
```

进行"助力砍价"裂变的实验组和对照组中共有 42613 人。

In
```
df_groupby = df_fission.query(" 裂变类型 == ' 拼团狂买 '| 裂变类型 == ' 无裂变页面 '")
df_groupby[' 用户码 '].count()
```

Out
```
42693
```

进行"拼团狂买"裂变的实验组和对照组中共有 42693 人。

下面根据已有的数据构建 10.4.1 小节所述的标签，即用户的裂变类型和购买与否的组合。

这个问题本质上也是一个四分类问题，判断每一个用户最可能的分类情况（求概率值）。

这里用"助力砍价"做示例进行标签的构建，大家自己构建"拼团狂买"的标签。

In
```
df_discount.loc[(df_discount. 裂变类型 == ' 助力砍价 ') & (df_discount. 是否转化 == 1), ' 标签 '] = 0 # 裂变购买者 TR（促销有应答）
df_discount.loc[(df_discount. 裂变类型 == ' 助力砍价 ') & (df_discount. 是否转化 == 0), ' 标签 '] = 1 # 裂变未购买者 TN（促销无应答）
df_discount.loc[(df_discount. 裂变类型 == ' 无裂变页面 ') & (df_discount. 是否转化 == 1), ' 标签 '] = 2 # 无裂变购买者 CR（控制有应答）
df_discount.loc[(df_discount. 裂变类型 == ' 无裂变页面 ') & (df_discount. 是否转化 == 0), ' 标签 '] = 3 # 无裂变未购买者 CN（控制无应答）
df_discount.head()
```

Out

	用户码	曾助力	曾拼团	曾推荐	R值	M值	是否转化	设备_其它	设备_手机	设备_电脑	城市类型_一线	城市类型_中小	城市类型_二线	裂变类型	标签
0	1	0	0	0	10	138.00	0	0	0	1	0	0	0	助力砍价	1.0
3	4	0	1	1	10	148.45	0	0	1	0	0	0	1	无裂变页面	3.0
5	6	0	0	1	10	56.48	0	0	0	1	0	0	0	助力砍价	1.0
6	7	1	0	1	2	551.98	0	0	0	0	1	0	0	助力砍价	1.0
8	9	1	0	0	10	29.99	1	0	0	0	0	0	0	助力砍价	0.0

前面说过，这4个分类并不完全对应增长模型中的4类人，但它们和增长模型是相关联的。我们通过机器学习模型预测出4个分类的概率之后，就能够计算出增量分数。

下面建立机器学习的特征集与标签集。在建立特征集时，移除"标签"和"是否转化"字段。因为"是否转化"字段包含了结果信息，会影响模型的泛化能力。

In
```
X = df_discount.drop([' 标签 ',' 是否转化 '],axis=1) # 特征集，移除标签相关字段
y = df_discount. 标签 # 标签集
```

再把数据集拆分训练集和测试集。

In
```
from sklearn.model_selection import train_test_split
X_train, X_test, y_train, y_test = train_test_split(X, y, test_size=0.2, random_state=16)
```

下面我们需要安装 XGBoost 工具，它并不是 Anaconda 默认安装包中的一部分。

In
```
pip install xgboost
```

导入 XGBoost 模型，创建机器学习模型 xgb_model。

In
```
import xgboost as xgb # 导入 XGBoost 模型
xgb_model = xgb.XGBClassifier() # 创建 XGBoost 模型
```

根据训练集拟合模型，在拟合时，移除不相干的特征字段"用户码"，也不应把"裂变类型"输入机器学习模型，因为它与用户本身的特点毫无关系。

In
```
xgb_model.fit(X_train.drop([' 用户码 ',' 裂变类型 '], axis=1), y_train) # 拟合模型
```

Out
```
XGBClassifier(base_score=0.5, booster='gbtree', colsample_bylevel=1, colsample_bynode=1, colsample_bytree=1, gamma=0, gpu_id=-1,
importance_type='gain', interaction_constraints='', learning_rate=0.300000012, max_delta_step=0, max_depth=6, min_child_weight=1, missing=nan, monotone_constraints='()', estimators=100, n_jobs=8, num_parallel_tree=1, objective='multi:softprob', random_state=0, reg_alpha=0, reg_lambda=1, scale_pos_weight=None, subsample=1, tree_method='exact', validate_parameters=1, verbosity=None)
```

在测试集上进行预测并显示预测结果。

In
```
uplift_probs = logreg_model.predict_proba(X_test.drop([' 用户码 ',' 裂变类型 '], axis=1)) # 预测测试集用户的分类概率
uplift_probs # 输出 4 种概率
```

```
Out   array([[0.07369469, 0.41273361, 0.05551528, 0.45805642],
             [0.07816071, 0.42791111, 0.04996737, 0.44396082],
             [0.07123285, 0.42371477, 0.05398428, 0.4510681 ],
             ......
             [0.06737156, 0.43322005, 0.04570461, 0.45370378],
             [0.13020591, 0.39705459, 0.07844064, 0.39429887],
             [0.06016286, 0.44981841, 0.03157061, 0.45844812]])
```

以数组的形式输出机器学习模型预测的测试集中每一位用户落入上述 4 个分类的概率。

以测试集的第一个用户为例,**该用户处于 TR 组的概率约为 0.07,而处于 CN 组的概率最高,约为 0.46。因此,机器学习模型把该用户归为无裂变未购买者**,而这个组别中还包含增长模型中的完全不睬者和促销响应者。

10.4.5 比较两种裂变带来的转化增量

下面,我们要使用增量公式计算裂变带来的转化增量。

$$增量分数 = P_{TR} \div P_T + P_{CN} \div P_C - P_{TN} \div P_T - P_{CR} \div P_C$$

实现代码和输出结果如下。

```
In    discount_uplift['增量分数'] = discount_uplift.eval('P_TR/(P_TN+P_TR) + P_CN/(P_CN+P_CR) – P_TN/
      (P_TN+P_TR) – P_CR/(P_CN+P_CR)')
```

用户码	曾助力	曾拼团	曾推荐	R值	M值	设备_其它	设备_手机	设备_电脑	城市类型_一线	城市类型_中小	城市类型_二线	裂变类型	P_TR	P_TN	P_CR	P_CN	增量分数
15869	0	1	1	3	333.39	0	1	0	1	0	0	助力砍价	0.057796	0.427794	0.043300	0.471110	0.069698
33226	1	0	0	7	29.99	0	1	0	0	0	1	助力砍价	0.058579	0.428583	0.055355	0.457483	0.024615
30310	0	1	1	3	93.94	0	0	1	0	0	0	助力砍价	0.067084	0.496580	0.067285	0.369051	-0.070378
43370	0	1	1	5	29.99	0	1	0	0	0	1	助力砍价	0.047551	0.449388	0.022954	0.480107	0.100120
52541	1	0	1	3	242.33	1	0	0	0	0	1	助力砍价	0.113181	0.412035	0.043588	0.431196	0.247379

从输出结果中可以看出,每一个用户在"助力砍价"这种裂变促销方式下,相对于无促销情况,有多少增量。例如"用户码"为 52541 的用户的增量分数约为 0.247,说明他非常适合这种类型的促销活动。

而对于另外一种裂变类型"拼团狂买",大家可以使用相同的操作预测出每个用户是否会对这种促销方式做出响应,这里就不给出求 groupbuy_uplift 增量分数的代码了。

求出两种裂变模式的增量分数后，就可以比较一下二者的平均值。

In
```
print(' 助力砍价的增量分数 :', discount_uplift. 增量分数 .mean())
print(' 拼团狂买的增量分数 :', groupbuy_uplift. 增量分数 .mean())
```

Out
助力砍价的增量分数 : 0.14473694562911987
拼团狂买的增量分数 : 0.09442714601755142

从整体上看，"助力砍价"这种裂变类型的增量分数较高。

最后，我们还可以通过 Qini 曲线来直观显示整个群体的累计提升情况（具体代码参见源码包）。Qini 曲线的横轴根据用户的预测增量分数对用户进行排序，分数高的用户在前面；纵轴表示累计增量。

下图所示为"助力砍价"裂变类型的 Qini 曲线。

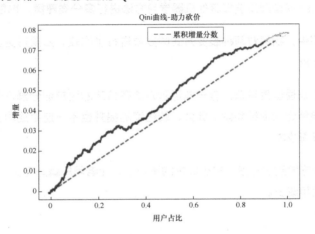

绘制出的曲线（见上图）表明对于所有用户来说，"助力砍价"都体现出了正面的增量。

下图所示为"拼团狂买"裂变类型的 Qini 曲线。

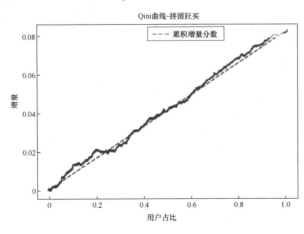

绘制出的曲线表明对于某些用户来说，"拼团购买"的增量在基准线之下，这意味着一部分用户的增量为负值，那么就不适合把这种裂变促销活动信息发给这些用户。

10.5 结论

因此，增长建模的核心是选出最有可能做出响应或改变的用户作为目标用户。我们需要忽略掉那些无论如何也不会购买产品的用户，也要忽略掉那些无论如何都会购买我们的产品的用户。我们要努力把有限的资源应用到那些"墙头草"用户上。这样才算把有限的营销资源用到位，将我们的投资回报最大化。

简而言之，这个案例就是围绕增长模型，设计了一个预测用户是否会对某种测试进行应答的多分类问题，并利用scikit-learn的XGBoost分类模型中的XGBClassifier()来解决这个问题。如果不采用XGBoost模型而是选择其他机器学习方法进行多分类建模，也是完全可以的。

在上面这个案例中，我们对两种裂变方式的效果进行了比较，如果有更多的选择，也可以按照同样的思路进行比较。

在实际工作中增长模型更复杂。有一些运营方式在特定的用户细分群体中表现较好，因此需要为该细分群体创建特定的促销类型。此外，转化率的提升也不一定是成功的唯一标准，我们曾经多次强调还需要权衡成本。

记住，好的裂变方案能够在投入较少成本的情况下，让老用户瞬间变身为"推销员"，从而为产品带来极快的增速和成长。

寄语

行文至此，本书的写作将要告一段落。

它试图给数据分析师们提供一点新思路，如果您在阅读过程中得到了些许启发，感受到本书内容和其他数据分析课程中千篇一律的知识介绍有些不同，也就足够了。

关于本书提出的"数据演绎法"，其灵感来自福尔摩斯的演绎法，从看似无关的数据中发现真相，其过程包括通过观察捕获线索、发现有效信息，以及观察之后的逻辑思考过程，即人们常说的推理。要注意福尔摩斯在做推理时除了要用演绎法，还需要大量使用归纳法。而归纳法往往才是从果到因的神奇之处，成功的归纳来源于大量的知识储备、经验积累，以及对现象和细节的观察。就数据科学而言，根据数据进行**建模**的过程实际上就是归纳；而在其他数据集中**使用**模型的过程就是演绎。因此，咖哥的数据演绎法是演绎和归纳共存的推理方法。

在 IT 领域中走了这么久，我每天都很兴奋，因为一路上面对的都是新内容和新挑战，我觉得自己十分幸运。

愿和您在数据分析之路上共勉，愿我们都能够为自己所做的事情感到自豪并充满成就感。